KB084194

제1회
한국수력원자력

NCS 직업기초능력
+ 일반상식

〈문항 및 시험시간〉

평가영역	문항 수	시험시간	모바일 OMR 답안채점 / 성적분석 서비스
[공통] 의사소통+수리+문제해결+자원관리 [사무] 조직이해 [기술] 기술 [ICT] 정보 [상식] 회사상식+한국사	55문항	60분	

제1회 모의고사

문항 수 : 55문항
시험시간 : 60분

제 1영역 직업기초능력

※ 다음 글을 읽고 이어지는 질문에 답하시오. [1~2]

옛날 해전은 대개 적함에 나란히 기대어 적함으로 넘어가 칼싸움을 하는 전술로, 로마해군은 이를 위한 사다리까지 준비하고 다녔다. 이런 전술은 16세기 유럽은 물론 전 세계 어디에서나 가장 흔한 전법이었다. 물론 왜군도 당연히 이런 전법을 썼는데, 중종 실록에 "왜적이 칼을 빼어 들고 배 안에 뛰어들면 맹사가 아무리 많아도 당해낼 수 없다."라고 한 대목이나 임진왜란 때 왜의 큰 전함인 대흑주에는 대포가 겨우 3문, 그것도 구경 3cm 짜리가 장치된 반면, 일본도가 200자루나 되는 점들은 왜 수군이 접전에 능하며 단병접전 전술을 채택했는지를 알 수 있게 한다.

그러나 우리나라의 해전술은 주로 궁시에 의한 적선의 소각이 첫 번째 전법이었다. 우리 수군은 많은 함포를 사용했는데, 그 구경도 왜의 것보다 커서 보통 90 ~ 130mm 정도였다. 때문에 적이 우리 배에 올라오지 못하게 하는 게 중요했다. 따라서 고려 말에 뱃전에 칼을 꽂아 만든 검선이라든가 과선 등이 나오게 된 것도 검술에 익숙하지 않은 우리의 해군을 보호하고 2층의 높은 곳에서 활로 공격하기 위함이었다. 적은 판옥선의 2층 높이에 오르기 어려운 반면에 판옥선의 입장에선 적을 내려다보며 공격할 수 있기 때문이다.

이처럼 적의 장기인 접전을 막고 우리의 장기인 궁시에 의한 공격효율을 높이기 위해 만들어진 것이 판옥선이다. 전통적인 궁술이 포격으로 발전한 판옥선의 천자총통은 산탄 100발을 쏠 수도 있었다. 당연히 사정거리도 월등히 길어서 왜군의 조총이 대개 200m 사거리에 유효사거리 50m인데 비해 세종 때 기록을 보면 천자포가 1,500보, 지자포가 900보, 현자포가 800보 정도였다. 비교가 안 될 만큼 큰 것이다.

이처럼 판옥선은 우리의 장기인 궁술과 포격전을 유리하게 이끌기 위한 충분한 장소 제공과 적의 단병접전을 방지할 높은 보루의 역할을 할 판옥을 배 위에 만들어 적의 전술을 무용지물로 만들고 아군을 유리한 위치에서 싸울 수 있도록 하였다.

01 윗글의 주제로 가장 적절한 것은?

① 판옥선의 용도
② 판옥선의 정의
③ 판옥선의 역사
④ 판옥선의 해전술
⑤ 판옥선의 항해법

02 윗글의 내용으로 적절하지 않은 것은?

① 판옥선은 많은 화포로 무장함과 동시에 함포도 월등히 컸으나, 사거리가 짧다는 단점이 있다.

② 판옥선은 2층으로 만들어져 적군을 보다 유리한 위치에서 공격할 수 있었다.

③ 우리나라의 해전술의 특성상 적이 배에 올라타지 못하도록 하는 것이 중요했다.

④ 우리나라의 해전술은 궁시에서 포격으로 발전되었다.

⑤ 로마해군과 왜 수군은 전쟁에서 비슷한 전술을 사용하였다.

03 자동차의 정지거리는 공주거리와 제동거리의 합이다. 공주거리는 공주시간 동안 이동한 거리이며, 공주시간은 주행 중 운전자가 전방의 위험상황을 발견하고 브레이크를 밟아서 실제 제동이 시작될 때까지 걸리는 시간이다. 자동차의 평균 제동거리가 다음과 같을 때, 시속 72km로 달리는 자동차의 평균 정지거리는 몇 m인가?(단, 공주시간은 1초로 가정한다)

속도(km)	평균 제동거리(m)
12	1
24	4
36	6
48	16
60	25
72	36

① 50m

② 52m

③ 54m

④ 56m

⑤ 58m

04 다음 글에 대한 내용으로 가장 적절한 것은?

감염에 대한 일반적인 반응은 열(熱)을 내는 것이다. 우리는 발열을 흔히 '질병의 증상'이라고만 생각하며, 아무런 기능도 없이 불가피하게 일어나는 수동적인 현상처럼 여긴다. 그러나 우리의 체온은 유전적으로 조절되는 것이며 아무렇게나 변하지 않는다. 병원체 중에는 우리의 몸보다 열에 더 예민한 것들도 있다. 체온을 높이면 그런 병원체들은 우리보다 먼저 죽게 되므로 발열 증상은 우리 몸이 병원체를 죽이기 위한 능동적인 행위가 되는 것이다.

또 다른 반응은 면역 체계를 가동시키는 것이다. 백혈구를 비롯한 우리의 세포들은 외부에서 침입한 병원체를 능동적으로 찾아내어 죽인다. 우리 몸은 침입한 병원체에 대항하는 항체를 형성하여 일단 치유된 뒤에는 다시 감염될 위험이 적어진다. 그러나 인플루엔자나 보통 감기 따위의 질병에 대한 우리의 저항력은 완전한 것이 아니어서 결국 다시 그 병에 걸릴 수도 있다. 어떤 질병에 대해서는 한 번의 감염으로 자극을 받아 생긴 항체가 평생 동안 그 질병에 대한 면역성을 준다. 바로 이것이 예방접종의 원리이다. 죽은 병원체를 접종함으로써 질병을 실제로 경험하지 않고 항체 생성을 자극하는 것이다.

일부 영리한 병원체들은 인간의 면역성에 굴복하지 않는다. 어떤 병원체는 우리의 항체가 인식하는 병원체의 분자구조, 즉 항원을 바꾸어 우리가 그 병원체를 알아보지 못하게 한다. 가령 인플루엔자는 항원을 변화시키기 때문에 이전에 인플루엔자에 걸렸던 사람이라도 새로이 나타난 다른 균종으로부터 안전할 수 없는 것이다.

인간의 가장 느린 방어 반응은 자연선택에 의한 반응이다. 어떤 질병이든지 남들보다 유전적으로 저항력이 더 많은 사람들이 있기 마련이다. 어떤 전염병이 한 집단에서 유행할 때 그 특정 병원체에 저항하는 유전자를 가진 사람들은 그렇지 못한 사람들에 비해 생존 가능성이 높다. 따라서 역사적으로 특정 병원체에 자주 노출되었던 인구 집단에는 그 병에 저항하는 유전자를 가진 개체의 비율이 높아질 수밖에 없다. 이 같은 자연선택의 예로 아프리카 흑인에게서 자주 발견되는 겸상(鎌狀) 적혈구 유전자를 들 수 있다. 겸상 적혈구 유전자는 적혈구의 모양을 정상적인 도넛 모양에서 낫 모양으로 바꾸어 빈혈을 일으키므로 생존에 불리함을 주지만, 말라리아에 대해서는 저항력을 가지게 한다.

① 발열 증상은 수동적인 현상이지만 감염병의 회복에 도움을 준다.

② 예방접종은 질병을 실제로 경험하게 하여 항체 생성을 자극한다.

③ 겸상 적혈구 유전자는 적혈구 모양을 도넛 모양으로 변화시켜 말라리아로부터 저항성을 가지게 한다.

④ 병원체의 항원이 바뀌면 이전에 형성된 항체가 존재하는 사람도 그 병원체가 일으키는 병에 걸릴 수 있다.

⑤ 어떤 질병이 유행한 적이 없는 집단에서는 그 질병에 저항력을 주는 유전자가 보존되는 방향으로 자연선택이 이루어졌다.

05 다음은 2017년부터 2021년 2분기까지 OECD 회원국의 고용률을 조사한 자료이다. 이 자료를 보고 판단한 내용 중 옳지 않은 것은?

〈OECD의 고용률 추이〉

(단위 : %)

구분	2017년	2018년	2019년	2020년				2021년	
				1/4	2/4	3/4	4/4	1/4	2/4
OECD 전체	64.9	65.1	66.2	66.8	66.1	66.3	66.5	66.8	66.9
미국	67.1	67.4	68.7	68.5	68.7	68.7	68.9	69.3	69.2
일본	70.6	71.7	73.3	73.1	73.2	73.4	73.7	74.1	74.2
영국	70.0	70.5	72.7	72.5	72.5	72.7	73.2	73.3	73.6
독일	73.0	73.5	74.0	74.0	73.8	74.0	74.2	74.4	74.5
프랑스	64.0	64.1	63.8	63.8	63.8	63.8	64.0	64.2	64.2
한국	64.2	64.4	65.7	65.7	65.6	65.8	65.9	65.9	65.9

① 2017년부터 2021년 2분기까지 프랑스와 한국의 고용률은 OECD 전체 고용률을 넘은 적이 한 번도 없었다.

② 2017년부터 영국의 고용률은 계속 증가하고 있다.

③ 2021년 1분기 6개 국가의 고용률 중 가장 높은 국가와 가장 낮은 국가의 고용률 차이는 10.2%p이다.

④ 2021년 1분기와 2분기에서 2개 국가는 고용률이 변하지 않았다.

⑤ 2021년 2분기 OECD 전체 고용률은 작년 동기 대비 약 1.21% 증가하였으며, 직전 분기 대비 약 0.15% 증가하였다.

06 다음 표는 자동차 변속기의 부문별 경쟁력 점수를 국가별로 비교한 자료이다. 이에 대한 설명으로 옳지 않은 말을 한 사원을 모두 고르면?

〈자동차 변속기 경쟁력 점수의 국가별 비교〉

부문 \ 국가	A	B	C	D	E
변속감	98	93	102	80	79
내구성	103	109	98	95	93
소음	107	96	106	97	93
경량화	106	94	105	85	95
연비	105	96	103	102	100

※ 각국의 전체 경쟁력 점수는 각 부문 경쟁력 점수의 총합으로 구함

김 사원 : 전체 경쟁력 점수는 E국보다 D국이 더 높습니다.
박 과장 : 경쟁력 점수가 가장 높은 부문과 가장 낮은 부문의 차이가 가장 큰 국가는 D이고, 가장 작은 국가는 C입니다.
최 대리 : C국을 제외한다면 각 부문에서 경쟁력 점수가 가장 높은 국가와 가장 낮은 국가의 차이가 가장 큰 부문은 내구성이고, 가장 작은 부문은 변속감입니다.
오 사원 : 내구성 부문에서 경쟁력 점수가 가장 높은 국가와 경량화 부문에서 경쟁력 점수가 가장 낮은 국가는 동일합니다.
정 과장 : 전체 경쟁력 점수는 A국이 가장 높습니다.

① 김 사원, 박 과장, 최 대리
② 김 사원, 최 대리, 오 사원
③ 김 사원, 최 대리, 정 과장
④ 박 과장, 오 사원, 정 과장
⑤ 박 과장, 최 대리, 오 사원

07 다음 글의 내용과 일치하지 않는 것은?

저작권이란 저작물을 보호하기 위해 저작자에게 부여된 독점적 권리를 말한다. 저작권은 소유한 물건을 자기 마음대로 이용하거나 처분할 수 있는 권리인 소유권과는 구별된다. 소설책을 구매한 사람은 책에 대한 소유권은 획득했지만, 그렇다고 소설에 대한 저작권을 획득한 것은 아니다. 따라서 구매자는 다른 사람에게 책을 빌려줄 수는 있으나, 저작자의 허락 없이 그 소설을 상업적 목적으로 변형하거나 가공하여 유통할 수는 없다. 이는 책에 대해서는 물건에 대한 소유권인 물권법이, 소설에 대해서는 저작권법이 각각 적용되기 때문이다.

저작권법에서 보호하는 저작물은 남의 것을 베낀 것이 아니라 저작자 자신의 것이어야 한다. 그리고 저작물의 수준이 높아야 할 필요는 없지만, 저작권법에 의한 보호를 받을 가치가 있는 정도로 최소한의 창작성을 지니고 있어야 한다.

저작자란 사실상의 저작 행위를 하여 저작물을 생산해 낸 사람을 가리킨다. 직업적인 문인뿐만 아니라 저작 행위를 하면 누구든지 저작자가 될 수 있다. 자연인으로서의 개인뿐만 아니라 법인도 저작자가 될 수 있다. 그리고 저작물에는 1차적 저작물뿐만 아니라 2차적 저작물도 포함되므로 2차적 저작물의 작성자도 저작자가 될 수 있다. 그러나 저작을 하는 동안 옆에서 도와주었거나 자료를 제공한 사람 등은 저작자가 될 수 없다.

저작자에게 저작권이라는 권리를 부여하여 보호하는 이유는 저작물이 곧 문화 발전의 원동력이 되기 때문이다. 저작물이 많이 나와야 그 사회가 문화적으로 풍요로워질 수 있다. 또 다른 이유는 저작자의 창작 노력에 대해 적절한 보상을 해 줌으로써 창작 행위를 계속할 수 있는 동기를 제공하는 데 있다.

① 저작권은 저작자에게 부여된 독점적 권리로 소유권과 구별된다.

② 소설책을 구매한 사람이 다른 사람에게 책을 빌려줄 수 있는 이유는 책에 대해 물권법이 적용되기 때문이다.

③ 남의 것을 베끼더라도 최소한의 창작성을 지닌 저작물이라면 저작권법에 의해 보호받을 수 있다.

④ 2차적 저작물의 작성자도 저작자가 될 수 있지만, 저작의 과정에서 자료를 제공한 사람은 저작자가 될 수 없다.

⑤ 저작자에게 권리를 부여함으로써 저작자의 지속적인 창작 동기를 유발하고, 사회의 문화 발전에 기여하도록 한다.

08 다음 글의 주제로 가장 적절한 것은?

유전학자들의 최종 목표는 결함이 있는 유전자를 정상적인 유전자로 대체하는 것이다. 이렇게 가장 기본적인 세포 내 차원에서 유전병을 치료하는 것을 '유전자 치료'라 일컫는다. '유전자 치료'를 하기 위해서는 이상이 있는 유전자를 찾아야 한다. 이를 위해 과학자들은 DNA의 특성을 이용한다.

DNA는 두 가닥이 나선형으로 꼬여 있는 이중 나선 구조로 이루어진 분자이다. 그런데 이 두 가닥에 늘어서 있는 염기들은 임의적으로 배열되어 있는 것이 아니다. 한쪽에 늘어선 염기에 따라, 다른 쪽 가닥에 늘어선 염기들의 배열이 결정되는 것이다. 즉 한쪽에 A염기가 존재하면 거기에 연결되는 반대쪽에는 반드시 T염기가, 그리고 C염기에 대응해서는 반드시 G염기가 존재하게 된다. 염기들이 짝을 지을 때 나타나는 이러한 선택적 특성을 이용하여 유전병을 일으키는 유전자를 찾아낼 수 있다.

유전자를 찾기 위해 사용하는 첫 번째 도구는 DNA 한 가닥 중 극히 일부이다. '프로브(Probe)'라 불리는 이 DNA 조각은, 염색체상의 위치가 알려져 있는 이십여 개의 염기들로 이루어진다. 한 가닥으로 이루어져 있는 특성으로 인해, 프로브는 자신의 염기 배열에 대응하는 다른 쪽 가닥의 DNA 부분에 가서 결합할 것이다. 대응하는 두 가닥의 DNA가 이렇게 결합하는 것을 '교잡'이라고 일컫는다. 조사 대상인 염색체로부터 추출한 많은 한 가닥의 염색체 조각들과 프로브를 섞어 놓았을 때, 프로브는 신비스러울 정도로 자신의 짝을 정확하게 찾아 교잡한다. 두 번째 도구는 '젤 전기영동'이라는 방법이다. 생물을 구성하고 있는 단백질·핵산 등 많은 분자들은 전하를 띠고 있어서 전기장 속에서 각 분자마다 독특하게 이동을 한다. 이러한 성질을 이용해 생물을 구성하고 있는 물질의 분자량, 각 물질의 전하량이나 형태의 차이를 이용하여 물질을 분리하는 것이 전기영동법이다. 이를 활용하여 DNA를 분리하려면 우선 DNA 조각들을 전기장에서 이동시키고, 이것을 젤라틴 판을 통과하게 함으로써 분리하면 된다.

이러한 조사 도구들을 갖추고서, 유전학자들은 유전병을 일으키는 유전자를 추적하는 데 나섰다. 유전학자들은 먼저 젤 전기영동법으로 유전병을 일으키는 유전자로 의심되는 부분과 동일한 부분에 존재하는 프로브를 건강한 사람에게서 떼어냈다. 그리고 건강한 사람에게서 떼어낸 프로브에 방사성이나 형광성을 띠게 하였다. 그 후에 유전병 환자들에게서 채취한 DNA 조각들과 함께 교잡 실험을 반복하였다. 유전병과 관련된 유전 정보가 담긴 부분의 염기 서열이 정상인과 다르므로 이 부분은 프로브와 교잡하지 않는다는 점을 이용하는 것이다. 교잡이 일어난 후 프로브가 위치하는 곳은 X선 필름을 통해 쉽게 찾아낼 수 있고, 이로써 DNA의 특정 조각은 염색체상에서 프로브와 같은 위치에 존재한다는 것을 알 수 있다.

언뜻 보기에는 대단한 진보를 이룬 것 같지 않지만, 유전자 치료는 최근 들어 공상 과학을 방불케 하는 첨단 의료 기술의 대표적인 주자로 부각되고 있다. DNA 연구 결과로 인해, 우리는 지금까지 절망적이라고 여겨 온 질병들을 치료할 수 있다는 희망을 갖게 되었다.

① 유전자 추적의 도구와 방법
② 유전자의 종류와 기능
③ 유전자 치료의 의의와 한계
④ 유전자 치료의 상업적 가치
⑤ 유전 질환의 종류와 발병 원인

09 다음은 비만도 측정에 관한 자료와 학생 3명의 신체조건이다. 3명의 비만도 측정에 대한 설명으로 옳지 않은 것은?(단, 소수점 이하는 버린다)

<비만도 측정법>

$$(표준체중) = \{[신장(cm)] - 100\} \times 0.9$$

$$(비만도) = \frac{[현재체중(kg)]}{[표준체중(kg)]} \times 100$$

<비만도 구분>

구분	조건
저체중	90% 미만
정상체중	90% 이상 110% 이하
과체중	110% 초과 120% 이하
경도비만	120% 초과 130% 이하
중등도비만	130% 초과 150% 이하
고도비만	150% 이상 180% 이하
초고도비만	180% 초과

─〈조건〉─

- 혜지 : 키 158cm 몸무게 58kg
- 기원 : 키 182cm 몸무게 71kg
- 용준 : 키 175cm 몸무게 96kg

① 혜지의 표준체중은 52.2kg이며, 기원이의 표준체중은 73.8kg이다.

② 기원이의 체중이 5kg 증가하면, 과체중 범주에 포함된다.

③ 3명의 학생 중 정상체중인 학생은 기원이뿐이다.

④ 용준이가 약 22kg 이상 체중 감량을 했을 시 정상체중 범주에 포함된다.

⑤ 정상체중 100%를 기준으로 할 때, 용준이의 비만도 차이는 혜지의 비만도 차이의 4배보다 작다.

지난 12월 미국 콜로라도대 준 예 교수팀이 스트론튬(Sr) 원자시계를 개발했다고 발표했다. 스트론튬 원자시계는 현재 쓰이고 있는 세슘(Cs) 원자시계의 정밀도를 더욱 높일 것으로 기대되는 차세대 원자시계다. 아직은 세슘 원자시계 정도의 정밀도에 불과하지만 기술적인 보완이 되면 세슘 원자시계보다 훨씬 정밀하게 시간을 측정할 수 있을 것이다.

(가) 모든 시계의 표준이 되는 시계, 가장 정확하고 가장 정밀한 시계가 바로 원자시계다. 원자시계는 수십억 분의 1초를 측정할 수 있고, 수십만 년에 1초를 틀릴까 말까 할 정도다. 일상생활이라면 1초의 구분이면 충분할 것이고, 운동경기에서도 고작 100분의 1초로 승부를 가른다. 그럼 사람들은 왜 세슘 원자시계가 제공하는 수십억 분의 1초의 구분도 부족해 더욱 정확한 원자시계를 만들려는 것일까?

(나) 방송도 마찬가지다. TV 화면은 겉보기엔 화면이 한 번에 뿌려지는 것 같지만 사실은 방송국으로부터 화면 한 점 한 점의 정보를 받아서 화면을 구성한다. TV에 달린 시계와 방송국에 달린 시계가 일치하지 않으면 화면을 재구성할 때 오류가 생긴다. 양쪽이 정밀한 시계를 가지면 같은 시간 동안 더 많은 정보를 보낼 수 있다. 더욱 크고 선명한 화면을 방송할 수 있게 되는 것이다.

(다) 초기에 원자시계는 지구의 자전으로 측정했던 부정확한 시간을 정확히 교정하기 위해 만들어졌다. 실제 지난 2005년과 2006년 사이인 12월 31일 오후 11시 59분 59초 뒤에 1초를 추가하는 일이 있었는데 원자시계와 천체시계의 오차를 보완하기 위해서였다. 지구의 자전은 계속 느려지고 있어 시간을 바로잡지 않으면 수천 년 뒤 해가 떠 있는데 시계는 밤을 가리키는 황당한 사건이 발생할 수도 있다.

(라) 뿐만 아니라 시간을 정밀하게 측정할 수 있으면 GPS(위성항법장치) 인공위성을 통해 위치도 정밀하게 알 수 있다. GPS 위성에는 정밀한 원자시계가 들어 있어 신호를 읽고 보내는 시각을 계산하는데, 이 시간 차이를 정밀하게 알수록 위치도 정밀하게 계산하는 것이 가능해진다. 네 개의 GPS 위성으로부터 받은 신호를 조합하면 물체의 위치가 mm 단위로 정확하게 나온다. 이런 기술은 순항 미사일 같은 정밀 유도무기에 특히 중요하다.

(마) 하지만 원자시계는 이런 표준시를 정의하는 역할에만 그치지 않는다. 시계가 정밀해질수록 한정된 시간을 보다 값지게 사용할 수 있기 때문이다. 시간을 정확하고 정밀하게 잴 수 있다는 것은 시간을 잘게 쪼개 쓸 수 있다는 의미다. 하나의 신호를 주고받는 데 걸리는 시간을 줄일 수 있으므로, 유·무선 통신을 할 때 많은 정보를 전달할 수 있게 된다. 시간이 정밀해지면 회선 하나를 많은 사람이 공유해서 쓸 수 있다.

10 제시된 문단에 이어질 내용을 순서대로 연결한 것은?

① (가) – (마) – (다) – (라) – (나)

② (가) – (다) – (마) – (나) – (라)

③ (가) – (다) – (마) – (라) – (나)

④ (다) – (가) – (마) – (라) – (나)

⑤ (다) – (라) – (나) – (마) – (가)

11 사람들이 원자시계를 만들려는 이유로 적절하지 않은 것은?

① 지구의 자전이 계속 느려지고 있기 때문

② 한정된 시간을 보다 값지게 사용할 수 있기 때문

③ 한 번에 여러 개의 신호를 송출할 수 있기 때문

④ 더욱 크고 선명한 화면을 방송할 수 있기 때문

⑤ 보다 정확한 위치 계산을 할 수 있기 때문

12 다음 설명을 근거로 〈보기〉를 계산한 값은?

연산자 A, B, C, D는 다음과 같이 정의한다.

• A : 좌우에 있는 두 수를 더한다. 단, 더한 값이 10 미만이면 좌우에 있는 두 수를 곱한다.

• B : 좌우에 있는 두 수 가운데 큰 수에서 작은 수를 뺀다. 단, 두 수가 같거나 뺀 값이 10 미만이면 두 수를 곱한다.

• C : 좌우에 있는 두 수를 곱한다. 단, 곱한 값이 10 미만이면 좌우에 있는 두 수를 더한다.

• D : 좌우에 있는 두 수 가운데 큰 수를 작은 수로 나눈다. 단, 두 수가 같거나 나눈 값이 10 미만이면 두 수를 곱한다.

※ 연산은 '( )', '[ ]'의 순으로 한다.

〈보기〉

$$[(1 A 5) B (3 C 4)] D 6$$

---

① 10

② 12

③ 90

④ 210

⑤ 360

13 다음 빈칸에 들어갈 숫자로 옳은 것은?(단, 재범률은 소수점 둘째 자리에서 반올림, 나머지는 소수점 첫째 자리에서 반올림한다)

<재범률>

구분	2017년	2018년	2019년	2020년	2021년
재범률(%)	①	22.2	22.2	22.1	⑤
4년 전 출소자 수(명)	24,151	25,802	25,725	④	23,045
4년 전 출소자 중 3년 이내 재복역자 수(명)	5,396	②	③	5,547	4,936

※ [재범률(3년 이내 재복역률)]＝(4년 전 출소자 중 3년 이내 재복역자 수)÷(4년 전 출소자 수)×100

① 22.3

② 6,213

③ 4,516

④ 26,100

⑤ 25.0

14 네 개의 상자 A, B, C, D 중의 어느 하나에 두 개의 진짜 열쇠가 들어 있고, 다른 어느 한 상자에 두 개의 가짜 열쇠가 들어 있다. 또한 각 상자에는 다음과 같이 두 개의 안내문이 쓰여 있는데, 각 상자의 안내문 중 하나는 참이고, 다른 하나는 거짓이다. 다음 중 항상 옳은 것은?

- A상자
  - 어떤 진짜 열쇠도 순금으로 되어 있지 않다.
  - C상자에 진짜 열쇠가 들어 있다.
- B상자
  - 가짜 열쇠는 이 상자에 들어 있지 않다.
  - A상자에는 진짜 열쇠가 들어 있다.
- C상자
  - 이 상자에 진짜 열쇠가 들어 있다.
  - 어떤 가짜 열쇠도 구리로 되어 있지 않다.
- D상자
  - 이 상자에 진짜 열쇠가 들어 있다.
  - 가짜 열쇠 중 어떤 것은 구리로 되어 있다.

① B상자에 가짜 열쇠가 들어 있지 않다.

② C상자에 진짜 열쇠가 들어 있지 않다.

③ D상자의 첫 번째 안내문은 거짓이다.

④ 모든 가짜 열쇠는 구리로 되어 있다.

⑤ 어떤 진짜 열쇠는 순금으로 되어 있다.

15 다음 문장이 모두 참이라고 가정할 때, 〈보기〉에서 반드시 참인 것을 모두 고르면?

- A, B, C, D 중 한 명의 근무지는 서울이다.
- A, B, C, D는 각기 다른 한 도시에서 근무한다.
- 갑, 을, 병 각각의 두 진술 중 하나는 참이고 다른 하나는 거짓이다.
- 갑은 "A의 근무지는 광주이다."와 "D의 근무지는 서울이다."라고 진술했다.
- 을은 "B의 근무지는 광주이다."와 "C의 근무지는 세종이다."라고 진술했다.
- 병은 "C의 근무지는 광주이다."와 "D의 근무지는 부산이다."라고 진술했다.

〈보기〉
ㄱ. A의 근무지는 광주이다.
ㄴ. B의 근무지는 서울이다.
ㄷ. C의 근무지는 세종이다.

① ㄱ
② ㄷ
③ ㄱ, ㄴ
④ ㄴ, ㄷ
⑤ ㄱ, ㄴ, ㄷ

16 다음은 A지역 전체 가구를 대상으로 원자력발전소 사고 전·후 식수 조달원 변경에 대해 사고 후 설문조사한 결과이다. 이에 대한 설명 중 옳은 것은?

〈원자력발전소 사고 전·후 식수 조달원별 가구 수〉

(단위 : 가구)

사고 전 조달원 \ 사고 후 조달원	수돗물	정수	약수	생수
수돗물	40	30	20	30
정수	10	50	10	30
약수	20	10	10	40
생수	10	10	10	40

※ A지역 가구의 식수 조달원은 수돗물, 정수, 약수, 생수로 구성되며, 각 가구는 한 종류의 식수 조달원만 이용함

① 사고 전에 식수 조달원으로 정수를 이용하는 가구 수가 가장 많았다.
② 사고 전에 비해 사고 후에 이용 가구 수가 감소한 식수 조달원의 수는 3개이다.
③ 사고 전·후 식수 조달원을 변경한 가구 수는 전체 가구 수의 60% 이하이다.
④ 사고 전에 식수 조달원으로 정수를 이용하던 가구는 사고 후에도 정수를 이용한다.
⑤ 각 식수 조달원 중에서 사고 전·후에 이용 가구 수의 차이가 가장 큰 것은 생수이다.

17 다음 글의 전체 흐름과 맞지 않는 한 곳을 ㉠~㉤에서 찾아 수정하려고 할 때, 가장 적절한 것은?

소아시아 지역에 위치한 비잔틴 제국의 수도 콘스탄티노플이 이슬람교를 신봉하는 오스만인들에 의해 함락되었다는 소식이 인접해 있는 유럽 지역에까지 전해졌다. 그 지역 교회의 한 수도원 서기는 이에 대해 "㉠ 지금까지 이보다 더 끔찍했던 사건은 없었으며, 앞으로도 결코 없을 것이다."라고 기록했다.

1453년 5월 29일 화요일, 해가 뜨자마자 오스만 제국의 군대는 난공불락으로 유명한 케르코포르타 성벽의 작은 문을 뚫고 진군하기 시작했다. 해가 질 무렵, 약탈당한 도시에 남아있는 모든 것은 그들의 차지가 되었다. 비잔틴 제국의 86번째 황제였던 콘스탄티누스 11세는 서쪽 성벽 아래에 있는 좁은 골목에서 전사하였다. 이것으로 ㉡ 1,100년 이상 존재했던 소아시아 지역의 기독교도 황제가 사라졌다. 잿빛 말을 타고 화요일 오후 늦게 콘스탄티노플에 입성한 술탄 메흐메드 2세는 우선 성소피아 대성당으로 갔다. 그는 이 성당을 파괴하는 대신 이슬람 사원으로 개조하라는 명령을 내렸고, 우선 그 성당을 철저하게 자신의 보호 하에 두었다. 또한, 학식이 풍부한 그리스 정교회 수사에게 격식을 갖추어 공석중인 총대주교직을 수여하고자 했다. 그는 이슬람 세계를 위해 ㉢ 기독교의 제단뿐만 아니라 그 이상의 것들도 활용했다. 역대 비잔틴 황제들이 제정한 법을 그가 주도하고 있던 법제화의 모델로 이용하였던 것이다. 이러한 행위들은 ㉣ 단절을 추구하는 정복왕 메흐메드 2세의 의도에서 비롯된 것이라고 할 수 있다.

그는 자신이야말로 지중해를 '우리의 바다'라고 불렀던 로마 제국의 진정한 계승자임을 선언하고 싶었던 것이다. 일례로 그는 한때 유럽과 아시아를 포함한 지중해 전역을 지배했던 제국의 정통 상속자임을 선언하면서, 의미심장하게도 자신의 직함에 '룸 카이세리', 즉 로마의 황제라는 칭호를 추가했다. 또한 그는 패권 국가였던 로마의 옛 명성을 다시 찾기 위한 노력의 일환으로 로마 사람의 땅이라는 뜻을 지닌 루멜리아에 새로 수도를 정했다. 이렇게 함으로써 그는 ㉤ 오스만 제국이 유럽으로 확대될 것이라는 자신의 확신을 보여주었다.

① ㉠을 '지금까지 이보다 더 영광스러운 사건은 없었으며'로 고친다.

② ㉡을 '1,100년 이상 존재했던 소아시아 지역의 이슬람 황제가 사라졌다'로 고친다.

③ ㉢을 '기독교의 제단뿐만 아니라 그 이상의 것들도 파괴했다'로 고친다.

④ ㉣의 '연속성을 추구하는 정복왕 메흐메드 2세의 의도에서 비롯된 것'으로 고친다.

⑤ ㉤을 '오스만 제국이 아시아로 확대될 것이라는 자신의 확신을 보여주었다'로 고친다.

18 다음 중 바르게 추론한 것을 〈보기〉에서 모두 고르면?

(가) ~ (마)팀이 현재 수행하고 있는 과제의 수는 다음과 같다.
- (가)팀 : 0개
- (나)팀 : 1개
- (다)팀 : 2개
- (라)팀 : 2개
- (마)팀 : 3개

이 과제에 추가하여 8개의 새로운 과제 a, b, c, d, e, f, g, h를 다음 조건에 따라 (가) ~ (마)팀에 배정한다.

〈조건〉

- 어느 팀이든 새로운 과제를 적어도 하나는 맡아야 한다.
- 기존에 수행하던 과제를 포함해서 한 팀이 맡을 수 있는 과제는 최대 4개이다.
- 기존에 수행하던 과제를 포함해서 4개 과제를 맡는 팀은 둘이다.
- a, b는 한 팀이 맡아야 한다.
- c, d, e는 한 팀이 맡아야 한다.

〈보기〉

ㄱ. a를 (나)팀이 맡을 수 없다.
ㄴ. f를 (가)팀이 맡을 수 있다.
ㄷ. 기존에 수행하던 과제를 포함해서 2개 과제를 맡는 팀이 반드시 있다.

① ㄱ   ② ㄴ

③ ㄱ, ㄷ   ④ ㄴ, ㄷ

⑤ ㄱ, ㄴ, ㄷ

19 K은행에 근무 중인 귀하는 퇴직연금 계약관리를 맡고 있는데, 자사의 성과를 평가하기 위해 퇴직연금 시장의 현황을 파악하고자 한다. 퇴직연금사업장 취급실적 현황을 보고 판단한 내용으로 옳지 않은 것은?

〈퇴직연금사업장 취급실적 현황〉

(단위 : 건)

구분		합계	확정급여형 (DB)	확정기여형 (DC)	확정급여 · 기여형 (DB&DC)	IRP 특례
2019년	1/4	152,910	56,013	66,541	3,157	27,199
	2/4	167,458	60,032	75,737	3,796	27,893
	3/4	185,689	63,150	89,571	3,881	29,087
	4/4	203,488	68,031	101,086	4,615	29,756
2020년	1/4	215,962	70,868	109,820	4,924	30,350
	2/4	226,994	73,301	117,808	5,300	30,585
	3/4	235,716	74,543	123,650	5,549	31,974
	4/4	254,138	80,107	131,741	6,812	35,478
2021년	1/4	259,986	80,746	136,963	6,868	35,409
	2/4	262,373	80,906	143,450	6,886	32,131
	3/4	272,455	83,003	146,952	7,280	35,220
	4/4	275,547	83,643	152,904	6,954	32,046

① 퇴직연금을 도입한 사업장 수는 매 분기 꾸준히 증가하고 있다.

② 퇴직연금제도 형태별로는 확정기여형이 확정급여형보다 많은 것으로 나타난다.

③ 2020년 중 확정기여형을 도입한 사업장 수가 전년 동기 대비 가장 많이 증가한 시기는 2/4분기이다.

④ 2021년 4/4분기에 IRP 특례를 제외한 나머지 퇴직연금 취급실적은 모두 전년 동기 대비 증가하였다.

⑤ 2019년부터 2020년까지 분기별 확정급여형 취급실적은 동기간 IRP 특례의 2배 이상이다.

20 산타 할아버지가 크리스마스를 맞아 선물을 배달하고 있다. 3일 전 알아본 집 A, B, C, D, E, F, G의 가족구성원과 나이는 아래와 같고, 다음 조건에 맞춰 선물을 배달할 때 5번째로 배달하는 집은 어디인가?

A	B	C	D	E	F	G
아버지(47)	아버지(45)	아버지(46)	아버지(45)	아버지(45)	아버지(42)	아버지(40)
어머니(42)	어머니(41)	어머니(38)	어머니(44)	어머니(36)	어머니(39)	어머니(42)
아들(9)	딸(2)	아들(2)	아들(11)	아들(4)	딸(7)	딸(10)
딸(3)			딸(8)	아들(2)	딸(2)	아들(4)
			딸(3)			아들(2)

〈조건〉

산타 할아버지가 선물을 배달하는 우선순위는 다음과 같다.
(1) 집에서 가장 어린 사람의 나이가 적을수록 먼저 배달한다.
(2) 집에서 10세 이하 아동이 많은 집에 먼저 배달한다.
(3) 부모의 나이를 합친 숫자가 많을수록 먼저 배달한다.
(4) 부모 중 나이가 어린 사람과 자녀 중 나이가 많은 사람의 나이 차가 적을수록 먼저 배달한다.

① A
② B
③ C
④ D
⑤ E

21 다음 중 ㉠에 대해 제기할 수 있는 반론으로 가장 적절한 것은?

기업은 상품의 사회적 마모를 촉진시키는 주체이다. 생산과 소비가 지속되어야 이윤을 남길 수 있기 때문에, 하나의 상품을 생산해서 그 상품의 물리적 마모가 끝날 때까지를 기다렸다가는 그 기업은 망하기 십상이다. 이러한 상황에서 늘 수요에 비해 과잉 생산을 하는 기업이 살아남을 수 있는 길은 상품의 사회적 마모를 짧게 해서 사람들로 하여금 계속 소비하게 만드는 것이다.

그래서 ㉠ 기업들은 더 많은 이익을 내기 위해서는 상품의 성능을 향상시키기보다는 디자인을 변화시키는 것이 더 바람직하다고 생각한다. 산업이 발달하여 상품의 성능이나 기능, 내구성이 이전보다 더욱 향상되었는데도 불구하고 상품의 생명이 이전보다 더 짧아지는 것은 어떻게 생각하면 자본주의 상품이 지닌 모순이라고 할 수 있다. 섬유의 질은 점점 좋아지지만 그 옷을 입는 기간은 이에 비해서 점점 짧아지게 되는 것이 바로 자본주의 상품이 지니고 있는 모순이다. 산업이 계속 발달하여 상품의 성능이 향상되는데도 상품의 사회적인 마모 기간이 누군가에 의해서 엄청나게 짧아지고 있다. 상품의 질은 향상되고 내가 버는 돈은 늘어가는 것 같은데 늘 무엇인가 부족한 듯한 느낌이 드는 것도 이것과 관련이 있다.

① 상품의 성능은 그대로 두어도 향상될 수 있는가?
② 디자인에 관한 소비자들의 취향이 바뀌는 것을 막을 방안은 있는가?
③ 상품의 성능 향상을 등한시하며 디자인만 바꾼다고 소비가 증가할 것인가?
④ 사회적 마모 기간이 점차 짧아지면 디자인을 개발하는 것이 기업에 도움이 되겠는가?
⑤ 소비 성향에 맞춰 디자인을 다양화할 수 있는가?

22 다음은 K공사에서 사내전화 평균 통화시간을 조사한 자료이다. 평균 통화시간이 6 ~ 9분인 여자의 수는 12분 이상인 남자의 수에 비해 몇 배 많은가?

평균 통화시간	남자	여자
3분 이하	33%	26%
3 ~ 6분	25%	21%
6 ~ 9분	18%	18%
9 ~ 12분	14%	16%
12분 이상	10%	19%
대상 인원수	600명	400명

① 1.1배
② 1.2배
③ 1.3배
④ 1.4배
⑤ 1.5배

23 S공사는 노후화된 직원휴게실을 새롭게 단장하려고 한다. 우선 가장 지저분한 4면의 벽을 새롭게 도배하기 위해 비용을 추산하고자 한다. 직원휴게실 규모와 도배지 가격정보가 다음과 같을 때, 최소 도배 비용으로 가장 적절한 것은?

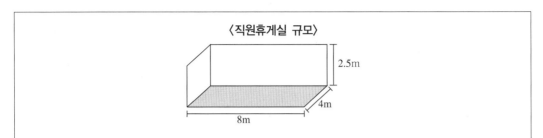

〈직원휴게실 규모〉

〈도배지 규격 및 가격〉

재질	규격	가격
물결무늬 실크벽지	폭 100cm × 길이 150cm/Roll	40,000원
	폭 100cm × 길이 100cm/Roll	30,000원
	폭 50cm × 길이 100cm/Roll	20,000원

※ 무늬를 고려하여 도배지는 위에서 아래로 붙이며, 남는 부분은 잘라서 활용한다.
※ 직원휴게실 도배 비용 산정 시 창문과 문은 없는 것으로 간주한다.

① 1,480,000원
② 1,520,000원
③ 1,600,000원
④ 1,720,000원
⑤ 1,800,000원

24 A ~ D는 한 판의 가위바위보를 한 후 그 결과에 대해 각각 두 가지의 진술을 하였다. 두 가지의 진술 중 하나는 반드시 참이고, 하나는 반드시 거짓이라고 할 때, 다음 중 항상 참인 것은?

A : C는 B를 이길 수 있는 것을 냈고, B는 가위를 냈다.
B : A는 C와 같은 것을 냈지만, A가 편 손가락의 수는 나보다 적었다.
C : B는 바위를 냈고, 그 누구도 같은 것을 내지 않았다.
D : A, B, C 모두 참 또는 거짓을 말한 순서가 동일하다. 이 판은 승자가 나온 판이었다.

① B와 같은 것을 낸 사람이 있다.
② 보를 낸 사람은 1명이다.
③ D는 혼자 가위를 냈다.
④ B가 기권했다면 가위를 낸 사람이 지는 판이다.
⑤ 바위를 낸 사람은 2명이다.

25 다음은 K공사의 국외 출장 현황과 출장 국가별 여비 기준을 나타낸 자료이다. 자료와 조건을 근거로 출장 여비를 지급받을 때, 출장여비를 가장 많이 지급받는 출장자부터 순서대로 바르게 나열한 것은?

〈K국 공무원 국외 출장 현황〉

출장자	출장국가	출장기간	숙박비 지급 유형	1박 실지출 비용($/박)	출장 시 개인 마일리지 사용 여부
갑	A	3박 4일	실비 지급	145	미사용
을	A	3박 4일	정액 지급	130	사용
병	B	3박 5일	실비 지급	110	사용
정	C	4박 6일	정액 지급	75	미사용
무	D	5박 6일	실비 지급	75	사용

※ 각 출장자의 출장기간 중 매박 실지출 비용은 변동 없다.

〈출장 국가별 1인당 여비 지급 기준액〉

구분	1일 숙박비 상한액($/박)	1일 식비($/일)
A	170	72
B	140	60
C	100	45
D	85	35

─── 〈조건〉 ───

- (출장여비)=(숙박비)+(식비)
- 숙박비는 숙박 실지출 비용을 지급하는 실비 지급 유형과 출장국가 숙박비 상한액의 80%를 지급하는 정액 지급 유형으로 구분
  - (실비 지급 숙박비)=(1박 실지출 비용)×(숙박일수)
  - (정액 지급 숙박비)=(출장국가 1일 숙박비 상한액)×(숙박일수)×0.8
- 식비는 출장 시 개인 마일리지 사용 여부에 따라 출장 중 식비의 20% 추가지급
  - (개인 마일리지 미사용 시 지급 식비)=(출장국가 1일 식비)×(출장일수)
  - (개인 마일리지 사용 시 지급 식비)=(출장국가 1일 식비)×(출장일수)×1.2

① 갑 – 을 – 병 – 정 – 무
② 갑 – 을 – 병 – 무 – 정
③ 을 – 갑 – 정 – 병 – 무
④ 을 – 갑 – 병 – 무 – 정
⑤ 을 – 갑 – 무 – 병 – 정

26 A사원과 B사원은 사내 웹진을 읽다가 정보란에서 아래의 글을 읽게 되었다. 다음 글을 읽고 질문의 답을 찾을 수 없는 것은?

해안에서 밀물에 의해 해수가 해안선에 제일 높게 들어온 곳과 썰물에 의해 제일 낮게 빠진 곳의 사이에 해당하는 부분을 조간대라고 한다. 지구상에서 생물이 살기에 열악한 환경 중 한 곳이 바로 이 조간대이다. 이곳의 생물들은 물에 잠겨 있을 때와 공기 중에 노출될 때라는 상반된 환경에 삶을 맞춰야 한다. 또한 갯바위에 부서지는 파도의 파괴력도 견뎌야 한다. 또한 빗물이라도 고이면 민물이라는 환경에도 적응해야 하며, 강한 햇볕으로 바닷물이 증발하고 난 다음에는 염분으로 범벅된 몸을 추슬러야 한다. 이러한 극단적이고 변화무쌍한 환경에 적응할 수 있는 생물만이 조간대에서 살 수 있다.

조간대는 높이에 따라 상부, 중부, 하부로 나뉜다. 바다로부터 가장 높은 곳인 상부는 파도가 강해야만 물이 겨우 닿는 곳이다. 그래서 조간대 상부에 사는 생명체는 뜨거운 태양열을 견뎌내야 한다. 중부는 만조 때에는 물에 잠기지만 간조 때에는 공기 중에 노출되는 곳이다. 그런데 물이 빠져 공기 중에 노출되었다 해도 파도에 의해 어느 정도의 수분은 공급된다. 가장 아래에 위치한 하부는 간조시를 제외하고는 항상 물에 잠겨 있다. 땅 위 환경의 영향을 적게 받는다는 점에선 다소 안정적이긴 해도 파도의 파괴력을 이겨내기 위해 강한 부착력을 지녀야 한다는 점에서 생존이 쉽지 않은 곳이다.

조간대에 사는 생물들은 불안정하고 척박한 바다 환경에 적응하기 위해 높이에 따라 수직적으로 종이 분포한다. 조간대를 찾았을 때 총알고둥류와 따개비들을 발견했다면 그곳이 조간대에서 물이 가장 높이 올라오는 지점인 것이다. 이들은 상당 시간 물 밖에 노출되어도 수분 손실을 막기 위해 패각과 덮개 판을 꼭 닫은 채 물이 밀려올 때까지 버텨낼 수 있다.

① 조간대에서 총알고둥류가 사는 곳은 어느 지점인가?
② 조간대의 중부에 사는 생물에는 어떠한 것이 있는가?
③ 조간대에서 높이에 따라 생물의 종이 수직으로 분포하는 이유는 무엇인가?
④ 조간대에 사는 생물들이 견뎌야 하는 환경적 조건에는 어떠한 것이 있는가?
⑤ 조간대의 상부에 사는 생물들의 환경 적응 방식의 예로는 어떠한 것이 있는가?

27 다음은 출생연대별로 드러난 개인주의 가치성향을 조사한 결과이다. 그래프에 대한 해석으로 적절한 것은?

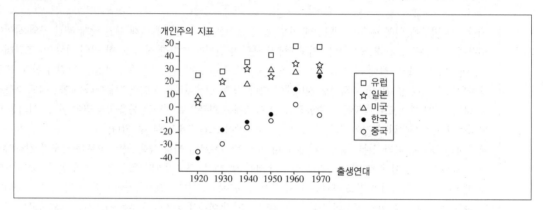

① 세대별로 가치성향의 차이는 한국보다 유럽이 큰 편이다.

② 한국을 제외하고는 나이와 개인주의 가치성향이 항상 반비례하고 있다.

③ 중국의 1920 ~ 1970년대생은 나이가 어릴수록 개인주의 성향이 강하다.

④ 대체로 유럽, 일본, 미국이 한국, 중국보다 개인주의 성향이 더 강하다.

⑤ 일본의 세대별 개인주의의 차이가 가장 크다.

28 다음 조건에 따라 자동차 외판원인 A, B, C, D, E, F의 판매실적을 비교했을 때, 항상 옳은 것은?

―〈조건〉―
- A는 B보다 실적이 높다.
- C는 D보다 실적이 낮다.
- E는 F보다 실적이 낮지만, A보다는 높다.
- B는 D보다 실적이 높지만, E보다는 낮다.

① 실적이 가장 높은 외판원은 F이다.

② 외판원 C의 실적은 꼴찌가 아니다.

③ B의 실적보다 낮은 외판원은 3명이다.

④ 외판원 E의 실적이 가장 높다.

⑤ A의 실적이 C의 실적보다 적다.

29 다음 글의 A와 B의 견해에 대한 평가로 올바른 것을 〈보기〉에서 모두 고르면?

여성의 사회 활동이 활발한 편에 속하는 미국에서조차 공과대학에서 여학생이 차지하는 비율은 20%를 넘지 않는다. 독일 대학의 경우도 전기 공학이나 기계 공학 분야의 여학생 비율이 2.3%를 넘지 않는다. 우리나라 역시 공과대학의 여학생 비율은 15%를 밑돌고 있고, 여교수의 비율도 매우 낮다.

여성주의자들 중 A는 기술에 각인된 '남성성'을 강조함으로써 이 현상을 설명하려고 한다. 그에 따르면, 지금까지의 기술은 자연과 여성에 대한 지배와 통제를 끊임없이 추구해온 남성들의 속성이 반영된, 본질적으로 남성적인 것이다. 이에 반해 여성은 타고난 출산 기능 때문에 자연에 적대적일 수 없고 자연과 조화를 추구한다고 한다. 남성성은 공격적인 태도로 자연을 지배하려 하지만, 여성성은 순응적인 태도로 자연과 조화를 이루려한다. 때문에 여성성은 자연을 지배하는 기술과 대립할 수밖에 없다. 이에 따라 A는 여성성에 바탕을 둔 기술을 적극적으로 개발해야만 비로소 여성과 기술의 조화가 가능해진다고 주장한다.

다른 여성주의자 B는 여성성과 남성성 사이에 근본적인 차이가 존재하지 않는다고 주장한다. 그는 여성에게 주입된 성별 분업 이데올로기와 불평등한 사회 제도에 의해 여성의 능력이 억눌리고 있다고 생각한다. 그에 따르면, 여성은 '기술은 남성의 것'이라는 이데올로기를 어릴 적부터 주입받게 되어 결국 기술 분야에 어렵게 진출하더라도 남성에게 유리한 각종 제도의 벽에 부딪히면서 자신의 능력을 사장시키게 된다. 이에 따라 B는 여성과 기술의 관계에 대한 인식을 제고하는 교육을 강화하고 여성의 기술 분야 진출과 승진을 용이하게 하는 제도적 장치를 마련해야 한다고 주장한다. 그래야만 기술 분야에서 여성이 겪는 소외를 극복하고 여성이 자기 능력을 충분히 발휘할 수 있는 여건이 만들어질 수 있다고 보기 때문이다.

〈보기〉

ㄱ. A에 따르면 여성과 기술의 조화를 위해서는 자연과 조화를 추구하는 기술을 개발해야 한다.

ㄴ. B에 따르면 여성이 남성보다 기술 분야에 많이 참여하지 않는 것은 신체적인 한계 때문이다.

ㄷ. A와 B에 따르면 한 사람은 남성성과 여성성을 동시에 갖고 있다.

① ㄱ
② ㄴ
③ ㄱ, ㄷ
④ ㄴ, ㄷ
⑤ ㄱ, ㄴ, ㄷ

30 다음 글의 수정방안으로 가장 적절한 것을 고르면?

> 최근 사물 인터넷에 대한 사람들의 관심이 부쩍 늘고 있는 추세이다. 사물 인터넷은 '인터넷을 기반으로 모든 사물을 연결하여 사람과 사물, 사물과 사물 간에 정보를 상호 소통하는 지능형 기술 및 서비스'를 말한다.
>
> ⊙ ┌ 통계에 따르면 사물 인터넷은 전 세계적으로 민간 부문 14조 4,000억 달러, 공공 부문 4조 6,000억 달러에 달하는 경제적 가치를 창출할 것으로 ⓒ 예상되며 그 가치는 더욱 커질 것으로 기대된다. 그래서 사물 인터넷 사업은 국가 경쟁력을 확보할 수 있는 미래 산업으로서 그 중요성이 강조되고 있으며, 이에 선진국들은 에너지, 교통, 의료, 안전 등 다양한 분야에 걸쳐 투자를 하고 있다. 그러나 우리나라는 정부 차원의 경제적 지원이 부족하여 사물 인터넷 산업이 활성화되는 데 어려움이 있다. 또한 국내의 기업들은 사물 인터넷 시장의 불확실성 때문에 적극적으로 투자에 나서지 못하고 있으며, 사물 인터넷 관련 기술을 확보하지 못하고 있는 실정이다. ⓒ 그 결과 우리나라의 사물 인터넷 시장은 선진국에 비해 확대되지 못하고 있다.
>
> 그렇다면 국내 사물 인터넷 산업을 활성화하기 위한 방안은 무엇일까? 우선 정부에서는 사물 인터넷 산업의 기반을 구축하는 데 필요한 정책과 제도를 정비하고, 관련 기업에 경제적 지원책을 마련해야 한다. 또한 수익성이 불투명하다고 느끼는 기업으로 하여금 투자를 하도록 유도하여 사물 인터넷 산업이 발전할 수 있도록 해야 한다. 그리고 기업들은 이동 통신 기술 및 차세대 빅데이터 기술 개발에 집중하여 사물 인터넷으로 인해 발생하는 대용량의 데이터를 원활하게 수집하고 분석할 수 있는 기술력을 ⓔ 확증해야 할 것이다.
>
> ⑩ 사물 인터넷은 세상을 연결하여 소통하게 하는 끈이다. 이런 사물 인터넷은 우리에게 편리한 삶을 약속할 뿐만 아니라 경제적 가치를 창출할 미래 산업으로 자리매김할 것이다.

① ⊙ : 서로 다른 내용을 다루고 있는 부분이 있으므로 문단을 두 개로 나눈다.

② ⓒ : 불필요한 피동 표현에 해당하므로 '예상하며'로 수정한다.

③ ⓒ : 앞 문장의 결과라기보다는 원인이므로 '그 이유는 우리나라의 사물 인터넷 시장은 선진국에 비해 확대되지 못하고 있기 때문이다'로 수정한다.

④ ⓔ : 문맥상 어울리지 않는 단어이므로 '확인'으로 바꾼다.

⑤ ⑩ : 글과 상관없는 내용이므로 삭제한다.

31 다음 글에 대한 반응으로 적절하지 않은 것은?

최근 거론되고 있는 건 전자 판옵티콘이다. 각종 전자 감시 기술은 프라이버시에 근본적인 위협으로 대두되고 있다. '감시'는 거대한 성장 산업으로 비약적인 발전을 거듭 하고 있다. 2003년 7월 '노동자 감시 근절을 위한 연대모임'이 조사한 바에 따르면, 한국에서 전체 사업장의 90%가 한 가지 이상의 방법으로 노동자 감시를 하고 있는 것으로 밝혀졌다. "24시간 감시에 숨이 막힌다."는 말까지 나오고 있다.

최근 러시아에서는 공무원들의 근무 태만을 감시하기 위해 공무원들에게 감지기를 부착시켜 놓고 인공위성 추적 시스템을 도입하는 방안을 둘러싸고 논란이 벌어지고 있다. 전자 감시 기술은 인간의 신체 속에까지 파고 들어갈 만반의 준비를 갖추고 있다.

어린아이의 몸에 감시 장치를 내장하면 아이의 안전을 염려할 필요는 없겠지만, 그게 과연 좋기만 한 것인지, 또 그 기술이 다른 좋지 않은 목적에 사용될 위험은 없는 것인지, 따져볼 일이다. 감시를 위한 것이 아니라 하더라도 전자 기술에 의한 정보의 집적은 언제든 개인의 프라이버시를 위협할 수 있다.

① 전자 기술의 발전이 순기능만을 가지는 것은 아니구나.
② 직장은 개인의 생활공간이라기보다 공공장소로 보아야 하므로 프라이버시의 보호를 바라는 것은 지나친 요구인 것 같아.
③ 감시를 당하는 사람은 언제나 감시당하고 있다는 생각 때문에 자기 검열을 강화하게 될 거야.
④ 전자 기술 사용의 일상화는 의도하지 않은 프라이버시 침해를 야기할 수도 있어.
⑤ 전자 감시 기술의 발달은 필연적이므로 프라이버시를 위협할 수도 있어.

32 치악시설반의 선임시설관리장인 D씨는 직원교육을 위한 자료를 다음과 같이 만들었다. 자료를 보고 나눈 대화로 적절하지 않은 것은?

철도선로는 차량을 주행시키는 궤도, 궤도를 지지하는 노반 그리고 선로 구조물과 전차선로로 이뤄져 있고 열차의 하중에 따른 승차감과 관련이 깊은 것이 궤도와 노반이다. 궤도는 도상, 침목, 레일과 체결구 등으로 구성되어 있으며 노반은 가장 밑에서 열차의 하중을 지지하는 기반으로 흙 노반이 기본이며 터널과 고가교에는 콘크리트 노반도 있다. 분니는 보통 노반 흙이나 도상에서 발생하는데 탄성을 저하시켜 열차 승차감을 떨어뜨리고 노반을 연약하게 만들어 궤도틀림을 야기하기도 한다. 수시로 제거작업을 펼쳐야 하는 이유이다.

① 이 글은 분니를 왜 제거해야 하는지 알려주는 글이군요.
② 맞아요, 분니는 탄성을 저하시켜 열차의 승차감을 떨어뜨리고 궤도틀림을 야기하기 때문이죠.
③ 아, 그러니까 열차의 하중을 지지하는 노반의 대부분을 콘크리트로 사용하는 이유가 이거였군요.
④ 또한 열차의 하중을 지지하는 것 중 궤도는 도상, 침목, 레일 그리고 체결구 등으로 구성되어 있어요.
⑤ 결국 철도선로는 궤도, 노반 그리고 선로 구조물과 전차선로로 이루어진 것이었네요.

카셰어링이란 차를 빌려 쓰는 방법의 하나로 기존의 방식과는 다르게 시간 또는 분 단위로 필요한 만큼만 자동차를 빌려 사용할 수 있다. 이러한 카셰어링은 비용 절감 효과와 더불어 환경적·사회적 측면에서 현재 세계적으로 주목받고 있는 사업 모델이다.

호주 멜버른시의 조사 자료에 따르면, 카셰어링 차 한 대당 도로상의 개인 소유 차량 9대를 줄이는 효과가 있으며, 실제 카셰어링을 이용하는 사람은 해당 서비스 가입 이후 자동차 사용을 50%까지 줄였다고 한다. 또한 자동차 이용량이 줄어들면 주차 문제를 해결할 수 있으며, 카셰어링 업체에서 제공하는 친환경 차량을 통해 온실가스의 배출을 감소시키는 효과도 기대할 수 있다. 호주 카셰어링 업체 차량의 60% 정도는 경차 또는 하이브리드 차량인 것으로 조사되었다.

호주의 카셰어링 시장규모는 8,360만 호주 달러로 지난 5년간 연평균 21.7%의 급격한 성장률을 보이고 있다. 전문가들은 호주 카셰어링 시장이 앞으로도 가파르게 성장해 5년 후에는 현재보다 약 2.5배 증가한 2억 1,920만 호주 달러에 이를 것이며, 이용자 수도 10년 안에 150만 명까지 폭발적으로 늘어날 것이라고 예측한다.

이처럼 호주에서 카셰어링 서비스가 많은 회원을 확보하며 급격한 성장세를 나타내는 데는 비용 측면의 이유가 가장 크다고 볼 수 있다. 호주에서 차량을 소유할 경우 주유비, 서비스비, 보험료, 주차비 등의 부담이 크기 때문이다. 발표 자료에 의하면 차량 2대를 소유한 가족이 구매 금액을 비롯하여 차량 유지비에만 쓰는 비용은 연간 12,000호주 달러에서 18,000호주 달러에 이른다고 한다.

호주 자동차 산업에서 경제적·환경적·사회적인 변화에 따라 호주 카셰어링 시장이 폭발적인 성장세를 보이는 것에 주목할 필요가 있다. 전문가들은 카셰어링으로 인해 자동차 산업에 나타나는 변화의 정도를 '위험한 속도'로까지 비유하기도 한다. 카셰어링 차량의 주차공간을 마련하기 위해서 정부의 역할이 매우 중요한 만큼 호주는 정부 차원에서도 카셰어링 서비스를 지원하는 데 적극적으로 움직이고 있다. 호주는 카셰어링 서비스가 발달한 미국, 캐나다, 유럽 대도시에 비하면 아직 뒤처져 있지만, 성장 가능성이 높아 국내기업에서도 차별화된 서비스와 플랫폼을 개발한다면 진출을 시도해 볼 수 있다.

33 윗글의 제목으로 가장 적절한 것은?

① 호주의 카셰어링 성장배경과 전망
② 호주 카셰어링 서비스의 장단점
③ 카셰어링 사업의 세계적 성장 가능성
④ 카셰어링 사업의 성공을 위한 호주 정부의 노력
⑤ 호주에서 카셰어링 서비스가 성공하기 어려운 이유

34 윗글의 내용과 일치하지 않는 것은?

① 호주에서 카셰어링 서비스를 이용하는 사람의 경우 가입 이후 자동차 사용률이 50% 감소하였다.
② 호주의 카셰어링 업체가 소유한 차량의 약 60%는 경차 또는 하이브리드 자동차이다.
③ 호주의 카셰어링 시장은 지난 5년간 급격하게 성장하여 현재 8,360만 호주 달러의 규모를 이루고 있다.
④ 호주의 한 가족이 1년간 카셰어링 서비스를 이용할 경우 최대 18,000호주 달러가 사용된다.
⑤ 미국, 캐나다, 유럽 대도시에는 이미 카셰어링 서비스가 발달해 있다.

35 S사원은 영업부에 근무 중이다. 최근 잦은 영업활동으로 인해 자가용의 필요성을 느낀 S사원은 경제적 효율성을 따져 효율성이 가장 높은 중고차를 매입하려고 한다. 경제적 효율성이 높고, 외부 손상이 없는 중고차를 매입하려고 할 때, S사원이 매입할 자동차는?(단, 효율성은 소수점 셋째 자리에서 반올림한다)

〈A ~ E자동차의 연료 및 연비〉

(단위 : km/L)

구분	연료	연비
A자동차	휘발유	11
B자동차	휘발유	12
C자동차	경유	14
D자동차	경유	13
E자동차	LPG	7

〈연료별 가격〉

(단위 : 원/L)

구분	LPG	휘발유	경유
리터당 가격	900	2,000	1,500

〈A ~ E자동차의 기존 주행거리 및 상태〉

(단위 : km)

구분	주행거리	상태
A자동차	51,000	손상 없음
B자동차	44,000	외부 손상
C자동차	29,000	손상 없음
D자동차	31,000	손상 없음
E자동차	33,000	내부 손상

※ (경제적 효율성) $= \left[\dfrac{(리터당 가격)}{(연비) \times 500} + \dfrac{10,000}{(주행거리)} \right] \times 100$

① A자동차   ② B자동차

③ C자동차   ④ D자동차

⑤ E자동차

다음은 A와 B의 시계조립 작업지시서의 내용이다. 제시된 조건에 따라 작업할 때, B의 최종 완성 시간과 유휴 시간은 각각 얼마인가?(단, 이동 시간은 고려하지 않는다)

〈작업지시서〉

[각 공작 기계 및 소요 시간]
1. 앞면 가공용 공작 기계 : 20분
2. 뒷면 가공용 공작 기계 : 15분
3. 조립 : 5분

[공작 순서]
시계는 각 1대씩 만들며 A는 앞면부터 가공을 시작하여 완료 후 뒷면 가공과 조립을 하고, B는 뒷면부터 가공을 시작하여 완료 후 앞면과 조립을 하기로 하였다.

〈조건〉

1. 공작 기계는 앞면 가공용, 뒷면 가공용 각 1대씩이며 모두 사용해야 하고, 두 명이 동시에 작업을 시작한다.
2. 조립은 가공이 이루어진 후 즉시 실시한다.

	최종 완성 시간	유휴 시간
①	40분	5분
②	45분	5분
③	45분	10분
④	50분	5분
⑤	50분	10분

37 경영기획실에서 근무하는 귀하는 매년 부서별 사업계획을 정리하는 업무를 맡고 있다. 부서별로 수립한 사업계획을 간략하게 정리한 보고서를 보고 귀하가 할 수 있는 생각으로 옳은 것은?

〈사업별 기간 및 소요예산〉

- A사업 : 총 사업기간은 2년으로, 첫해에는 1조 원, 둘째 해에는 4조 원의 예산이 필요하다.
- B사업 : 총 사업기간은 3년으로, 첫해에는 15조 원, 둘째 해에는 18조 원, 셋째 해에는 21조 원의 예산이 소요된다.
- C사업 : 총 사업기간은 1년으로, 총 소요예산은 15조 원이다.
- D사업 : 총 사업기간은 2년으로, 첫해에는 15조 원, 둘째 해에는 8조 원의 예산이 필요하다.
- E사업 : 총 사업기간은 3년으로, 첫해에는 6조 원, 둘째 해에는 12조 원, 셋째 해에는 24조 원의 예산이 소요된다.

올해를 포함한 향후 5년간 위의 5개 사업에 투자할 수 있는 예산이 아래와 같다.

〈연도별 가용예산〉

(단위 : 조 원)

1차 연도(올해)	2차 연도	3차 연도	4차 연도	5차 연도
20	24	28.8	34.5	41.5

〈규정〉

(1) 모든 사업은 한번 시작하면 완료될 때까지 중단할 수 없다.
(2) 5개 사업에 투자할 수 있는 예산은 당해 사업연도에 남아도 상관없다.
(3) 각 사업연도의 예산은 이월될 수 없다.
(4) 모든 사업을 향후 5년 이내에 반드시 완료한다.

① B사업을 3차 연도에 시작하고, C사업을 최종연도에 시행한다.
② A사업과 D사업을 1차 연도에 동시에 시작한다.
③ 첫해에는 E사업만 시작한다.
④ D사업을 1차 연도에 시작한다.
⑤ 1차 연도에 E사업과 A사업을 같이 시작한다.

38 B대리는 부서별 동아리 활동 진행을 맡게 되었는데 이번 동아리 활동은 등산이다. 필요한 준비물을 챙기던 중 미세먼지에 대비해 마스크를 구입하라는 지시를 받고 마스크를 사려고 한다. 다음 중 올바르지 않은 것은?

<보건용 마스크 고르는 법>

의약외품으로 허가된 '보건용 마스크' 포장에는 입자차단 성능을 나타내는 'KF80', 'KF94', 'KF99'가 표시되어 있는데, 'KF' 문자 뒤에 붙은 숫자가 클수록 미세입자 차단 효과가 더 크다. 다만 숨쉬기가 어렵거나 불편할 수 있으므로 황사·미세먼지 발생 수준, 사람별 호흡량 등을 고려해 적당한 제품을 선택하는 것이 바람직하다.

약국, 마트, 편의점 등에서 보건용 마스크를 구입하는 경우에는 제품의 포장에서 '의약외품'이라는 문자와 KF80, KF94, KF99 표시를 반드시 확인해야 한다.

아울러 보건용 마스크는 세탁하면 모양이 변형되어 기능을 유지할 수 없으므로 세탁하지 않고 사용해야 하며, 사용한 제품은 먼지나 세균에 오염되어 있을 수 있으므로 재사용하지 말아야 한다.

또한 수건이나 휴지 등을 덧댄 후 마스크를 사용하면 밀착력이 감소해 미세입자 차단 효과가 떨어질 수 있으므로 주의해야 하고, 착용 후에는 마스크 겉면을 가능한 만지지 말아야 한다.

① KF 뒤에 붙은 숫자가 클수록 미세입자 차단 효과가 더 크다.

② 수건이나 휴지 등을 덧댄 후 마스크를 사용하는 것은 이중 차단 효과를 준다.

③ 보건용 마스크는 세탁하면 모양이 변형되어 기능을 유지할 수 없다.

④ 사용한 제품은 먼지나 세균에 오염되어 있을 수 있으므로 재사용하지 말아야 한다.

⑤ 착용 후에는 마스크 겉면을 가능한 만지지 않도록 한다.

39 다음과 같은 조건을 만족할 때, 항상 옳은 것은?

─〈조건〉─
• A사와 B사는 동일 제품을 동일 가격에 판다.
• 어제는 A사와 B사의 판매수량 비가 4 : 3이었다.
• 오늘 A사는 동일 가격에 판매하고, B사는 20%를 할인해서 팔았다.
• 오늘 A사는 어제와 같은 수량을 팔았고, B사는 어제보다 150개를 더 팔았다.
• 오늘 A사와 B사의 전체 판매액은 동일하다.

① A사는 어제, 오늘 제품을 2천 원에 팔았다.

② 오늘 A사는 어제 B사보다 제품 80개를 더 팔았다.

③ B사는 오늘 375개의 제품을 팔았다.

④ 오늘 A사와 B사의 판매수량 비는 동일하다.

⑤ 오늘 B사는 600원을 할인했다.

40 L공사에 근무 중인 A ~ D는 이번 인사발령을 통해 용인, 인천, 안양, 과천의 4개 지점에서 각각 근무하게 되었다. 다음 조건을 참고할 때, 반드시 참인 것은?

─────────〈조건〉─────────
- 이미 근무했던 지점에서는 다시 근무할 수 없다.
- A와 B는 용인 지점에서 근무한 적이 있다.
- C와 D는 인천 지점에서 근무한 적이 있다.
- A는 이번 인사발령을 통해 과천 지점에서 근무하게 되었다.

① A는 안양 지점에서 근무한 적이 있다.

② B는 과천 지점에서 근무한 적이 있다.

③ B는 인천 지점에서 근무하게 되었다.

④ C는 용인 지점에서 근무하게 되었다.

⑤ D는 안양 지점에서 근무하게 되었다.

41 K공단은 세종시에 지부를 신축할 예정이며 이에 따라 사업지원부, 투자조사부, 기획경영부, 자원관리부, 인사부 중에서 신축하는 지부로 이전할 부서를 결정하고자 한다. 다음 조건에 따라 이전할 부서를 결정한다고 할 때, 다음 설명 중 항상 옳은 것은?

─────────〈조건〉─────────
- 투자조사부가 이전하지 않으면 자원관리부도 이전하지 않는다.
- 사업지원부가 이전하지 않으면 기획경영부도 이전하지 않는다.
- 자원관리부는 반드시 이전하여야 한다.
- 투자조사부와 사업지원부 중 한 곳만 이전한다.
- 사업지원부, 투자조사부, 기획경영부, 자원관리부, 인사부 중 적어도 3개의 부서가 이전하여야 한다.

① 투자조사부는 이전하지 않는다.

② 기획경영부는 이전한다.

③ 투자조사부는 이전하고, 기획경영부는 이전하지 않는다.

④ 총 4개의 부서가 이전한다.

⑤ 인사부는 이전하지 않는다.

42 남자 2명과 여자 2명 총 4명이 원탁에 일정한 간격으로 앉아 있다. 다음 중 옳은 것은?

- 네 사람의 직업은 각각 교사, 변호사, 자영업자, 의사이다.
- 네 사람은 각각 검은색 원피스, 파란색 자켓, 하얀색 니트, 밤색 티셔츠를 입고 있으며, 이 중 검은색 원피스는 여성용, 파란색 자켓은 남성용이다.
- 남자는 남자끼리, 여자는 여자끼리 인접해서 앉아 있다.
- 변호사는 하얀색 니트를 입고 있다.
- 자영업자는 남자이다.
- 의사의 왼쪽 자리에 앉은 사람은 검은색 원피스를 입었다.
- 교사는 밤색 니트를 입은 사람과 원탁을 사이에 두고 마주 보고 있다.

① 교사와 의사는 원탁을 사이에 두고 마주 보고 있다.

② 변호사는 남자이다.

③ 밤색 티셔츠를 입은 사람은 여자이다.

④ 의사는 파란색 자켓을 입고 있다.

⑤ 검은색 원피스를 입은 여자는 자영업자의 옆에 앉아 있다.

43 면접 시험장에 간 A, B, C, D, E, F는 각각 1번부터 6번까지의 번호를 부여받았고, 이 순서대로 면접을 보게 된다고 한다. 이에 대해 다음과 같은 정보가 주어질 때, A가 3번이라면 첫 번째로 면접을 보는 사람은 누구인가?

- 1, 2, 3번은 오전에, 4, 5, 6번은 오후에 면접을 보게 된다.
- C, F는 오전에 면접을 본다.
- C 바로 다음에는 A가, A 바로 다음에는 D가 면접을 본다.
- B는 2번 아니면 6번이다.

① B   ② C

③ D   ④ E

⑤ F

44 Q물류회사에서 근무 중인 귀하에게 화물운송기사 두 명이 찾아와 운송시간에 관한 질문을 하였다. 도시 간 이동시간 자료를 참고하여 시간을 안내하였다면, 다음 중 가장 적절한 것은?(단, 귀하와 두 기사는 A도시에 위치하고 있다)

> K기사 : 저는 여기서 화물을 싣고 E도시로 운송한 후에 C도시로 가서 다시 화물을 싣고 여기로 돌아와야 하는데 시간이 얼마나 걸릴까요? 최대한 빨리 마무리 지었으면 좋겠는데….
>
> P기사 : 저는 여기서 출발해서 모든 도시를 한 번씩 거쳐 다시 여기로 돌아와야 해요. 만약에 가장 짧은 이동시간으로 다녀오면 얼마나 걸릴까요?

〈도시 간 이동시간〉

(단위 : 시간)

출발도시 \ 도착도시	A	B	C	D	E
A	–	1.0	0.5	–	–
B	–	–	–	1.0	0.5
C	0.5	2.0	–	–	–
D	1.5	–	–	–	0.5
E	–	–	2.5	0.5	–

※ 화물을 싣고 내리기 위해 각 도시에서 정차하는 시간은 고려하지 않음
※ '–' 표시가 있는 구간은 이동이 불가능함

	K기사	P기사
①	4시간	4시간
②	4.5시간	5시간
③	4.5시간	5.5시간
④	5.5시간	5시간
⑤	5.5시간	4시간

45 자동차 회사에 근무하고 있는 P대리는 중국에 있는 공장으로 점검차 방문을 하기 위해 급하게 교통편을 알아보고 있다. 내일 새벽 비행기를 타기 위한 여러 가지 방법 중 가장 적은 비용으로 공항에 도착할 수 있는 방법은?

〈숙박요금〉

구분	공항 근처 모텔	공항 픽업 호텔	회사 근처 모텔
요금	80,000원	100,000원	40,000원

〈대중교통 요금 및 소요시간〉

구분	버스	택시
회사 → 공항 근처 모텔	20,000원 3시간	40,000원 1시간 30분
회사 → 공항 픽업 호텔	10,000원 1시간	20,000원 30분
회사 → 회사 근처 모텔	근거리이므로 무료	
공항 픽업 호텔 → 공항	픽업으로 무료	
공항 근처 모텔 → 공항	근거리이므로 무료	
회사 근처 모텔 → 공항	20,000원 3시간	40,000원 1시간 30분

※ 시간도 금액으로 계산한다(1시간당 10,000원).

① 공항 근처 모텔로 버스 타고 이동 후 숙박
② 공항 픽업 호텔로 버스 타고 이동 후 숙박
③ 공항 픽업 호텔로 택시 타고 이동 후 숙박
④ 회사 근처 모텔에서 숙박 후 버스 타고 공항 이동
⑤ 회사 근처 모텔에서 숙박 후 택시 타고 공항 이동

| 01 | 사무(조직이해능력)

46 Z공단은 매년 사내 직원을 대상으로 창의공모대회를 개최하여 최고의 창의적 인재를 선발해 큰 상금을 수여한다. 이번 해에 귀하를 포함한 동료들은 창의공모대회에 참가하기로 하고 대회에 참가하는 동료들과 함께 창의적인 사고에 대해 생각을 공유하는 시간을 가졌다. 다음 중 귀하가 받아들이기에 타당하지 않은 것은?

① 누구라도 자기 일을 하는 데 있어 요구되는 지능 수준을 가지고 있다면, 그 분야에서 누구 못지않게 창의적일 수 있어.

② 창의적인 사고를 하기 위해서는 고정관념을 버리고, 문제의식을 느껴야 해.

③ 창의적으로 문제를 해결하기 위해서는 문제의 원인이 무엇인가를 분석하는 논리력이 매우 뛰어나야 해.

④ 창의적인 사고는 선천적으로 타고나야 하고, 후천적인 노력에는 한계가 있어.

⑤ 창의적인 사고는 아이디어를 내고 그 유용성을 생각해 보는 활동이라고 볼 수 있어.

47 다음은 경영전략 추진과정을 나타낸 자료이다. (A) 부분에 대한 사례 중 그 성격이 다른 것은?

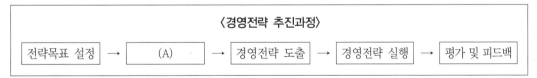

〈경영전략 추진과정〉

전략목표 설정 → (A) → 경영전략 도출 → 경영전략 실행 → 평가 및 피드백

① 이번에 발표된 정부의 정책으로 우리 제품이 어떠한 영향을 받을 수 있는지 확인해 볼 필요가 있어.

② 우리 제품의 시장 개척을 위해 법적으로 문제가 없는지 확인해 봐야겠군.

③ 제품 개발을 위해 우리가 가진 예산의 현황을 파악해야 해.

④ 신제품 출시를 위해 경쟁사들의 동향을 파악해 봐야겠어.

⑤ 우리가 공급받고 있는 원재료들의 원가를 확인해 보자.

48 귀하는 A회사 영업팀에 채용돼 일주일간의 신입사원 교육을 마친 뒤, 오늘부터 본격적인 업무를 시작하게 되었다. 영업팀 팀장은 첫 출근한 귀하를 자리로 불러 "다른 팀장들에게 인사하기 전에, 인사기록카드를 작성해서 관련 팀에 제출하도록 하세요. 그리고 우리 팀 비품 신청 건이 어떻게 처리되고 있는지도 좀 부탁해요."라고 하였다. 팀장의 지시를 모두 처리하기 위한 귀하의 행동으로 가장 적절한 것은?

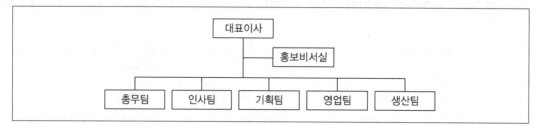

① 비서실에 가서 인사기록카드를 제출하고, 영업팀 비품 신청 상황을 묻는다.
② 인사팀에 가서 인사기록카드를 제출하고, 영업팀 비품 신청 상황을 묻는다.
③ 기획팀에 가서 인사기록카드를 제출하고, 영업팀 비품 신청 상황을 묻는다.
④ 인사팀에 가서 인사기록카드를 제출하고, 총무팀에 가서 영업팀 비품 신청 상황을 묻는다.
⑤ 생산팀에 가서 인사기록카드를 제출하고, 총무팀에 가서 영업팀 비품 신청 상황을 묻는다.

49 다음 중 업무 수행 성과를 높이기 위한 행동전략을 잘못 사용하고 있는 사람은?

> 사원 A : 저는 해야 할 일이 생기면 미루지 않고, 그 즉시 바로 처리하려고 노력합니다.
> 사원 B : 저는 여러 가지 일이 생기면 비슷한 업무끼리 묶어서 한 번에 처리하곤 합니다.
> 대리 C : 저는 다른 사람이 일하는 방식과 다른 방식으로 생각하여 더 좋은 해결책을 발견하기도 합니다.
> 대리 D : 저도 C대리의 의견과 비슷합니다. 저는 저희 팀의 업무 지침이 마음에 들지 않아 저만의 방식을 찾고자 합니다.
> 인턴 E : 저는 저희 팀에서 가장 일을 잘한다고 평가받는 F부장님을 제 역할모델로 삼았습니다.

① 사원 A   ② 사원 B
③ 대리 C   ④ 대리 D
⑤ 인턴 E

50 다음 〈보기〉 중 경영의 4요소를 모두 고르면?

─〈보기〉─

ㄱ. 조직의 목적을 달성하기 위해 경영자가 수립하는 것으로, 더욱 구체적인 방법과 과정이 담겨 있다.

ㄴ. 조직에서 일하는 구성원으로 경영은 이들의 직무수행에 기초하여 이루어지기 때문에 이것의 배치 및 활용이 중요하다.

ㄷ. 생산자가 상품 또는 서비스를 소비자에게 유통하는 데 관련된 모든 체계적 경영 활동이다.

ㄹ. 특정의 경제적 실체에 관하여 이해관계를 이루는 사람들에게 합리적인 경제적 의사결정을 하는 데 유용한 재무적 정보를 제공하기 위한 일련의 과정 또는 체계이다.

ㅁ. 경영하는 데 사용할 수 있는 돈으로 이것이 충분히 확보되는 정도에 따라 경영의 방향과 범위가 정해지게 된다.

ㅂ. 조직이 변화하는 환경에 적응하기 위하여 경영 활동을 체계화하는 것으로, 목표달성을 위한 수단이다.

① ㄱ, ㄴ, ㄷ, ㄹ   ② ㄱ, ㄴ, ㄷ, ㅁ

③ ㄱ, ㄴ, ㅁ, ㅂ   ④ ㄷ, ㄹ, ㅁ, ㅂ

⑤ ㄴ, ㄷ, ㅁ, ㅂ

| 02 | 기술(기술능력)

※ P회사에서는 화장실의 청결을 위해 비데를 구매하고 귀하에게 비데를 설치하도록 지시하였다. 다음은 비데를 설치하기 위해 참고할 제품설명서의 일부 내용이다. 이어지는 질문에 답하시오. [46~47]

〈설치방법〉

1) 비데 본체의 변좌와 변기의 앞면이 일치되도록 전후로 고정하십시오.
2) 비데용 급수호스를 정수필터와 비데 본체에 연결한 후 급수밸브를 열어 주십시오.
3) 전원을 연결하십시오(반드시 전용 콘센트를 사용하십시오).
4) 비데가 작동하는 소리가 들린다면 설치가 완료된 것입니다.

〈주의사항〉

• 전원은 반드시 AC220V에 연결하십시오(반드시 전용 콘센트를 사용하십시오).
• 변좌에 걸터앉지 말고 항상 중앙에 앉고, 변좌 위에 어떠한 것도 놓지 마십시오(착좌센서가 동작하지 않을 수도 있습니다).
• 정기적으로 수도필터와 정수필터를 청소 또는 교환해 주십시오.
• 급수밸브를 꼭 열어 주십시오.

〈A/S 신청 전 확인 사항〉

현상	원인	조치방법
물이 나오지 않을 경우	급수 밸브가 잠김	매뉴얼을 참고하여 급수밸브를 열어 주세요.
	정수필터가 막힘	매뉴얼을 참고하여 정수필터를 교체해 주세요(A/S상담실로 문의하세요).
	본체 급수호스 등이 동결	더운물에 적신 천으로 급수호스 등의 동결부위를 녹여 주세요.
기능 작동이 되지 않을 경우	수도필터가 막힘	흐르는 물에 수도필터를 닦아 주세요.
	착좌센서 오류	착좌센서에서 의류, 물방울, 이물질 등을 치워 주세요.
수압이 약할 경우	수도필터에 이물질이 낌	흐르는 물에 수도필터를 닦아 주세요.
	본체의 호스가 꺾임	호스의 꺾인 부분을 펴 주세요.
노즐이 나오지 않을 경우	착좌센서 오류	착좌센서에서 의류, 물방울, 이물질 등을 치워 주세요.
본체가 흔들릴 경우	고정 볼트가 느슨해짐	고정 볼트를 다시 조여 주세요.
비데가 작동하지 않을 경우	급수밸브가 잠김	매뉴얼을 참고하여 급수밸브를 열어 주세요.
	급수호스의 연결문제	급수호스의 연결상태를 확인해 주세요. 계속 작동하지 않는다면 A/S상담실로 문의하세요.
변기의 물이 샐 경우	급수호스가 느슨해짐	급수호스 연결부분을 조여 주세요. 계속 샐 경우 급수밸브를 잠근 후 A/S상담실로 문의하세요.

46 귀하는 지시에 따라 비데를 설치하였다. 일주일이 지난 뒤, 동료 K사원으로부터 비데의 기능이 작동하지 않는다는 사실을 접수하였다. 다음 중 해당 문제점에 대한 원인을 파악하기 위해 확인해야 할 사항으로 옳은 것은?

① 급수밸브의 잠김 여부　　　　　　　② 급수밸브의 연결 상태

③ 정수필터의 청결 상태　　　　　　　④ 수도필터의 청결 상태

⑤ 비데의 고정 여부

47 46번 문제에서 확인한 사항이 추가로 다른 문제를 일으킬 수 있는지 미리 점검하고자 한다면, 다음 중 적절한 행동은?

① 본체가 흔들리는지 확인한다.

② 물이 나오지 않는지 확인한다.

③ 수압이 약해졌는지 확인한다.

④ 노즐이 나오지 않는지 확인한다.

⑤ 변기의 물이 새는지 확인한다.

48 다음 중 기술능력에 대한 설명으로 옳지 않은 것은?

① 직업인으로서 요구되는 기술적인 요소들을 이해하고, 적절한 기술을 선택하여 적용하는 능력을 말한다.

② 기술능력이 뛰어난 사람은 주어진 한계 속에서 제한된 자원을 가지고 일한다.

③ 기술능력을 향상시키기 위한 방안에는 전문연수원, OJT, 상급학교 진학 등이 있다.

④ 기술능력이 부족한 사람은 기술적 해결에 대한 효용성을 평가한다.

⑤ 기술교양은 기술을 사용하고 운영하고 이해하는 능력이다.

※ 귀하가 근무하는 기술자격팀에서 작년부터 연구해 온 데이터의 흐름도가 완성되었다. 다음 자료와 〈조건〉을 보고 이어지는 질문에 답하시오. [49~50]

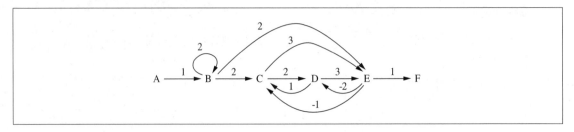

─────〈조건〉─────
- 데이터는 화살표 방향으로만 이동할 수 있으며, 같은 경로를 여러 번 반복해서 이동할 수 있다.
- 화살표 위의 숫자는 그 경로를 통해 데이터가 1회 이동할 때마다 데이터에 곱해지는 수치를 의미한다.
- 각 경로를 따라 데이터가 이동할 때 1회 이동 시간은 1시간이며, 데이터의 총 이동 시간은 10시간을 초과할 수 없다.
- 데이터의 대소 관계는 [음수＜0＜양수]의 원칙에 따른다.

49 A에서 1이 입력되었을 때 F에서의 결과가 가장 크게 되는 값은?

① 276

② 384

③ 432

④ 864

⑤ 1,028

50 A에 100이 입력되었을 때 F에서의 결과가 가장 작은 경로는?

① A － B － B － E － D － C － E － C － E － F

② A － B － C － D － E － D － E － D － E － F

③ A － B － C － D － E － D － C － D － E － F

④ A － B － E － D － C － E － C － D － E － F

⑤ A － B － B － C － E － D － E － D － E － F

| 03 | ICT(정보능력)

46 짝수 행에만 배경색과 글꼴 스타일 '굵게'를 설정하는 조건부 서식을 지정하고자 한다. 다음 중 이를 위해 [새 서식 규칙] 대화상자에 입력할 수식으로 옳은 것은?

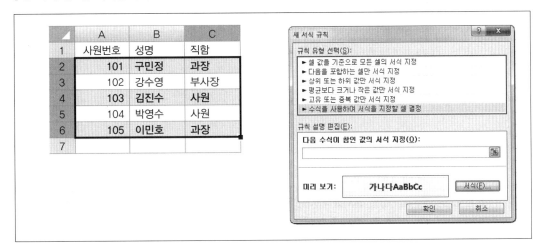

① $=MOD(ROW(),2)=1$

② $=MOD(COLUMN(),2)=0$

③ $=MOD(COLUMN(),2)=1$

④ $=MOD(ROW(),2)=0$

⑤ $=MOD(COLUMN(),1)=1$

47 다음 중첩 반복문을 실행할 때 "Do all one can"이 출력되는 횟수는 총 몇 번인가?

```
for ( i = 0; i < 4; i++)
{
for ( j = 0; j < 6; j++)
{
printf("Do all one can\n");
}
}
```

① 12번   ② 18번

③ 24번   ④ 26번

⑤ 32번

48 다음 중 워드프로세서의 커서 이동키에 대한 설명으로 옳은 것은?

① [Home] : 커서를 현재 문서의 맨 처음으로 이동시킨다.

② [End] : 커서를 현재 문단의 맨 마지막으로 이동시킨다.

③ [Back Space] : 커서를 화면의 맨 마지막으로 이동시킨다.

④ [Page Down] : 커서를 한 화면 단위로 하여 아래로 이동시킨다.

⑤ [Alt]+[Page Up] : 커서를 파일의 맨 처음으로 이동시킨다.

49 센서 노드(Sensor Node)는 센서를 가지고 주위의 환경에 대해서 센싱(Sensing)을 하여 데이터를 수집·전송하는 노드이다. 다음 중 센서 노드에 대한 설명으로 적절하지 않은 것은?

① 싱크 노드까지의 데이터 전송 경로를 찾는다.

② 주기적으로 환경정보를 측정한다.

③ 측정한 데이터를 싱크 노드까지 전송한다.

④ 윈도나 리눅스 계열의 운용체계로 제어가 가능하다.

⑤ 이웃 노드의 데이터를 싱크 노드로 전달한다.

50 다음과 같이 판매실적을 구하기 위해 [A7] 셀에 수식 「=SUMIFS(D2:D6,A2:A6,"연필",B2:B6,"서울")」을 입력했을 때, 그 결괏값으로 옳은 것은?

	A	B	C	D
2	연필	경기	150	100
3	볼펜	서울	150	200
4	연필	서울	300	300
5	볼펜	경기	300	400
6	연필	서울	300	200
7	=SUMIFS(D			

① 350

② 400

③ 500

④ 600

⑤ 750

51 다음 중 한국수력원자력의 2021년 활동으로 옳지 않은 것은?

① 고덕청정에너지 연료전지 발전소 착공

② 슬로베니아원전 기자재공급 사업 수주

③ 탄소중립경영 대상 수상

④ 원격근무 생체인증시스템 적용

52 다음 한국수력원자력에 대한 설명으로 옳지 않은 것은?

① 2003년에 울진 5호기 최초로 연료를 장전하였다.

② 2008년에 중국에 원자력 건설기술을 수출하였다.

③ 2018년에 APR+가 미국 NRC에서 표준설계승인서를 취득하였다.

④ 2019년에 한국형 최초 영농병행 태양광 보급사업 1호를 준공하였다.

53 다음 정책의 시행으로 나타난 현상에 대한 내용으로 적절한 것은?

> 지금 서울 시내의 민폐를 말하자면 시전의 금난전 행위가 으뜸이다. 우리나라의 금난전권은 국역을 지는 육의전으로 하여금 이익을 온전케 하기 위해 실시한 것이다. 그러나 근래에는 무뢰배들이 삼삼오오로 시전을 만들어 일상 생활품을 독점하지 않는 것이 없다. …… 30년 이전에 조직된 작은 규모의 시전들을 해체하고, 또 육의전 이외의 시전에는 금난전권을 인정하지 말며, 그것을 어기는 상인은 법으로 다스려야 할 것이다.
>
> – 『정조실록』

① 공인의 상업 활동이 억제되었다.

② 특권 상인에게 중과세가 부과되었다.

③ 몰락 농민의 도시 이주가 줄어들었다.

④ 사상(私商)의 활동 범위가 확대되었다.

54 다음 자료에 해당하는 군사 조직에 대한 설명으로 옳은 것은?

> 주상께서 도감을 설치하여 군사를 훈련시키라고 명하시고 나를 도제조로 삼으시므로 내가 청하기를, "당속미* 1천 석을 군량으로 하되 한 사람당 하루에 2승씩 준다하여 군인을 모집하면 응하는 자가 사방에 모여들 것입니다."라고 하였다. …… 얼마 안 되어 수천 명을 얻어 조총 쏘는 법과 창칼 쓰는 기술을 가르치고 …… 또 당번을 정하여 궁중을 숙직하게 하고, 국왕의 행차가 있을 때 이들로 호위하게 하니 민심이 점차 안정되었다.
>
> — 『서애집』
>
> * 당속미(唐粟米) : 명에서 들여온 좁쌀

① 정조 때 설치된 국왕의 친위 부대였다.
② 정미7조약에 의해 강제로 해산되었다.
③ 포수, 사수, 살수의 삼수병으로 편제되었다.
④ 이종무의 지휘 아래 대마도 정벌에 참여하였다.

55 다음의 내용과 관련이 있는 사건은?

> • 고종이 러시아 공사관으로 거처를 옮김
> • 열강에 의한 각종 이권 침탈 심화
> • 독립협회가 조직되어 환궁 요구

① 병인양요   ② 청·일 전쟁
③ 아관파천   ④ 거문도 사건

2권

제2회
한국수력원자력

NCS 직업기초능력
+ 일반상식

www.sdedu.co.kr

〈문항 및 시험시간〉

평가영역	문항 수	시험시간	모바일 OMR 답안채점 / 성적분석 서비스
[공통] 의사소통＋수리＋문제해결＋자원관리 [사무] 조직이해 [기술] 기술 [ICT] 정보 [상식] 회사상식＋한국사	55문항	60분	

제2회 모의고사

문항 수 : 55문항
시험시간 : 60분

제1영역 직업기초능력

01 다음 빈칸에 들어갈 문장으로 가장 적절한 것은?

> 과거, 민화를 그린 사람들은 화업을 전문으로 하는 사람이 아니었다. 대부분 타고난 그림 재주를 밑천으로 그림을 그려 가게에 팔거나 필요로 하는 사람에게 그려주고 그 대가로 생계를 유지했던 사람들이었다. 그들은 민중의 수요를 충족시키기 위해 정형화된 내용과 상투적 양식의 그림을 반복적으로 그렸다.
> 민화는 당초부터 세련된 예술미 창조를 목표로 하는 그림이 아니었다. 단지 이 세상을 살아가는 데 필요한 진경(珍景)의 염원과 장식 욕구를 충족할 수만 있으면 그것으로 족한 그림이었다. 그래서 표현 기법이 비록 유치하고 상투적이라 해도 화가나 감상자(수요자) 모두에게 큰 문제가 되지 않았던 것이다.
> _____ 다시 말해 민화는 필력보다 소재와 그것에 담긴 뜻이 더 중요한 그림이었던 것이다. 문인 사대부들이 독점으로 향유해 온 소재까지도 서민들은 자기 식으로 해석, 번안하고 그 속에 현실적 욕망을 담아 생활 속에 향유했다. 민화에 담은 주된 내용은 세상에 태어나 죽을 때까지 많은 자손을 거느리고 부귀를 누리면서 편히 오래 사는 것이었다.

① 어떤 기법을 쓰느냐에 따라 민화는 색채가 화려하거나 단조로울 수 있다.

② 어떤 기법을 쓰느냐보다 무엇을 어떤 생각으로 그리느냐를 중시하는 것이 민화였다.

③ 어떤 기법을 쓰느냐보다 감상자가 작품에 만족을 하는지를 중시하는 것이 민화였다.

④ 어떤 기법을 쓰느냐에 따라 세련된 그림이 나올 수도 있고, 투박한 그림이 나올 수 있다.

⑤ 어떤 기법을 쓰느냐와 무엇을 어떤 생각으로 그리느냐를 모두 중시하는 것이 민화였다.

02 P잡지에서는 인터넷 이용 동향을 조사할 목적으로 700명의 표본을 골라 조사를 실시했다. 다음 자료는 그 조사 결과의 일부로, 자료를 가지고 얻을 수 있는 결론에 대해 올바르게 말한 사람은?

〈자료 1〉

(단위 : 명)

구분	자주 이용	가끔 이용	이용하지 않음	합계
남	113	145	92	350
여	99	175	76	350
합계	212	320	168	700

〈자료 2〉

(단위 : 명)

구분	자주 이용	가끔 이용	이용하지 않음	합계
30세 미만	135	159	56	350
30세 이상	77	161	112	350
합계	212	320	168	700

─〈보기〉─

- 대한 : 인터넷을 자주 이용하는 사람은 30세 이상의 남성층이 30세 미만의 남성층보다 약간 많다.
- 민국 : 인터넷을 이용하는 사람은 남성보다 여성이 더 많다.
- 만세 : 인터넷을 이용하지 않는 사람은 30세 이상이 30세 미만보다 더 많다.

① 대한
② 민국
③ 만세
④ 대한, 민국
⑤ 민국, 만세

(단위 : 명)

구분	2018년	2019년	2020년	2021년
축구	87	92	114	131
농구	73	77	98	124
야구	65	72	90	117
배구	52	56	87	111
족구	51	62	84	101
등산	19	35	42	67
여행	12	25	39	64
합계	359	419	554	715

03 2021년 축구 동호회 인원 증가율이 계속 유지된다고 가정할 때, 2022년 축구 동호회의 인원은?(단, 소수점 첫째 자리에서 반올림한다)

① 약 147명　　　　　　　② 약 149명
③ 약 151명　　　　　　　④ 약 153명
⑤ 약 155명

04 다음 중 자료에 대한 설명으로 옳은 것은?

① 동호회 인원이 많은 순서로 나열할 때, 매년 그 순위는 변화가 없다.
② 2019 ~ 2021년간 동호회 인원 구성에서 등산이 차지하는 비중은 전년 대비 매년 증가했다.
③ 2019 ~ 2021년간 동호회 인원 구성에서 배구가 차지하는 비중은 전년 대비 매년 증가했다.
④ 2019년 족구 동호회 인원은 2019년 전체 동호회의 평균 인원보다 많다.
⑤ 등산과 여행 동호회 인원의 합은 같은 해의 축구 동호회 인원에 비해 매년 적다.

05 다음 글을 읽고 〈보기〉의 내용과 일치하는 것을 모두 고르면?

뉴턴 역학은 갈릴레오나 뉴턴의 근대과학 이전 중세를 지배했던 아리스토텔레스의 역학관에 정면으로 반대된다. 아리스토텔레스에 의하면 물체가 똑같은 운동 상태를 유지하기 위해서는 외부에서 끝없이 힘이 제공되어야만 한다. 이렇게 물체에 힘을 제공하는 기동자가 물체에 직접적으로 접촉해야 운동이 일어난다. 기동자가 없어지거나 물체와의 접촉이 중단되면 물체는 자신의 운동 상태를 유지할 수 없다. 그러나 관성의 법칙에 의하면 외력이 없는 한 물체는 자신의 원래 운동 상태를 유지한다. 아리스토텔레스는 기본적으로 물체의 운동을 하나의 정지 상태에서 다른 정지 상태로의 변화로 이해했다. 즉, 아리스토텔레스에게는 물체의 정지 상태가 물체의 운동 상태와는 아무런 상관이 없었다. 그러나 근대 과학의 시대를 열었던 갈릴레오나 뉴턴에 의하면 물체가 정지한 상태는 운동하는 상태의 특수한 경우이다. 운동 상태가 바뀌는 것은 물체의 외부에서 힘이 가해지는 경우이다. 즉, 힘은 운동의 상태를 바꾸는 요인이다. 지금 우리는 뉴턴 역학이 옳다고 자연스럽게 생각하고 있지만 이론적인 선입견을 배제하고 일상적인 경험만 떠올리면 언뜻 아리스토텔레스의 논리가 더 그럴듯하게 보일 수도 있다.

〈보기〉

㉠ 뉴턴 역학은 올바르지 않으므로, 아리스토텔레스의 역학관을 따라야 한다.
㉡ 아리스토텔레스는 '외부에서 힘이 작용하지 않으면 운동하는 물체는 계속 그 상태로 운동하려 하고, 정지한 물체는 계속 정지해 있으려고 한다.'고 주장했다.
㉢ 뉴턴이나 갈릴레오 또한 당시에는 아리스토텔레스의 논리가 옳다고 판단하였다.
㉣ 아리스토텔레스는 정지와 운동을 별개로 보았다.

① ㉡　　　　　　　　　　　　　　② ㉣
③ ㉠, ㉢　　　　　　　　　　　　④ ㉡, ㉣
⑤ ㉠, ㉡, ㉢

(가) 경주 일대는 지반이 불안정한 양산단층에 속하는 지역으로, 언제라도 지진이 일어날 수 있는 활성단층이다. 따라서 옛날에도 큰 지진이 일어났다는 기록이 있다. 삼국사기에 의하면 통일신라 때 지진으로 인해 100여 명의 사망자가 발생했으며, 전문가들은 그 지진이 진도 8.0 이상의 강진이었던 것으로 추정한다. 그 후로도 여러 차례의 강진이 경주를 덮쳤다. 그럼에도 불구하고 김대성이 창건한 불국사와 석굴암 그리고 첨성대 등은 그 모습을 오늘날까지 보존하고 있다. 과연 이 건축물들에 적용된 내진설계의 비밀은 무엇일까. 그 비밀은 바로 그랭이법과 동틀돌이라는 전통 건축 방식에 숨어 있다.

(나) 그리고 주춧돌의 모양대로 그랭이칼을 빙글 돌리면 기둥의 밑면에 자연석의 울퉁불퉁한 요철이 그대로 그려진다. 그 후 도구를 이용해 기둥에 그어진 선의 모양대로 다듬어서 자연석 위에 세우면 자연석과 기둥의 요철 부분이 마치 톱니바퀴처럼 정확히 맞물리게 된다. 여기에 석재가 흔들리지 않도록 못처럼 규칙적으로 설치하는 돌인 동틀돌을 추가해 건물을 더욱 안전하게 지지하도록 만들었다. 다시 말하면, 그랭이법은 기둥에 홈을 내고 주춧돌에 단단히 박아서 고정하는 서양의 건축 양식과 달리 자연석 위에 기둥이 자연스럽게 올려져 있는 형태인 셈이다. 불국사에서는 백운교 좌우의 큰 바위로 쌓은 부분에서 그랭이법을 확연히 확인할 수 있다. 천연 바위를 그대로 둔 채 장대석과 접합시켜 수평을 이루도록 한 것이다.

(다) 그랭이법이란 자연석을 그대로 활용해 땅의 흔들림을 흡수하는 놀라운 기술이다. 즉, 기둥이나 석축 아래에 울퉁불퉁한 자연석을 먼저 쌓은 다음 그 위에 올리는 기둥이나 돌의 아랫부분을 자연석 윗면의 굴곡과 같은 모양으로 맞추어 마치 톱니바퀴처럼 맞물리게 하는 기법이다. 이 같은 작업을 그랭이질이라고도 하는데 그 랭이질을 하기 위해서는 오늘날의 컴퍼스처럼 생긴 그랭이칼이 필요하다. 주로 대나무를 사용해 만든 그랭이칼은 끝의 두 가닥을 벌릴 수 있는데, 주춧돌 역할을 하는 자연석에 한쪽을 밀착시킨 후 두 가닥 중 다른 쪽에 먹물을 묻혀 기둥이나 석축 부분에 닿도록 한다.

(라) 지난 9월 12일 경주를 강타한 지진은 1978년 기상청이 계기로 관측을 시작한 이후 한반도 역대 최대인 규모 5.8이었다. 당시 전국 대부분의 지역뿐만 아니라 일본, 중국 등에서도 진동을 감지할 정도였다. 이로 인해 경주 및 그 일대 지역의 건물들은 벽이 갈라지고 유리가 깨지는 등의 피해를 입었다. 하지만 이 지역에 집중 돼 있는 신라시대의 문화재들은 극히 일부만 훼손됐다. 첨성대의 경우 윗부분이 수 cm 이동했고, 불국사 다보탑은 일제가 시멘트로 보수한 부분이 떨어진 것, 나머지 피해도 주로 지붕 및 담장의 기와 탈락, 벽체 균열 등에 불과했다.

06 윗글을 순서대로 나열한 것은?

① (라) – (다) – (나) – (가)

② (라) – (나) – (가) – (다)

③ (라) – (가) – (다) – (나)

④ (다) – (가) – (나) – (라)

⑤ (다) – (나) – (라) – (가)

07 윗글이 어떤 질문에 대한 답이라면 질문으로 적절한 것은?

① 경주에 지진이 발생하는 원인은 무엇일까?

② 경주 문화재는 왜 지진에 강할까?

③ 우리나라 전통 건축 기법은 무엇일까?

④ 지진과 내진설계의 관계는?

⑤ 현재와 과거에 발생한 경주 지진 발생의 차이점은?

08 (다)에서 밑줄 친 두 단어의 관계와 유사한 것은?

① 이공보공(以空補空) – 바늘 끝에 알을 올려놓지 못한다.

② 수즉다욕(壽則多辱) – 보기 싫은 반찬이 끼마다 오른다.

③ 함포고복(含哺鼓腹) – 한 가랑이에 두 다리 넣는다.

④ 망양보뢰(亡羊補牢) – 소 잃고 외양간 고친다.

⑤ 가인박명(佳人薄命) – 날 받아 놓은 색시 같다.

09 다음 글의 ⑦ ~ ⑩에 대한 고쳐 쓰기 방안으로 적절하지 않은 것은?

시간을 잘 관리하는 사람은 서두르지 않으면서 늦는 법이 없다. 시간의 주인으로 살기 때문이다. 반면, 시간을 잘 관리하지 못하는 사람은 잡다한 일로 늘 바쁘지만 놓치는 것이 많다. 시간에 묶이기 때문이다. 당신은 어떤 사람인가.

⑦ <u>하지만 이 말이 일분일초의 여유도 없이 빡빡하게 살라는 말은 아니다.</u> 주어진 순간순간을 밀도 있게 사는 것은 중요하다. 우리는 목표를 정하고 부수적인 것들을 정리하면서 삶의 곳곳에 비는 시간을 ⑥ <u>만들</u> <u>어져야</u> 한다. 자동차와 빌딩으로 가득한 도시에 공원이 필요하듯 우리의 시간에도 여백이 필요한 것이다. 조금은 비워 두고 무엇이든 자유롭게 할 수 있는 여백은 우리 삶에서 꼭 필요하다. ⑥ <u>인생의 기쁨은 자존</u> <u>감에 바탕을 둔 배려심에서 나온다.</u> 목표를 향해 가면서 우리는 예상치 못한 일에 맞닥뜨릴 수 있다. 그러한 뜻밖의 상황에서 시간의 여백이 없다면 우리는 문제를 해결하지 못해 목표와 방향을 잃어버릴지도 모른다. ⑧ <u>그러므로</u> 시간의 여백의 만드는 것은 현명한 삶을 위한 최고의 시간 관리라 할 수 있다. ⑩ <u>따라</u> <u>서 우리는 시간을 체계적이고 확실한 방법으로 1분 1초의 여유도 남기지 않고 빡빡하게 일정을 계획해야</u> <u>한다.</u>

① ⑦ : 문맥을 고려하여 뒷문장과 순서를 바꾸는 것이 좋겠어.

② ⑥ : 문장 성분 간의 호응을 고려하여 '만들어야'로 고치는 것이 좋겠어.

③ ⑥ : 글의 통일성을 고려하여 삭제하는 것이 좋겠어.

④ ⑧ : 문장의 연결 관계를 고려하여 '또한'으로 바꾸는 것이 좋겠어.

⑤ ⑩ : 문장이 전체 글의 흐름과 상반되는 내용이므로 삭제하는 것이 좋겠어.

10 다음 글의 내용과 부합하는 것은?

'청렴(淸廉)'은 현대 사회에서 좁게는 반부패와 동의어로 사용되며 넓게는 투명성과 책임성 등을 포괄하는 통합적 개념으로 사용되고 있다. 유학자들은 청렴을 효제와 같은 인륜의 덕목보다는 하위에 두었지만 군자라면 마땅히 지켜야 할 일상의 덕목으로 중시하였다. 조선의 대표적 유학자였던 이황과 이이는 청렴을 사회 규율이자 개인 처세의 지침으로 강조하였다. 특히 공적 업무에 종사하는 사람이라면 사회 규율로서의 청렴이 개인의 처세와 직결된다는 점에 유념해야 한다고 보았다.

청렴에 대한 논의는 정약용의 『목민심서』에서 본격적으로 나타난다. 정약용은 청렴이야말로 목민관이 지켜야 할 근본적인 덕목이며 목민관의 직무는 청렴이 없이는 불가능하다고 강조하였다. 정약용은 청렴을 당위의 차원에서 주장하는 기존의 학자들과 달리 행위자 자신에게 실질적 이익이 된다는 점을 들어 설득하고자 한다. 그는 청렴은 큰 이득이 남는 장사라고 말하면서, 지혜롭고 욕심이 큰 사람은 청렴을 택하지만 지혜가 짧고 욕심이 작은 사람은 탐욕을 택한다고 설명한다. 정약용은 "지자(知者)는 인(仁)을 이롭게 여긴다."라는 공자의 말을 빌려 "지혜로운 자는 청렴함을 이롭게 여긴다."라고 하였다. 비록 재물을 얻는 데 뜻이 있더라도 청렴함을 택하는 것이 결과적으로는 지혜로운 선택이라고 정약용은 말한다. 목민관의 작은 탐욕은 단기적으로 보면 눈 앞의 재물을 취하여 이익을 얻을 수 있겠지만 궁극에는 개인의 몰락과 가문의 불명예를 가져올 수 있기 때문이다.

정약용은 청렴을 지키는 것은 두 가지 효과가 있다고 보았다. 첫째, 청렴은 다른 사람에게 긍정적 효과를 미친다. 목민관이 청렴할 경우 백성을 비롯한 공동체 구성원에게 좋은 혜택이 돌아갈 것이다. 둘째, 청렴한 행위를 하는 것은 목민관 자신에게도 좋은 결과를 가져다준다. 청렴은 그 자신의 덕을 높이는 것일 뿐 아니라 자신의 가문에 빛나는 명성과 영광을 가져다줄 것이다.

① 정약용은 청렴이 목민관이 반드시 지켜야 할 덕목임을 당위론 차원에서 정당화하였다.
② 정약용은 탐욕을 택하는 것보다 청렴을 택하는 것이 이롭다는 공자의 뜻을 계승하였다.
③ 정약용은 청렴한 사람은 욕심이 작기 때문에 재물에 대한 탐욕에 빠지지 않는다고 보았다.
④ 정약용은 청렴이 백성에게 이로움을 줄 뿐 아니라 목민관 자신에게도 이로운 행위라고 보았다.
⑤ 이황과 이이는 청렴을 개인의 처세에 있어 주요 지침으로 여겼으나 사회 규율로는 보지 않았다.

11 다음 문장을 읽고 유추할 수 있는 것은?

- 태환, 지성, 영표, 주영, 수윤이가 수영 시합을 하였다.
- 지성이는 태환이보다 늦게, 주영이보다 빨리 들어왔다.
- 영표는 지성이보다 늦게 들어왔지만 5등은 아니었다.
- 수윤이는 태환이보다 먼저 들어왔다.

① 태환이는 4등이다.

② 수윤이는 1등이다.

③ 지성이는 3등이 아니다.

④ 주영이는 5등이 아니다.

⑤ 영표는 2등이다.

12 L은 콘택트 렌즈를 구매하려 한다. 아래 표를 보고 가격을 비교할 때, 1년 동안 가장 적은 비용으로 사용할 수 있는 렌즈는 무엇인가?(단, 1년 동안 똑같은 제품만을 사용하며, 1년은 52주이다)

렌즈	가격	착용기한	서비스
A	30,000원	1달	–
B	45,000원	2달	1+1
C	20,000원	1달	1+2 (3월, 7월, 11월에만)
D	5,000원	1주	–
E	65,000원	2달	1+2

※ 1월에 처음으로 렌즈를 구매한다.

① A

② B

③ C

④ D

⑤ E

13 밤도깨비 야시장에서 푸드 트럭을 운영하기로 계획 중인 귀하는 다음 표를 참고하여 순이익이 가장 높은 메인 메뉴 한 가지를 선정하려고 한다. 어떤 메뉴를 선택하는 것이 가장 합리적인가?

메뉴	예상 월간 판매량(개)	생산 단가(원)	판매 가격(원)
A	500	3,500	4,000
B	300	5,500	6,000
C	400	4,000	5,000
D	200	6,000	7,000
E	150	3,000	5,000

① A ② B
③ C ④ D
⑤ E

14 다음 글을 논리적 순서대로 바르게 배열한 것은?

(A) 그런데 음악이 대량으로 복제되는 현상에 대해 비판적인 시각도 생겨났다. 대량 생산된 복제품은 예술 작품의 유일무이(唯一無二)한 가치를 상실케 하고 예술적 전통을 훼손한다는 것이다.

(B) MP3로 대표되는 복제 기술이 어떻게 발전할 것이며 그에 따라 음악은 어떤 변화를 겪을지, 우리가 누릴 수 있는 새로운 전통은 우리 삶을 어떻게 변화시킬지 생각해 보는 것은 매우 흥미로운 일이다.

(C) 근래에는 음악을 컴퓨터 파일의 형태로 바꾸는 기술이 개발되어 작품을 나누고 섞고 변화시키는 것이 훨씬 자유로워졌다. 이에 따라 낯선 곡은 반복을 통해 친숙한 음악으로, 친숙한 곡은 디지털 조작을 통해 낯선 음악으로 변모시킬 수 있게 되었다.

(D) 그러나 복제품은 자신이 생겨난 환경에 매어 있지 않기 때문에, 새로운 환경에서 새로운 예술적 전통을 만들어 낸다. 최근 음악 환경은 IT 기술의 발달과 보급에 따라 매우 빠르게 변화하고 있다.

① (C) – (A) – (D) – (B) ② (A) – (C) – (D) – (B)
③ (C) – (D) – (A) – (B) ④ (D) – (A) – (B) – (C)
⑤ (D) – (C) – (A) – (B)

※ 다음은 에너지원별 발전설비와 발전량에 대한 자료이다. 이어지는 질문에 답하시오. [15~16]

⟨에너지원별 발전설비 추이⟩

설비별＼연도	2012년	2013년	2014년	2015년	2016년	2017년	2018년	2019년	2020년	2021년
원자력	13,716	15,716	15,716	16,716	17,716	17,716	17,716	17,716	17,716	17,716
수력	3,876	3,876	3,877	3,883	3,883	5,485	5,492	5,505	5,515	5,525
석탄	15,531	15,931	15,931	17,465	17,965	18,465	20,465	23,705	24,205	24,205
유류	4,868	4,660	6,011	4,666	4,710	4,790	5,404	5,407	5,438	4,831
가스	12,868	13,618	14,518	15,746	16,447	17,436	17,948	17,969	17,850	19,417
집단	–	–	–	1,382	1,382	1,382	893	1,460	1,610	2,617
대체	–	–	–	104	156	240	351	728	1,036	1,768
합계	50,859	53,801	56,053	59,962	62,259	65,514	68,269	72,490	73,370	76,079

⟨에너지원별 발전량 추이⟩

설비별＼연도	2012년	2013년	2014년	2015년	2016년	2017년	2018년	2019년	2020년	2021년
원자력	112,133	119,103	129,672	130,715	146,779	148,749	142,937	150,958	147,771	147,474
수력	4,151	5,311	6,887	5,861	5,189	5,189	5,042	5,561	5,641	6,567
석탄	110,333	118,022	120,276	127,158	133,658	139,205	154,674	173,508	193,216	197,917
유류	28,156	25,095	26,526	18,512	17,732	16,598	18,131	10,094	14,083	22,351
가스	30,451	38,943	39,090	55,999	58,118	68,302	78,427	75,809	65,274	90,846
집단	–	–	–	3,553	2,759	2,597	3,084	5,336	5,827	5,897
대체	–	–	–	350	404	511	829	1,090	1,791	3,159
합계	285,224	306,474	322,451	342,148	364,639	381,151	403,124	422,356	433,603	474,211

15 2021년 원자력 발전설비 점유율은 2020년에 비해 약 몇 %p 감소했는가?(단, 소수점 둘째 자리에서 반올림한다)

① 0.4%p
② 0.8%p
③ 1.2%p
④ 1.4%p
⑤ 1.6%p

16 2021년 석탄은 전체 에너지원 발전량의 약 몇 %를 차지했는가?(단, 소수점 첫째 자리에서 반올림한다)

① 30%
② 34%
③ 38%
④ 42%
⑤ 50%

17 다음 글이 비판의 대상으로 삼는 주장으로 가장 적절한 것은?

경제 문제는 대부분 해결책이 있다. 그러나 모든 해결책은 누군가가 상당한 손실을 반드시 감수해야 한다는 특징을 갖고 있다. 하지만 누구도 이 손실을 자발적으로 감수하고자 하지 않으며, 즉, 우리의 정치제도는 누구에게도 이 짐을 짊어지라고 강요할 수 없다. 즉, 우리의 정치적·경제적 구조로는 실질적으로 제로섬(Zero-sum)적인 요소를 지니는 경제 문제에 전혀 대처할 수 없다.

대개의 경제적 해결책은 대규모의 제로섬적인 요소를 갖기 때문에 큰 손실을 수반한다. 모든 제로섬 게임에는 승자가 있다면 반드시 패자가 있으며, 패자가 존재해야만 승자가 존재할 수 있다. 경제적 이득이 경제적 손실을 초과할 수도 있지만, 손실의 주체에게 손실의 의미란 상당한 크기의 경제적 이득을 부정할 수 있을 만큼 매우 중요하다. 어떤 해결책으로 인해 평균적으로 사회는 더 잘살게 될 수도 있지만, 이 평균이 훨씬 더 잘살게 된 수많은 사람과 훨씬 더 못살게 된 수많은 사람을 감춘다. 만약 당신이 더 못살게 된 사람 중 하나라면 내 수입이 줄어든 것보다 다른 누군가의 수입이 더 많이 늘었다고 해서 위안을 얻지는 않을 것이다. 결국 우리는 우리 자신의 수입을 보호하기 위해 경제적 변화가 일어나는 것을 막거나 혹은 사회가 우리에게 손해를 입히는 공공정책이 강제로 시행되는 것을 막기 위해 싸울 것이다.

① 빈부격차를 해소하는 것만큼 중요한 정책은 없다.
② 사회의 총 생산량이 많아지게 하는 정책이 좋은 정책이다.
③ 경제문제에서 모두가 만족하는 해결책은 존재하지 않는다.
④ 경제적 변화에 대응하는 정치제도의 기능에는 한계가 존재한다.
⑤ 경제정책의 효율성을 높이는 방법은 일관성을 유지하는 것이다.

18 세 상품 A, B, C에 대한 선호도 조사를 실시했다. 조사에 응한 사람이 가장 좋아하는 상품부터 1～3순위를 부여하였고, 조사의 결과가 다음과 같을 때 C에 3순위를 부여한 사람의 수는?(단, 두 상품에 같은 순위를 표시할 수는 없다)

- 조사에 응한 사람은 20명이다.
- A를 B보다 선호한 사람은 11명이다.
- B를 C보다 선호한 사람은 14명이다.
- C를 A보다 선호한 사람은 6명이다.
- C에 1순위를 부여한 사람은 없다.

① 4명
② 5명
③ 6명
④ 7명
⑤ 8명

19 독일인 A씨는 베를린에서 한국을 경유하여 일본으로 가는 비행기표를 구매하였다. A씨의 일정이 다음과 같을 때, A씨가 인천공항에 도착하는 한국시각과 A씨가 참여할 환승투어를 올바르게 짝지은 것은?(단, 제시된 조건 외에는 고려하지 않는다)

<A씨의 일정>

한국행 출발시각 (독일시각 기준)	비행시간	인천공항 도착시각	일본행 출발시각 (한국시각 기준)
5월 2일 19:30	12시간 20분		5월 3일 18:30

※ 독일은 한국보다 8시간 느리다.

<환승투어 코스 안내>

구분	코스	소요 시간
엔터테인먼트	인천공항 → 파라다이스시티 아트테인먼트 → 인천공항	2시간
인천시티	• 인천공항 → 송도한옥마을 → 센트럴파크 → 인천공항 • 인천공항 → 송도한옥마을 → 트리플 스트리트 → 인천공항	2시간
산업	인천공항 → 광명동굴 → 인천공항	4시간
전통	인천공항 → 경복궁 → 인사동 → 인천공항	5시간
해안관광	인천공항 → 을왕리해변 또는 마시안해변 → 인천공항	1시간

	도착시각	환승투어
①	5월 2일 23:50	산업
②	5월 2일 15:50	엔터테인먼트
③	5월 3일 23:50	전통
④	5월 3일 15:50	인천시티
⑤	5월 3일 7:50	해안관광

20 김 대리는 이번 분기의 판매동향에 대한 성과발표회 기획을 맡아 성과발표회를 준비하는 과정에서 수행해야 될 업무를 모두 나열한 뒤 업무의 선후관계도를 만들었다. 다음 〈보기〉 중 옳은 내용만 짝지은 것은?

〈업무의 선후관계도〉

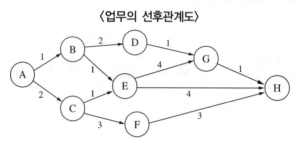

※ 알파벳은 단위업무를 나타냄
※ 화살표는 단위업무의 선·후행 작업 순서를 나타냄
※ 화살표 위의 숫자는 그 업무를 수행하는 데 소요되는 일수를 나타냄
※ 선행 작업이 끝나야 후행 작업이 가능함

─────〈보기〉─────

㉠ 성과발표 준비에는 최소 5일이 소요된다.
㉡ 단위업무 E ~ H를 3일로 단축하면 전체 준비기간이 짧아진다.
㉢ 단위업무 A ~ C를 1일로 단축하는 것은 전체 준비기간에 영향을 준다.
㉣ 단위업무 E ~ G에 소요되는 시간을 3일로 단축하면 전체 준비기간이 짧아진다.
㉤ 성과발표 준비에는 아무리 적어도 8일이 소요된다.

① ㉠, ㉡
② ㉠, ㉢
③ ㉢, ㉤
④ ㉣, ㉤
⑤ ㉡, ㉤

21 다음 글에 대한 결론으로 가장 적절한 것은?

경제 활동 주체들은 이윤이 극대화될 수 있는 지점을 찾아 입지하려는 경향을 지닌다. 이를 설명하는 이론이 '산업입지론'인데, 고전적인 산업입지 이론으로는 '최소비용입지론'과 '최대수요입지론'이 있다.

최소비용입지론은 산업의 입지에 관계없이 수요는 고정되어 있고 수입은 일정하다고 가정한다. 다른 비용들이 동일하다면 운송비가 최소화되는 지점이 최적 입지가 되며, 최소 운송비 지점을 바탕으로 다른 비용 요소들을 고려한다. 운송비는 원료 등 생산투입요소를 공장까지 운송하는 데 소요되는 '원료 운송비'와 생산한 제품을 시장까지 운송하는 데 소요되는 '제품 운송비'로 구성된다. 최소비용입지론에서는 원료지수(MI)를 도입하여 사용된 원료의 무게와 생산된 제품의 무게를 따진다. 그 결과 원료 산지와 시장 중 어느 쪽으로 가까이 입지할 때 운송비가 유리해지는가를 기준으로 산업의 입지를 판단한다.

[원료지수(MI)] = (사용된 원료의 무게) ÷ (생산된 제품의 무게)

MI>1일 때는 시장까지 운송해야 하는 제품의 무게에 비해 사용되는 원료의 무게가 더 큰 경우로, 공정 과정에서 원료의 무게가 줄어든다. 이런 상황에서는 가능하면 원료산지에 가깝게 입지할수록 운송비의 부담을 줄일 수 있어 원료 지향적 입지가 이루어진다. 반대로 MI<1인 경우는 산지에서 운송해 온 재료 외에 생산 공정 과정에서 재료가 더해져 제품의 무게가 늘어나는 경우인데, 이때는 제품 운송비의 부담이 더 크므로 시장에 가까이 입지할수록 운송비 부담이 줄게 되어 시장 지향적인 입지 선택을 하게 된다. MI=1인 경우는 원료 산지와 시장 사이 어느 지점에 입지하든 운송비에 차이는 없게 된다.

최대수요입지론은 산업입지와 상관없이 비용은 고정되어 있다고 가정한다. 이 이론에서는 경쟁 업체와 가격 변동을 고려하여 수요가 극대화되는 입지를 선정한다. 최초로 입지를 선정하는 업체는 시장의 어디든 입지할 수 있으나 소비자의 이동 거리를 최소화하기 위하여 시장의 중심에 입지한다. 그 다음 입지를 선정해야 하는 경쟁 업체는 가격 변화에 따라 수요가 변하는 정도가 크지 않은 경우, 시장의 중심에서 멀어질수록 시장을 뺏기게 되므로 경쟁 업체가 있더라도 가능한 중심에 가깝게 입지하려고 한다. 하지만 가격 변화에 따라 수요가 크게 변하는 경우, 두 경쟁자는 서로 적절히 떨어져 입지하여 보다 낮은 가격으로 제품을 공급하려고 한다.

① 소비자의 수요는 가격보다 업체의 서비스에 의해 결정된다.
② 업체끼리 서로 경쟁하기보다는 상생하는 것이 더 중요하다.
③ 경제활동 주체가 언제나 합리적인 선택을 할 수 없다.
④ 시장의 경쟁자가 많지 않은 상황에서는 효과적인 입지 선정이 힘들다.
⑤ 여러 요소를 감안하더라도 최적의 입지 선택을 위해서는 거리에 따른 경제적 효과를 고려해야 한다.

22 다음 자료를 보고 판단한 것 중 옳지 않은 것은?

<대규모 기업집단 매출액 현황>

구분	2019년	2020년	2021년
상위 10대 민간 기업집단	680.5조 원	697.3조 원	874.1조 원
상위 30대 민간 기업집단	939.6조 원	941.8조 원	1,134.0조 원
민간 기업집단	984.7조 원 (총 40집단)	1,016.9조 원 (총 45집단)	1,231.8조 원 (총 47집단)
전체 기업집단 (민간+공공)	1,095.0조 원 (총 48집단)	1,113.9조 원 (총 53집단)	1,348.3조 원 (총 55집단)

※ 자산규모 5조 이상 기업집단(상호출자·채무보증 제한대상)
※ 자산규모 기준으로 상위 10대, 30대

① 2021년 전체 기업집단 매출액 대비 상위 10대 민간 기업집단이 차지하고 있는 비율은 2019년에 비해 약간 낮아졌다.
② 2021년 상위 10대 민간 기업집단의 매출액은 상위 30대 민간 기업집단 매출액의 75% 이상을 차지하고 있다.
③ 2019년 공공집단이 차지하고 있는 매출액은 전체 기업집단의 약 10% 정도이다.
④ 2019년 대비 2021년 상위 30대 민간 기업집단의 매출액 증가율보다 상위 10대 민간 기업집단의 매출액 증가율이 더 높다.
⑤ 전체 기업집단의 총수와 매출액은 해마다 증가하고 있다.

23 다음 조건에 따라 전국노래대회 예선이 진행된다. 甲이 심사위원장을 알아내고자 할 때, 〈보기〉에서 옳은 것을 모두 고르면?

〈조건〉
- 예선의 심사위원은 심사위원장 1인을 포함하여 총 4인이며, 그중 누가 심사위원장인지 참가자에게 공개되지 않는다.
- 심사위원은 참가자의 노래를 들은 후 동시에 ○ 또는 ×의 결정을 내리며, 다수결에 의해 예선 통과 여부가 결정된다.
- 만약 ○와 ×를 결정한 심사위원의 수가 같다면, 심사위원장이 ○ 결정을 한 경우 통과, × 결정을 한 경우 탈락한다.
- 4명의 참가자들은 어떤 심사위원이 자신에게 ○ 또는 × 결정을 내렸는지와 통과 또는 탈락 여부를 정확히 기억하여 甲에게 알려주었다.

〈보기〉
ㄱ. 4명의 참가자가 모두 심사위원 3인의 ○ 결정으로 통과했다면, 甲은 심사위원장을 알아낼 수 없다.
ㄴ. 4명의 참가자가 모두 같은 2인의 심사위원에게만 ○ 결정을 받아 탈락했다면, 甲은 심사위원장을 알아낼 수 있다.
ㄷ. 4명의 참가자가 모두 2인의 심사위원에게만 ○ 결정을 받았고, ○ 결정을 한 심사위원의 구성이 모두 다르다면, 甲은 심사위원장을 알아낼 수 있다.

① ㄱ
② ㄴ
③ ㄱ, ㄷ
④ ㄴ, ㄷ
⑤ ㄱ, ㄴ, ㄷ

24 다음 글의 제목으로 가장 적절한 것은?

'5060세대'. 몇 년 전까지만 해도 그들은 사회로부터 '지는 해' 취급을 받았다. '오륙도'라는 꼬리표를 달아 일터에서 밀어내고, 기업은 젊은 고객만 왕처럼 대우했다. 젊은 층의 지갑을 노려야 돈을 벌 수 있다는 것이 기업의 마케팅 전략이었기 때문이다.

그러나 최근 들어 상황이 달라졌다. 5060세대가 새로운 소비 군단으로 주목되기 시작한 가장 큰 이유는 고령화 사회로 접어들면서 시니어(Senior) 마켓 시장이 급속도로 커지고 있는 데다 이들이 돈과 시간을 가장 넉넉하게 가진 세대이기 때문이다.

통계청이 집계한 가구주 나이별 가계수지 자료를 보면, 한국 사회에서는 50대 가구주의 소득이 가장 높은 것으로 나타났다. 월평균 361만 500원으로 40대의 소득보다도 높은 것으로 집계됐다. 가구주 나이가 40대인 가구의 가계수지를 보면, 소득은 50대보다 적으면서도 교육 관련 지출(45만 6,400원)이 압도적으로 높아 소비 여력이 낮은 편이다. 그러나 50대 가구주의 경우 소득이 높으면서 소비 여력 또한 충분하다. 50대 가구주의 처분가능소득은 288만 7,500원으로 전 연령층에서 가장 높다.

이들이 신흥 소비군단으로 떠오르면서 '애플(APPLE)족'이라는 마케팅 용어까지 등장했다. 활동적이고 (Active) 자부심이 강하며(Pride) 안정적으로(Peace) 고급문화(Luxury)를 즐기는 경제력(Economy) 있는 50대 이후 세대를 뜻하는 말이다. 통계청은 여행과 레저를 즐기는 5060세대를 '주목해야 할 블루슈머 7' 가운데 하나로 선정했다. 과거 5060세대는 자식을 보험으로 여기며 자식에게 의존하면서 살아가는 전통적인 노인이었다. 그러나 애플족은 자녀로부터 독립해 자기만의 새로운 인생을 추구한다. '통크족(TONK; Two Only, No Kids)'이라는 별칭이 붙는 이유이다. 통크족이나 애플족은 젊은 층의 전유물로 여겨졌던 자기중심적이고 감각 지향적인 소비도 주저하지 않는다. 후반전 인생만은 자기가 원하는 일을 하며 멋지게 살아야 한다고 생각하기 때문이다.

애플족은 한국 국민 가운데 해외여행을 가장 많이 하는 세대이기도 하다. 그리고 그들은 어떤 지출보다 교양·오락비를 아낌없이 쓰는 것이 특징이다. 전문가들은 애플족의 교양·오락 및 문화에 대한 지출비용은 앞으로도 증가할 것으로 내다보고 있다. 한 사회학과 교수는 "고령사회로 접어들면서 성공적 노화 개념이 중요해짐에 따라 텔레비전 시청, 수면, 휴식 등 소극적 유형의 여가에서 게임 등 재미와 젊음을 찾을 수 있는 진정한 여가로 전환되고 있다."라고 말했다. 이 교수는 젊은이 못지않은 의식과 행동반경을 보이는 5060세대를 겨냥한 다양한 상품과 서비스에 대한 수요가 앞으로도 크게 늘 것이라고 내다보았다.

※ 블루슈머(Bluesumer) : 경쟁자가 없는 시장을 의미하는 블루오션(Blue Ocean)과 소비자(Consumer)의 합성어로, 새로운 제품에 적응력이 높고 소비성향을 선도하는 소비자를 의미한다.

① 애플족의 소비 성향은 어떠한가?
② 5060세대의 사회·경제적 위상 변화
③ 다양한 여가 활동을 즐기는 5060세대
④ 애플족을 '주목해야 할 블루슈머 7'로 선정
⑤ 점점 커지는 시니어 마켓 시장의 선점 방법

25 다음은 2017 ~ 2021년까지 우리나라의 사고유형별 발생 현황에 관한 통계자료이다. 다음 자료를 분석한 것으로 옳은 것은?

〈사고유형별 발생 현황〉

(단위 : 건)

구분	2017년	2018년	2019년	2020년	2021년
도로교통	215,354	223,552	232,035	220,917	216,335
화재	40,932	42,135	44,435	43,413	44,178
가스	72	72	72	122	121
환경오염	244	316	246	116	87
자전거	6,212	4,571	7,498	8,529	5,330

① 도로교통사고 발생 수는 매년 화재사고 발생 수의 5배 이상이다.

② 환경오염사고 발생 수는 매년 증감을 거듭하고 있다.

③ 매년 환경오염사고 발생 수는 가스사고 발생 수보다 많다.

④ 매년 사고 발생 총 건수는 증가하였다.

⑤ 2017 ~ 2021년까지 통계자료에 제시된 전체 사고 발생 수에서 자전거사고 발생 수의 비중은 3% 미만이다.

26 다음 의견에 대한 반대 측의 논거로 가장 적절한 것은?

인터넷 신조어를 국어사전에 당연히 올려야 한다고 생각합니다. 사전의 역할은 모르는 말이 나올 때, 그 뜻이 무엇인지 쉽게 찾을 수 있도록 하는 것입니다. '안습', '멘붕' 같은 말은 널리 쓰이고 있음에도 불구하고 국어사전에 없기 때문에 어른들이나 우리말을 배우는 외국인들이 큰 불편을 겪고 있습니다.

① '멘붕'이나 '안습' 같은 신조어는 이미 널리 쓰이고 있다. 급격한 변화를 특징으로 하는 정보화 시대에 많은 사람이 사용하는 말이라면 표준어로 인정해야 한다.

② 영국의 권위 있는 사전인 '옥스퍼드 영어 대사전'은 최근 인터넷 용어로 쓰이던 'OMG(어머나)', 'LOL(크게 웃다)' 등과 같은 말을 정식 단어로 인정하였다.

③ 언어의 창조성 측면에서 우리말이 현재보다 더욱 풍부해질 수 있으므로 가능하면 더 많은 말을 사전에 등재하는 것이 바람직하다.

④ '멘붕'이나 '안습' 같은 말들은 갑자기 생긴 말로 오랜 시간 언중 사이에서 사용되지 않고 한때 유행하다가 사라질 가능성이 있는 말이다.

⑤ 인터넷 신조어의 등장은 시대에 따라 변한 언어의 한 종류로 자연스러운 언어 현상 중 하나이다.

27 A, B, C, D팀이 참여하여 체육대회를 하고 있다. 다음 순위 결정 기준과 각 팀의 현재까지 득점 현황에 근거하여 판단할 때, 항상 옳은 추론을 〈보기〉에서 모두 고르면?

〈순위 결정 기준〉

- 각 종목의 1위에게는 4점, 2위에게는 3점, 3위에게는 2점, 4위에게는 1점을 준다.
- 각 종목에서 획득한 점수를 합산한 총점이 높은 순으로 종합 순위를 결정한다.
- 총점에서 동점이 나올 경우에는 1위를 한 종목이 많은 팀이 높은 순위를 차지한다.
  - 만약 1위 종목의 수가 같은 경우에는 2위 종목이 많은 팀이 높은 순위를 차지한다.
  - 만약 1위 종목의 수가 같고, 2위 종목의 수도 같은 경우에는 공동 순위로 결정한다.

〈득점 현황〉

종목명 \ 팀명	A	B	C	D
가	4	3	2	1
나	2	1	3	4
다	3	1	2	4
라	2	4	1	3
마	?	?	?	?
합계	?	?	?	?

※ 종목별 순위는 반드시 결정되고, 동순위는 나오지 않는다.

〈보기〉

ㄱ. A팀이 종목 '마'에서 1위를 한다면, 종합 순위 1위가 확정된다.
ㄴ. B팀이 종목 '마'에서 C팀에게 순위에서 뒤지면, 종합 순위에서도 C팀에게 뒤지게 된다.
ㄷ. C팀은 종목 '마'의 결과와 관계없이 종합 순위에서 최하위가 확정되었다.
ㄹ. D팀이 종목 '마'에서 2위를 한다면, 종합 순위 1위가 확정된다.

① ㄱ
② ㄹ
③ ㄱ, ㄴ
④ ㄴ, ㄷ
⑤ ㄷ, ㄹ

28 다음은 스마트시티에 대한 기사 내용이다. 스마트시티 전략의 사례로 적절하지 않은 것은?

> 건설·정보통신기술 등을 융·복합하여 건설한 도시 기반시설을 바탕으로 다양한 도시서비스를 제공하는 지속가능한 도시를 스마트시티라 한다.
>
> 최근 스마트시티에 대한 관심은 사물인터넷이나 만물인터넷 등 기술의 경이적인 발달이 제4차 산업혁명을 촉발하고 있는 것과 같은 선상에서, 정보통신기술의 발달이 도시의 혁신을 이끌고 도시 문제를 현명하게 해결할 수 있을 것이라는 기대로 볼 수 있다. 이처럼 정보통신기술을 적극적으로 활용하고자 하는 스마트시티 전략은 중국, 인도를 비롯하여 동남아시아, 남미, 중동 국가 등 전 세계 많은 국가와 도시들이 도시발전을 위한 전략적 수단으로 표방하고 추진 중이다.
>
> 국내에서도 스마트시티 사업으로 대전 도안, 화성 동탄 등 26개 도시가 준공되었으며, 의정부 민락, 양주 옥정 등 39개 도시가 진행 중에 있다. 스마트시티 관리의 일환으로 공공행정, 기상 및 환경감시 서비스, 도시 시설물 관리, 교통정보 및 대중교통 관리 등이 제공되고, 스마트홈의 일환으로 단지 관리, 통신 인프라, 홈 네트워크 시스템이 제공되며, 시민체감형 서비스의 일환으로 스마트 라이프 기반을 구현한다.

① 거리별 쓰레기통에 센서 장치를 활용하여 쓰레기 배출량 감소 효과
② 방범 CCTV 및 범죄 관련 스마트 앱 사용으로 범죄 발생률 감소 효과
③ 상하수도 및 지질정보 통합 시스템을 이용하여 시설 노후로 인한 누수예방 효과
④ 교통이 혼잡한 도로의 확장 및 주차장 확대로 교통난 해결 효과
⑤ 거리마다 전자민원시스템을 설치하여 도시 문제의 문제해결력 상승 효과

29 취업준비생 A~E가 지원한 회사는 서로 다른 가~마 회사 중 한 곳이며, 다섯 회사는 서로 다른 곳에 위치하고 있다. 다섯 사람이 모두 서류에 합격하여 〈조건〉에 따라 지하철, 버스, 택시 중 하나를 골라 회사에 가려고 할 때, 다음 중 옳지 않은 것은?(단, 한 가지 교통수단은 최대 두 명까지 이용할 수 있으며, 한 사람도 이용하지 않은 교통수단은 없다)

> ──────── 〈조건〉 ────────
> • 택시를 타면 가, 나, 마 회사에 갈 수 있다.
> • A는 다 회사에 지원했다.
> • E는 어떤 교통수단을 선택해도 지원한 회사에 갈 수 있다.
> • 지하철에는 D를 포함한 두 사람이 타며, 둘 중 한 사람은 라 회사에 지원했다.
> • B가 탈 수 있는 교통수단은 지하철뿐이다.
> • 버스와 택시로 갈 수 있는 회사는 가 회사를 제외하면 서로 겹치지 않는다.

① B와 D는 함께 지하철을 이용한다.
② C는 택시를 이용한다.
③ A는 버스를 이용한다.
④ E는 라 회사에 지원했다.
⑤ C는 나 또는 마 회사에 지원했다.

30 김 과장은 오후 2시 회의에 참석하기 위해 대중교통을 이용하여 총 10km를 이동해야 한다. 〈조건〉을 고려했을 때, 비용이 두 번째로 많이 드는 방법은?

〈조건〉

1) 회의에 지각해서는 안되며, 오후 1시 40분에 대중교통을 이용하기 시작한다.
2) 회의가 시작되기 전에 먼저 도착하여 대기하는 시간을 비용으로 환산하면 1분당 200원이다.
3) 이용가능한 대중교통은 버스, 지하철, 택시만 있고, 출발지에서 목적지까지는 모두 직선노선이다.
4) 택시의 기본요금으로 갈 수 있는 거리는 2km이다.
5) 택시의 기본요금은 2,000원으로 추가되는 2km마다 100원씩 증가하며, 2km를 1분에 간다.
6) 지하철은 2km를 2분에 가고, 버스는 2km를 3분에 간다. 버스와 지하철은 2km마다 정거장이 있고, 동일노선을 운행한다.
7) 버스와 지하철 요금은 1,000원이며 무료환승이 가능하다.
8) 환승은 버스와 지하철, 버스와 택시 간에만 가능하고, 환승할 경우 소요시간은 2분이며 반드시 버스로 4정거장을 가야만 한다.
9) 환승할 때 느끼는 번거로움 등을 비용으로 환산하면 1분당 450원이다.

---

① 택시만 이용해서 이동한다.
② 버스만 이용해서 이동한다.
③ 지하철만 이용해서 이동한다.
④ 버스와 택시를 환승하여 이동한다.
⑤ 버스와 지하철을 환승하여 이동한다.

31 다음은 5개 업체에서 판매 중인 사이다를 비교해 놓은 표이다. 어느 곳의 사이다를 사는 것이 가장 이득이겠는가?(단, 소수점 셋째 자리에서 반올림한다)

〈업체별 사이다 용량 및 가격〉					
구분	A업체	B업체	C업체	D업체	E업체
가격(원)	25,000	25,200	25,400	25,600	25,800
한 개당 용량(mL)	340	345	350	355	360
한 묶음 개수(개)	25	24	25	24	24

※ 사이다는 한 묶음으로만 판매한다.

① A업체　　　　　　　　　② B업체
③ C업체　　　　　　　　　④ D업체
⑤ E업체

32 다음 그래프를 보고 옳은 것을 고르면?

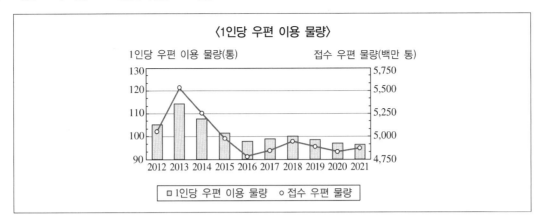

① 1인당 우편 이용 물량은 증가 추세에 있다.
② 1인당 우편 이용 물량은 2013년에 가장 높았고, 2016년에 가장 낮았다.
③ 매년 평균적으로, 1인당 4일에 한 통 이상은 우편물을 보냈다.
④ 1인당 우편 이용 물량과 접수 우편 물량 모두 2018년부터 2021년까지 지속적으로 감소하고 있다.
⑤ 접수 우편 물량이 가장 많은 해와 가장 적은 해의 차이는 약 900백만 통이다.

33 B대리는 금연치료 프로그램 참가자의 문의전화를 받았다. 참가자는 금연치료의약품과 금연보조제를 처방받아서 복용하고 있는데 1월 한 달 동안 본인이 부담하는 의약품비가 얼마인지 궁금하다는 내용이었다. B대리는 참가자가 1월 4일부터 시작하여 의약품으로는 바레니클린을 복용하며, 금연보조제로는 패치를 사용하고 있다는 사실을 확인한 후 1월 한 달 기준 의약품에 대한 본인부담금을 알려주었다. 올바른 가격은?

구분	금연치료의약품		금연보조제		
	부프로피온	바레니클린	패치	껌	정제
용법	1일 2정	1일 2정	1일 1장	1일 4 ~ 12정	1일 4 ~ 12정
시장가격	680원/정	1,767원/정	1,353원/장	375원/정	417원/정
공단 지원액	500원/정	1,000원/정	1,500원/일		

※ 1월 투여기간 : 4 ~ 31일

① 40,068원
② 41,080원
③ 42,952원
④ 43,085원
⑤ 44,065원

34 A은행은 최근 열린 금융 세미나에 참여해 보이스피싱을 주제로 대화를 나누었다. 다음 중 B, C의 주장을 가장 적절하게 분석한 것은?

> A : 최근 보이스피싱 범죄가 모든 금융권으로 확산되면서 피해액이 늘어나고 있습니다. 이에 금융 당국이 은행에도 일부 보상 책임을 지게 하는 방안을 검토하는 것으로 알려지고 있습니다. 이에 대해 어떻게 생각하십니까?
>
> B : 개인들이 자신의 정보를 잘못 관리한 책임까지 은행에서 진다는 것은 문제가 있습니다. 도와드릴 수 있다면 좋겠지만, 은행 입장에서도 한계가 있는 부분이 있어 안타까울 뿐입니다.
>
> C : 소비자들이 자신의 개인 정보 관리에 다소 부주의함이 있다는 것은 인정합니다. 그러나 개인의 부주의를 얘기하는 것보다는 정부가 근본적인 해결책을 모색하는 것이 더욱 시급합니다.

① B와 달리, C는 보이스피싱 피해에 대한 책임을 소비자에게만 전가해서는 안 된다고 생각한다.
② B와 C는 보이스피싱 범죄의 확산에 대한 일차적 책임이 은행과 정부에 있다고 생각한다.
③ B와 C는 보이스피싱 범죄로 인한 피해를 방지하기 위해 은행에서 노력하고 있다고 생각한다.
④ B는 보이스피싱 범죄를 근본적으로 해결하기 위해 은행의 역할을, C는 정부의 역할을 강조한다.
⑤ B와 C는 보이스피싱 범죄의 확산을 막기 위해서는 제도적인 방안이 보완되어야 한다고 이야기하고 있다.

35 다음 글에서 ㉠ ~ ㉤의 수정 방안으로 적절하지 않은 것은?

> 수험생이 실제로 하고 있는 건강관리는 전문가들이 추천하는 건강관리 활동과 차이가 있다. 수험생들은 건강이 나빠지면 가장 먼저 보양 음식을 챙겨 먹는 것으로 ㉠ 건강을 되찾으려고 한다. ㉡ 수면 시간을 늘리는 것으로 건강관리를 시도한다. 이러한 시도는 신체에 적신호가 켜졌을 때 컨디션 관리를 통해 그것을 해결하려고 하는 자연스러운 활동으로 볼 수 있다. ㉢ 그래서 수험생은 다른 사람들보다 학업에 대한 부담감과 미래에 대한 불안감, 시험에서 오는 스트레스가 높다는 점을 생각해본다면 신체적 건강과 정신적 건강의 연결고리에 대해 생각해봐야 한다. 실제로 ㉣ 전문가들이 수험생 건강관리를 위한 조언을 보면 정신적 스트레스를 다스리는 것이 중요하다는 점을 알 수 있다. 수험생의 건강에 가장 악영향을 끼치는 것은 자신감과 긍정적인 생각의 부족이다. 시험에 떨어지거나 낮은 성적을 받는 것에 대한 심리적 압박감이 건강을 크게 위협한다는 것이다. ㉤ 성적에 대한 부담감은 누구에게나 있지만 성적을 통해서 인생이 좌우되는 것은 아니다. 전문가들은 수험생에게 명상을 하면서 마음을 진정하는 것과, 취미 활동을 통해 긴장을 완화하는 것이 스트레스의 해소에 도움이 된다고 조언한다.

① ㉠ : 의미를 분명히 하기 위해 '건강을 찾으려고 한다'로 수정한다.
② ㉡ : 자연스러운 연결을 위해 '또한'을 앞에 넣는다.
③ ㉢ : 앞뒤 내용이 전환되므로 '하지만'으로 바꾼다.
④ ㉣ : 호응 관계를 고려하여 '전문가들의 수험생 건강관리를 위한 조언'으로 수정한다.
⑤ ㉤ : 글의 전개상 불필요한 내용이므로 삭제한다.

36 다음 글을 읽고 알 수 있는 사실이 아닌 것은?

인류의 역사를 석기시대, 청동기시대 그리고 철기시대로 구분한다면 현대는 '플라스틱시대'라고 할 수 있을 만큼 플라스틱은 현대사회에서 가장 혁명적인 물질 중 하나이다. "플라스틱은 현대 생활의 뼈, 조직, 피부가 되었다."는 미국의 과학 저널리스트 수전 프라인켈(Susan Freinkel)의 말처럼 플라스틱은 인간 생활에 많은 부분을 차지하고 있다. 저렴한 가격과 필요에 따라 내구성, 강도, 유연성 등을 조절할 수 있는 장점 덕분에 일회용 컵부터 옷, 신발, 가구 등 플라스틱이 아닌 것이 거의 없을 정도이다. 그러나 플라스틱에는 치명적인 단점이 있다. 바로 플라스틱이 지닌 특성 중 하나인 영속성(永續性)이다. 즉, 인간이 그동안 생산한 플라스틱은 바로 분해되지 않고 어딘가에 계속 존재하고 있어 플라스틱은 환경오염의 원인이 된 지 오래이다.

치약, 화장품, 피부 각질제거제 등 생활용품, 화장품에 들어 있는 작은 알갱이의 성분은 '마이크로비드(Microbead)'라는 플라스틱이다. 크기가 1mm보다 작은 플라스틱을 '마이크로비드'라고 하는데 이 알갱이는 정수처리과정에서 걸러지지 않고 생활 하수구에서 강으로, 바다로 흘러간다. 이 조그만 알갱이들은 바다를 떠돌면서 생태계의 먹이사슬을 통해 동식물 체내에 축적되어 면역체계 교란, 중추신경계 손상 등의 원인이 되는 잔류성유기오염물질(Persistent Organic Pollutants)을 흡착한다. 그리고 물고기, 새 등 여러 생물은 마이크로비드를 먹이로 착각해 섭취한다. 마이크로비드를 섭취한 해양생물은 다시 인간의 식탁에 올라온다. 즉, 우리가 버린 플라스틱을 우리가 다시 먹게 되는 셈이다.

플라스틱 포크로 음식을 먹고, 플라스틱 컵으로 물을 마시는 등 플라스틱을 음식을 먹기 위한 수단으로만 생각했지 직접 먹게 되리라고는 상상도 못했을 것이다. 우리가 먹은 플라스틱이 우리 몸에 남아 분해되지 않고 큰 질병을 키우게 될 것을 말이다.

① 플라스틱은 필요에 따라 유연성, 강도 등을 조절할 수 있고, 값이 싼 장점이 있다.

② 플라스틱은 바로 분해되지 않고 어딘가에 존재한다.

③ 마이크로비드는 크기가 작기 때문에 정수처리과정에서 걸러지지 않고 바다로 유입된다.

④ 마이크로비드는 잔류성유기오염물질을 분해하는 역할을 한다.

⑤ 물고기 등 해양생물들은 마이크로비드를 먹이로 착각해 먹는다.

37 A회사의 X사원은 회의가 길어져 편의점에서 간식을 사오려고 하는데 모두에게 햄버거와 음료수를 하나씩 주려고 한다. 총 11명이 회의에 참석한다면, 어떻게 구매하는 것이 총 금액을 최소화할 수 있는가?(단, 모든 사람이 같은 메뉴를 먹을 필요는 없다)

〈햄버거〉

종류	가격	특징
치킨버거	2,300원	2개 구매 시, 그중 1개는 30% 할인
불고기버거	2,300원	3개 구매 시, 물 1병 증정
치즈버거	2,000원	–

〈음료수〉

종류	가격	특징
보리차	1,100원	2병 구매 시, 추가로 1병 무료 증정
물	800원	–
오렌지주스	1,300원	4병 구매 시, 추가로 2병 무료 증정
포도주스	1,400원	치즈버거 개수만큼 포도주스 병당 40% 할인

① 치킨버거 10개, 치즈버거 1개, 보리차 9병, 물 2병

② 치킨버거 8개, 불고기버거 3개, 보리차 6병, 오렌지주스 4병, 물 1병

③ 불고기버거 9개, 치즈버거 2개, 보리차 6병, 물 3병, 포도주스 2병

④ 불고기버거 6개, 치즈버거 5개, 보리차 3병, 물 3병, 포도주스 5병

⑤ 치즈버거 11개, 포도주스 11개

※ 다음은 A시 가구의 형광등을 LED 전구로 교체할 경우 기대효과를 분석한 자료이다. 이 자료를 보고 이어지는 질문에 답하시오. [38~39]

A시의 가구 수 (세대)	적용 비율 (%)	가구당 교체 개수(개)	필요한 LED 전구 수(천 개)	교체 비용 (백만 원)	연간 절감 전력량 (만 kWh)	연간 절감 전기 요금(백만 원)
600,000	30	3	540	16,200	3,942	3,942
		4	720	21,600	5,256	5,256
		5	900	27,000	6,570	6,570
	50	3	900	27,000	6,570	6,570
		4	1,200	36,000	8,760	8,760
		5	1,500	45,000	10,950	10,950
	80	3	1,440	43,200	10,512	10,512
		4	1,920	56,600	14,016	14,016
		5	2,400	72,000	17,520	17,520

※ (1kWh당 전기요금)＝(연간 절감 전기요금)÷(연간 절감 전력량)

38 다음 〈보기〉 중 올바른 것은?

─〈보기〉─

ㄱ. A시 가구의 50%가 형광등 3개를 LED 전구로 교체한다면 교체비용은 270억 원이 소요된다.

ㄴ. A시 가구의 30%가 형광등 5개를 LED 전구로 교체한다면 연간 절감 전기요금은 가구의 50%가 형광등 3개를 LED 전구로 교체한 것과 동일하다.

ㄷ. A시에 적용된 전기요금은 1kWh당 100원이다.

ㄹ. A시의 모든 가구가 형광등 5개를 LED 전구로 교체하려면 LED 전구 240만 개가 필요하다.

① ㄱ, ㄴ   ② ㄴ, ㄷ

③ ㄷ, ㄹ   ④ ㄱ, ㄹ

⑤ ㄱ, ㄴ, ㄷ

39 A시 가구의 80%가 형광등 5개를 LED 전구로 교체할 때와 50%가 형광등 5개를 LED 전구로 교체할 때의 3년 후 절감액의 차는 얼마인가?

① 18,910백만 원   ② 19,420백만 원

③ 19,710백만 원   ④ 19,850백만 원

⑤ 20,140백만 원

40 다음 중 빈칸에 들어갈 내용으로 가장 적절한 것은?

> 1993년 착공한 '동해남부선(이하 동해선) 복선 전철화 사업' 부전 – 일광 1단계 구간(28.5km)의 개통식이 2016년 12월 29일 오후 2시 신해운대역에서 진행되었다. 다음날인 12월 30일 오전 5시 30분에는 부전역과 일광역에서 첫 운행의 기적 소리가 울려 퍼졌다. 시작은 광역철도 사업으로 착공을 했지만 2003년 6월, 부산시의 공사비용 부담 문제 등으로 표류하다 국비로 건설하는 일반철도 사업으로 전환하여 우여곡절 끝에 개통한 것이다.
>
> 1단계 구간(부전 – 일광)에는 14개의 현대화 철도역사가 들어섰으며 교대역, 벡스코역, 거제역에서 부산도시철도 1, 2, 3호선과 환승할 수 있다. 출퇴근 시간인 7 ~ 9시, 18 ~ 20시에는 배차 간격이 15분이며, 그 외 시간에는 배차 간격 30분으로 운행된다. 부산 주요 도심을 통과하는 이 구간을 시내버스로 이동할 경우 약 1시간 40분이 소요되지만, 전철을 타면 37분이 소요돼 동부산권 접근성이 높아졌다. 이로써 _____

① 부산 도심 교통난도 크게 해소될 것으로 기대된다.
② 부산 관광이 활기를 띨 것으로 예상된다.
③ 철도 이용객이 증가할 것으로 생각된다.
④ 철도 이용객의 만족도가 올라갈 것으로 기대된다.
⑤ 부산 전철화 사업에 진전이 있을 것으로 생각된다.

41 다음 글을 바탕으로 한 추론으로 옳은 것은?

> 스토리슈머는 이야기를 뜻하는 스토리(Story)와 소비자를 뜻하는 컨슈머(Consumer)가 합쳐져 '이야기를 찾는 소비자'를 지칭하는 말이다. 최근 기업들이 경기불황과 치열한 경쟁 속에서 살아남기 위해 색다른 마케팅 방안을 모색하고 있다. 단순히 이벤트나 제품을 설명하는 기존 방식에서 벗어나 소비자들이 서로 공감하는 이야기로 위로받는 심리를 반영해 마케팅에 활용하는 '스토리슈머 마케팅' 사례가 늘고 있다. 이는 소비자의 구매 요인이 기능에서 감성 중심으로 이동함에 따라 이야기를 소재로 하는 마케팅의 중요성이 늘어난 것을 반영한다. 특히 재미와 감성을 자극하는 콘텐츠 위주로 소비자들 사이에서 자연스럽게 스토리가 공유·확산되도록 유도할 수 있다.

① 스토리슈머 마케팅은 기존 마케팅보다 비용이 더 든다.
② 스토리슈머 마케팅은 재미있는 이야기여야만 마케팅 가치를 가진다.
③ 스토리슈머 마케팅은 제품의 기능을 더욱 강조한다.
④ 스토리슈머 마케팅은 현재 소비자들의 구매 요인을 파악한 마케팅 방안이다.
⑤ 모든 소비자는 이야기를 통해 위로받고 싶어 한다.

광고는 문화 현상이다. 이 점에 대해서 의심하는 사람은 거의 없다. 그럼에도 불구하고 많은 사람들이 광고를 단순히 경제적인 영역에서 활동하는 상품 판매 도구로만 인식하고 있다. 이와 같이 광고를 경제현상에 집착하여 논의하게 되면 필연적으로 극단적인 옹호론과 비판론으로 양분될 수밖에 없다. 예컨대, 옹호론에서 보면 마케팅적 설득이라는 긍정적 성격이 부각되는 반면, 비판론에서는 이데올로기적 조작이라는 부정적 성격이 두드러지는 이분법적 대립이 초래된다는 것이다.

물론 광고는 숙명적으로 상품 판촉수단으로서의 굴레를 벗어날 수 없다. 상품광고가 아닌 공익광고나 정치광고 등도 현상학적으로는 상품 판매를 위한 것이 아니라 할지라도, 본질적으로 상품과 다를 바 없이 이념과 슬로건, 그리고 정치적 후보들을 판매하고 있다.

그런데 현대적 의미에서 상품 소비는 물리적 상품 교환에 그치는 것이 아니라 기호와 상징들로 구성된 의미 교환 행위로 파악된다. 따라서 상품은 경제적 차원에만 머무르는 것이 아니라 문화적 차원에서 논의될 필요가 있다. 현대사회에서 상품은 기본적으로 물질적 속성의 유용성과 문제적 속성의 상징성이 이중적으로 중첩되어 있다. 더구나 최근 상품의 질적인 차별이 없어짐으로써 상징적 속성이 더욱더 중요하게 되었다.

현대 광고에 나타난 상품의 모습은 초기 유용성을 중심으로 물질적 기능이 우상으로 숭배되는 모습에서, 근래 상품의 차이가 사람의 차이가 됨으로써 기호적 상징이 더 중요시되는 토테미즘 양상으로 변화되었다고 한다. 이와 같은 광고의 상품 '채색' 활동 때문에 현대사회의 지배적인 '복음'은 상품의 소유와 소비를 통한 욕구 충족에 있다는 비판을 받는다. 광고는 상품과 상품이 만들어 놓는 세계를 미화함으로써 개인의 삶과 물질적 소유를 보호하기 위한 상품 선택의 자유와 향락을 예찬한다.

이러한 맥락에서 오늘날 광고는 소비자와 상품 사이에서 일어나는 일종의 담론이라고 할 수 있다. 광고 읽기는 단순히 광고를 수용하거나 해독하는 행위에 그치지 않고 '광고에 대한 비판적인 안목을 갖고 비평을 시도하는 것'을 뜻한다고 할 수 있다.

① 대상을 새로운 시각으로 바라보고, 이해할 수 있게 하였다.
② 대상의 의미를 통시적 관점으로 고찰하고 있다.
③ 대상의 문제점을 파악하고 나름의 해결책을 모색하고 있다.
④ 대상에 대한 견해 중 한쪽에 치우쳐 논리를 전개하고 있다.
⑤ 대상에 대한 상반된 시각을 예시를 통해 소개하고 있다.

43 A, B, C, D, E가 순서대로 퀴즈게임을 해서 벌칙 받을 사람 1명을 선정하고자 한다. 다음 게임 규칙과 결과에 근거할 때, 항상 옳은 것을 〈보기〉에서 모두 고르면?

- 규칙
  - A → B → C → D → E 순서대로 퀴즈를 1개씩 풀고, 모두 한 번씩 퀴즈를 풀고 나면 한 라운드가 끝난다.
  - 퀴즈 2개를 맞힌 사람은 벌칙에서 제외되고, 다음 라운드부터는 게임에 참여하지 않는다.
  - 라운드를 반복하여 맨 마지막까지 남는 한 사람이 벌칙을 받는다.
  - 벌칙을 받을 사람이 결정되면 라운드 중이라도 더 이상 퀴즈를 출제하지 않는다.
  - 게임 중 동일한 문제는 출제되지 않는다.
- 결과
  3라운드에서 A는 참가자 중 처음으로 벌칙에서 제외되었고, 4라운드에서는 오직 B만 벌칙에서 제외되었으며, 벌칙을 받을 사람은 5라운드에서 결정되었다.

〈보기〉

ㄱ. 5라운드까지 참가자들이 정답을 맞힌 퀴즈는 총 9개이다.
ㄴ. 게임이 종료될 때까지 총 22개의 퀴즈가 출제되었다면, E는 5라운드에서 퀴즈의 정답을 맞혔다.
ㄷ. 게임이 종료될 때까지 총 21개의 퀴즈가 출제되었다면, 퀴즈를 푸는 순서가 벌칙을 받을 사람 선정에 영향을 미친 것으로 볼 수 있다.

① ㄱ
② ㄴ
③ ㄱ, ㄷ
④ ㄴ, ㄷ
⑤ ㄱ, ㄴ, ㄷ

44 다음은 2021년 테니스 팀 A~E의 선수 인원수 및 총연봉과 각각의 전년 대비 증가율에 대한 자료이다. 이에 대한 설명으로 옳지 않은 것은?

〈2021년 테니스 팀 A~E의 선수 인원수 및 총연봉〉

(단위 : 명, 억 원)

테니스 팀	선수 인원수	총연봉
A	5	15
B	10	25
C	10	24
D	6	30
E	6	24

※ (팀 선수 평균 연봉)＝$\dfrac{(총연봉)}{(선수 \ 인원수)}$

〈2021년 테니스 팀 A~E의 선수 인원수 및 총연봉의 전년 대비 증가율〉

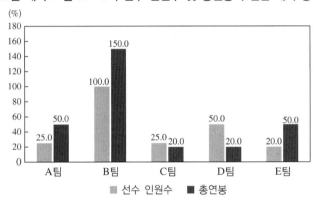

① 2021년 테니스 팀 선수당 평균 연봉은 D팀이 가장 많다.

② 2021년 전년 대비 증가한 선수 인원수는 C팀과 D팀이 동일하다.

③ 2021년 A팀의 팀 선수 평균 연봉은 전년 대비 증가하였다.

④ 2021년 선수 인원수가 전년 대비 가장 많이 증가한 팀은 총연봉도 가장 많이 증가하였다.

⑤ 2020년 총연봉은 A팀이 E팀보다 많다.

45 다음은 2005 ~ 2020년 상품 대비 서비스 무역수지 추이에 대한 그래프이다. 이 자료를 보고 판단한 것 중 올바르지 않은 것은?

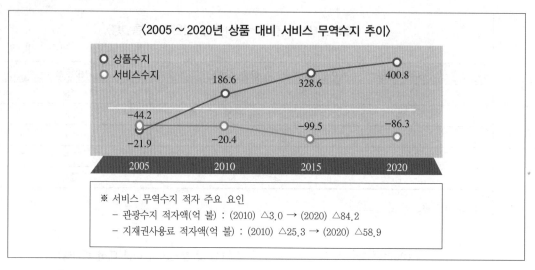

① 2005년에는 상품과 서비스 무역이 모두 적자였다.

② 2010년에 들어와서 상품수지는 흑자로 전환했으며, 2020년까지 이를 이어갔다.

③ 서비스 무역수지의 가장 큰 적자 요인은 관광서비스의 수지악화로 볼 수 있다.

④ 서비스 무역수지를 악화시킨 요인은 주로 관광수지이며, 2010년부터 2020년까지의 지적재산권 수지는 큰 영향을 끼치지 않았다고 볼 수 있다.

⑤ 2020년의 상품 대비 서비스 무역수지의 차이가 가장 크며, 지금까지의 추세로 본다면 이 격차는 좀 더 크게 벌어질 것으로 예측할 수 있다.

46 김 팀장은 매주 화요일 팀원이 모두 참여하는 팀 회의를 통해 중요한 사항에 대해 함께 결정한다. 처음에는 회의로 인해 개인 업무를 처리할 시간이 줄어들 것이라는 팀원들의 걱정도 있었지만, 우려와 달리 많은 장점을 발견하게 되었다. 다음 중 김 팀장이 발견한 조직 내 집단의사결정의 장점으로 적절하지 않은 것은?

① 각자 다른 시각으로 문제를 바라봄에 따라 다양한 견해를 가지고 접근할 수 있다.

② 결정된 사항에 대하여 구성원들이 보다 수월하게 수용할 수 있다.

③ 구성원 간 의사소통의 기회가 향상된다.

④ 더 많은 지식과 정보로 효과적인 결정을 하도록 돕는다.

⑤ 의견이 서로 불일치하더라도 빠르게 의사결정을 완료할 수 있다.

47 다음 사례 중 경영활동을 이루는 구성요소를 감안할 때 경영활동을 수행하고 있다고 볼 수 없는 것은?

> (가) 다음 시즌 우승을 목표로 해외 전지훈련에 참여하여 열심히 구슬땀을 흘리고 있는 선수단과 이를 운영하는 구단 직원들
>
> (나) 자발적인 참여로 뜻을 같이한 동료들과 함께 매주 어려운 이웃을 찾아다니며 봉사활동을 펼치고 있는 S씨
>
> (다) 교육지원대대장으로서 사병들의 교육이 원활히 진행될 수 있도록 훈련장 관리와 유지에 최선을 다하고 있는 원 대령과 참모진
>
> (라) 영화 촬영을 앞두고 시나리오와 제작 콘셉트를 회의하기 위해 모인 감독 및 스태프와 출연 배우들
>
> (마) 대기업을 그만두고 가족들과 함께 조그만 무역회사를 차려 손수 제작한 밀짚 가방을 동남아로 수출하고 있는 B씨

① (가)　　　　　　　　　　② (나)

③ (다)　　　　　　　　　　④ (라)

⑤ (마)

48 경영참가제도는 근로자를 경영과정에 참가하게 하여 공동으로 문제를 해결하고 이를 통해 노사 간의 균형을 이루며, 상호신뢰로 경영의 효율을 향상시키는 제도이다. 경영참가제도의 유형은 자본참가, 성과참가, 의사결정참가로 구분되는데, 다음 중 자본참가에 해당하는 사례는?

① 임직원들에게 저렴한 가격으로 일정 수량의 주식을 매입할 수 있게 권리를 부여한다.

② 위원회제도를 활용하여 근로자의 경영참여와 개선된 생산의 판매가치를 기초로 성과를 배분한다.

③ 부가가치의 증대를 목표로 하여 이를 노사협력체제를 통해 달성하고, 이에 따라 증가된 생산성 향상분을 노사 간에 배분한다.

④ 천재지변의 대응, 생산성 하락, 경영성과 전달 등과 같이 단체교섭에서 결정되지 않은 사항에 대하여 노사가 서로 협력할 수 있도록 한다.

⑤ 노동자 또는 노동조합의 대표가 기업의 최고결정기관에 직접 참가해서 기업경영의 여러 문제를 노사 공동으로 결정한다.

49 다음은 A회사의 직무전결표의 일부분이다. 이에 따라 문서를 처리하였을 경우 올바르지 않은 것은?

직무 내용	대표이사	위임 전결권자		
		전무	이사	부서장
정기 월례 보고				○
각 부서장급 인수인계		○		
3천만 원 초과 예산 집행	○			
3천만 원 이하 예산 집행		○		
각종 위원회 위원 위촉	○			
해외 출장			○	

① 인사부장의 인수인계에 관하여 전무에게 결재받은 후 시행하였다.

② 인사징계위원회 위원을 위촉하기 위하여 대표이사 부재중에 전무가 전결하였다.

③ 영업팀장의 해외 출장을 위하여 이사에게 사인을 받았다.

④ 3천만 원에 해당하는 물품 구매를 위하여 전무 전결로 처리하였다.

⑤ 정기 월례 보고서를 작성한 후 부서장의 결재를 받았다.

50 다음 제시된 조직의 특성으로 적절한 것은?

> G공사의 사내 봉사 동아리에 소속된 70여 명의 임직원이 연탄 나르기 봉사활동을 펼쳤다. 이날 임직원들은 지역 주민들이 보다 따뜻하게 겨울을 날 수 있도록 연탄 총 3,000장과 담요를 직접 전달했다. 사내 봉사 동아리에 소속된 김 대리는 "매년 진행하는 연말 연탄 나눔 봉사활동을 통해 지역사회에 도움의 손길을 전할 수 있어 기쁘다."라며 "오늘의 작은 손길이 큰 불씨가 되어 많은 분들이 따뜻한 겨울을 보내길 바란다."라고 말했다.

① 인간관계에 따라 형성된 자발적인 조직

② 이윤을 목적으로 하는 조직

③ 규모와 기능 그리고 규정이 조직화되어 있는 조직

④ 조직구성원들의 행동을 통제할 장치가 마련되어 있는 조직

⑤ 공익을 요구하지 않는 조직

※ 다음은 산업재해의 원인을 설명하는 4M의 내용이다. 이어지는 질문에 답하시오. [46~47]

〈산업재해의 원인을 설명하는 4M〉	
Man (사람)	① 심리적 요인 : 억측 판단, 착오, 생략 행위, 무의식 행동, 망각 등 ② 생리적 요인 : 수면 부족, 질병, 고령 등 ③ 사회적 요인 : 사업장 내 인간관계, 리더십, 팀워크, 소통 등의 문제
Machine (기계, 설비)	① 기계, 설비의 설계상 결함 ② 점검, 정비의 결함 ③ 구조 불량 ④ 위험방호 불량 등
Media (작업정보, 방법, 환경)	① 작업계획, 작업절차 부적절 ② 정보 부적절 ③ 보호구 사용 부적절 ④ 작업 공간 불량 ⑤ 작업 자세, 작업 동작의 결함 등
Management (관리)	① 관리조직의 결함 ② 건강관리의 불량 ③ 배치의 불충분 ④ 안전보건교육 부족 ⑤ 규정, 매뉴얼 불철저 ⑥ 자율안전보건활동 추진 불량 등

46 다음 중 4M을 이해한 내용으로 적절하지 않은 것은?

① 개인의 단순한 부주의로 일어난 사고는 4M 중 Man에 해당된다고 볼 수 있어.

② 좁은 공간에서 일하면서 일어난 사고는 4M 중 Media에 속하겠구나.

③ 기계 점검을 충실히 하지 않아 일어난 사고는 4M 중 Machine에 해당되겠지?

④ 충분한 안전교육이 이루어지지 않아 일어난 사고는 4M 중 Management에 속해.

⑤ 개인별 당직근무 배치가 원활하지 않아 일어난 사고는 4M 중 Man에 해당된다고 볼 수 있어.

47 다음 (A), (B)의 사례는 4M 중 각각 어느 유형에 속하는가?

> (A) 유해가스 중독으로 작업자 2명이 사망하는 사고가 발생했다. 작업자 1명이 하수관 정비공사 현장에서 오수 맨홀 내부로 들어갔다가 유해가스를 마셔 의식을 잃고 추락했으며, 작업자를 구출하기 위해 다른 작업자가 맨홀 내부로 들어가 구조하여 나오던 중 같이 의식을 잃고 추락해 두 작업자 모두 사망한 것이다. 작업공간이 밀폐된 공간이어서 산소결핍이나 유해가스 등의 우려가 있었기 때문에 구명밧줄이나 공기 호흡기 등을 준비해야 했지만, 준비가 이루어지지 않아 일어난 안타까운 사고였다.
>
> (B) 플라스틱 용기 성형 작업장에서 작업자가 가동 중인 블로우 성형기의 이물질 제거 작업 중 좌우로 움직이는 금형 고정대인 조방 사이에 머리가 끼여 사망하는 사고가 발생했다. 당시 블로우 성형기 전면에 안전장치가 설치되어 있었으나, 안전장치가 제대로 작동하지 않아서 발생한 사고였다.

	(A)	(B)
①	Media	Man
②	Media	Machine
③	Media	Management
④	Management	Man
⑤	Management	Media

48 다음 글을 읽고 이해한 내용으로 가장 적절한 것은?

> 최근 환경오염의 주범이었던 화학회사들이 환경 보호 정책을 표방하고 나섰다. 기업의 분위기가 변하면서 대학의 엔지니어뿐만 아니라 기업에 고용된 엔지니어들도 점차 대체기술, 환경기술, 녹색 디자인 등을 추구하는 방향으로 전환해 가고 있는 것이다.
> 또한, 최근 각광받고 있는 3R의 구호[줄이고(Reduce), 재사용하고(Reuse), 재처리하자(Recycle)]는 엔지니어들로 하여금 미래 사회를 위한 자신들의 역할에 대해 방향을 제시해주고 있다.

① 균형과 조화를 위한 지속가능한 개발의 사례로 볼 수 있어.
② 자연과학기술에 대한 연구개발의 사례로 적절하구나.
③ 개발이라는 이름으로 행해지는 개발독재의 사례로 볼 수 있어.
④ 기술이나 자금을 위한 개발수입의 사례인 것 같아.
⑤ 기업의 생산능률을 위한 조직개발의 사례로 볼 수 있겠구나.

49 다음 빈칸에 들어갈 문장으로 가장 적절하지 않은 것은?

> 기술능력은 직업에 종사하기 위해 모든 사람들이 필요로 하는 능력이며, 이것을 넓은 의미로 확대해 보면 기술교양(Technical Literacy)이라는 개념으로 사용될 수 있다. 즉, 기술능력은 기술교양의 개념을 보다 구체화시킨 개념으로 볼 수 있다. 일반적으로 기술교양을 지닌 사람들은 _____

① 기술학의 특성과 역할을 이해한다.
② 기술과 관련된 이익을 가치화하지 않는다.
③ 기술에 의한 윤리적 딜레마에 대해 합리적으로 반응할 수 있다.
④ 기술체계가 설계되고, 사용되고, 통제되어지는 방법을 이해한다.
⑤ 기술과 관련된 위험을 평가할 수 있다.

50 다음 중 기술의 특징으로 옳지 않은 것은?

① 기술을 설계하고 생산하고 사용하기 위해 Know-why가 필요하다.
② 하드웨어나 인간에 의해 만들어진 비자연적인 대상 혹은 그 이상을 의미한다.
③ 기술은 하드웨어를 생산하는 과정이다.
④ 기술은 정의 가능한 문제를 해결하기 위해 순서화되고 이해가 가능한 노력이다.
⑤ 기술은 인간의 능력을 확장시키기 위한 하드웨어와 그것의 활용을 뜻한다.

| 03 | ICT(정보능력)

46 다음 중 엑셀의 메모에 대한 설명으로 옳지 않은 것은?

① 새 메모를 작성하려면 바로가기 키 [Shift]+[F2]를 누른다.

② 작성된 메모가 표시되는 위치를 자유롭게 지정할 수 있고, 메모가 항상 표시되도록 설정할 수 있다.

③ [메모서식]에서 채우기 효과를 사용하면 이미지를 삽입할 수 있다.

④ 메모의 텍스트 서식을 변경하거나 메모에 입력된 텍스트에 맞도록 메모 크기를 자동으로 조정할 수 있다.

⑤ 피벗 테이블의 셀에 메모를 삽입한 경우 데이터를 정렬하면 메모도 데이터와 함께 정렬된다.

47 다음 〈보기〉 중 워드프로세서의 표시기능에 대한 내용으로 옳은 것을 모두 고르면?

─────〈보기〉─────

(가) 장평은 문자와 문자 사이의 간격을 의미하며, 장평 조절을 통해 가독성을 높일 수 있다.

(나) 상태표시줄에 표시되는 정보로는 현재 쪽, 단 정보, 현재 쪽 내에서의 커서 위치, 삽입 / 수정 상태를 볼 수 있다.

(다) 문서 작성 시 스크롤바를 이용하여 화면을 상·하로 이동할 수 있으나, 좌·우로는 이동할 수 없다.

(라) 조판 부호는 표나 글상자, 그림, 머리말 등을 기호화하여 표시하는 숨은 문자를 말한다.

① (가), (나), (다)
② (나), (라)
③ (가), (다), (라)
④ (다), (라)
⑤ (나), (다), (라)

48 다음 중 컴퓨터 바이러스에 대한 설명으로 적절하지 않은 것은?

① 보통 소프트웨어 형태로 감염되나 메일이나 첨부파일은 감염의 확률이 매우 낮다.

② 사용자가 인지하지 못한 사이 자가 복제를 통해 다른 정상적인 프로그램을 감염시켜 해당 프로그램이나 다른 데이터 파일 등을 파괴한다.

③ 인터넷의 공개 자료실에 있는 파일을 다운로드하여 설치할 때 감염될 수 있다.

④ 온라인 채팅이나 인스턴트 메신저 프로그램을 통해서 전파되기도 한다.

⑤ 소프트웨어뿐만 아니라 하드웨어의 성능에도 영향을 미칠 수 있다.

49 다음 중 Windows에 설치된 프린터의 [인쇄 관리자] 창에서 할 수 있는 작업으로 옳지 않은 것은?

① 인쇄 중인 문서도 강제로 종료시킬 수 있다.

② 인쇄 중인 문서를 일시 정지하고 다른 프린터로 출력하도록 할 수 있다.

③ 현재 사용 중인 프린터를 기본 프린터로 설정할 수 있다.

④ 현재 사용 중인 프린터를 공유하도록 설정할 수 있다.

⑤ 현재 사용 중인 프린터의 기본 설정을 변경할 수 있다.

50 다음 워크시트와 같이 평점이 3.0 미만인 행 전체에 셀 배경색을 지정하고자 한다. 이를 위해 조건부 서식 설정에서 사용할 수식으로 옳은 것은?

	A	B	C	D
1	학번	학년	이름	평점
2	20959446	2	강혜민	3.38
3	21159458	1	김경식	2.60
4	21059466	2	김병찬	3.67
5	21159514	1	장현정	1.29
6	20959476	2	박동현	3.50
7	21159467	1	이승현	3.75
8	20859447	4	이병훈	2.93
9	20859461	3	강수빈	3.84

① $=\$D2<3$

② $=\$D\&2<3$

⑤ $=D2>3$

③ $=D2<3$

④ $=D\$2<3$

51 다음 중 한국수력원자력에서 시행하는 사회공헌 사업이 아닌 것은?

① 행복더함 희망나래   ② 아톰공학교실

③ 안심가로등   ④ 안아드림

52 다음 중 한국수력원자력에서 사용하는 발전설비가 아닌 것은?

① 양수   ② 태양광

③ 풍력   ④ 화력

53 다음 중 일제 말 원불교의 활동으로 옳은 것은?

① 의민단을 조직하여 항일 무장 투쟁을 전개하였다.

② 신사 참배 거부 활동을 전개하였다.

③ 생활 개선을 통한 실력 양성을 전개하였다.

④ 제2의 독립 선언을 계획하였다.

54 다음 중 북한의 주체사상에 대한 내용으로 옳지 않은 것은?

① 김정일이 창시한 혁명사상이다.

② '사람은 모든 것의 주인이며 모든 것을 결정한다.'라는 내용의 사상이다.

③ 국가 주석제를 신설함으로써 주체사상을 공식화했다.

④ 혁명 참여 정신을 키우려는 선전, 선동적 사상이다.

55 다음 중 대한민국 임시정부의 성립 및 성격을 바르게 설명한 것은?

① 우리나라 민간 정부 탄생의 단서를 열어 놓았다.

② 대한민국 정부 요인에 의하여 세워진 망명 정부였다.

③ 한성정부, 대한국민의회 등과 별도로 활동한 정부였다.

④ 1910년 이래의 정부 공백 상태를 벗어나 민족 수난기에 민족사적 정통성을 회복한 것이었다.

3권

제3회 한국수력원자력

NCS 직업기초능력 + 일반상식

www.sdedu.co.kr

〈문항 및 시험시간〉

평가영역	문항 수	시험시간	모바일 OMR 답안채점 / 성적분석 서비스
[공통] 의사소통＋수리＋문제해결＋자원관리 [사무] 조직이해 [기술] 기술 [ICT] 정보 [상식] 회사상식＋한국사	55문항	60분	

제3회 모의고사

| 문항 수 : 55문항 |
| 시험시간 : 60분 |

01 다음은 T자동차 회사의 TV 광고모델 후보 5명에 관한 자료이다. 조건을 적용하여 광고모델을 선정할 때, 총 광고효과가 가장 큰 모델은?(단, 광고는 TV를 통해서만 1년 이내에 모두 방송된다)

〈광고모델별 1년 계약금 및 광고 1회당 광고효과〉

(단위 : 만 원)

광고모델	1년 계약금	1회당 광고효과	
		수익 증대 효과	브랜드 가치 증대 효과
지후	1,000	100	100
문희	600	60	100
석이	700	60	110
서현	800	50	140
슬이	1,200	110	110

〈조건〉

- (총 광고효과)=(1회당 광고효과)×(1년 광고횟수)
- (1회당 광고효과)=(1회당 수익 증대 효과)+(1회당 브랜드 가치 증대 효과)
- (1년 광고횟수)=(1년 광고비)÷(1회당 광고비)
- (1년 광고비)=(3,000만 원)-(1년 계약금)
- (1회당 광고비)=20만 원

① 지후
② 문희
③ 석이
④ 서현
⑤ 슬이

※ 다음 글을 읽고 이어지는 질문에 답하시오. [2~3]

여러 가지 센서 정보를 이용해 사람의 심리상태를 파악할 수 있는 기술을 '감정인식(Emotion Reading)'이라고 한다. 음성인식 기술에 이 기술을 더할 경우 인간과 기계, 기계와 기계 간의 자연스러운 대화가 가능해진다. 사람의 감정 상태를 기계가 진단해보고 기초적인 진료 자료를 내놓을 수도 있다. 경찰 등 수사기관에서도 활용이 가능하다. 실제로 최근 상상을 넘어서는 수준의 놀라운 감정인식 기술이 등장하고 있다. 러시아 모스크바에 본사를 두고 있는 벤처기업 '엔테크랩(NTechLab)'은 뛰어난 안면인식 센서를 활용해 사람의 감정 상태를 상세히 읽어낼 수 있는 기술을 개발했다. 그리고 이 기술을 모스크바시 경찰 당국에 공급할 계획이다.

현재 모스크바시 경찰은 엔테크랩과 이 기술을 수사현장에 어떻게 도입할지 효과적인 방법을 모색하고 있다. 도입이 완료될 경우 감정인식 기술을 수사 현장에 활용하는 세계 최초 사례가 된다. 이 기술을 활용하면 수백만 명이 모여 있는 사람들 가운데서 특정 인상착의가 있는 사람을 찾아낼 수 있다. 또한 찾아낸 사람의 성과 나이 등을 모니터한 뒤 그 사람이 화가 났는지, 스트레스를 받았는지 혹은 불안해하는지 등을 판별할 수 있다.

엔터크랩의 공동창업자인 알렉산드르 카바코프(Alexander Kabakov)는 "번화가에서 수초 만에 테러리스트나 범죄자, 살인자 등을 찾아낼 수 있는 기술"이라며 "경찰 등 수사기관에서 이 기술을 도입할 경우 새로운 차원의 수사가 가능하다."고 말했다. _____ 그는 이 기술이 러시아 경찰 어느 부서에 어떻게 활용될 것인지에 대해 밝히지 않았다. 카바코프는 "현재 CCTV 카메라에 접속하는 방안 등을 협의하고 있지만 아직까지 결정된 내용은 없다."고 말했다.

이 기술이 처음 세상에 알려진 것은 2015년 미국 워싱턴 대학에서 열린 얼굴인식 경연대회에서다. 이 대회에서 엔테크랩의 안면인식 기술은 100만 장의 사진 속에 들어있는 특정인의 사진을 73.3%까지 식별해냈다. 이는 대회에 함께 참여한 구글의 안면인식 알고리즘을 훨씬 앞서는 기록이었다. 여기서 용기를 얻은 카바코프는 아르템 쿠크하렌코(Artem Kukharenko)와 함께 SNS 상에서 연결된 사람이라면 누구든 추적할 수 있도록 만든 앱 '파인드페이스(FindFace)'를 만들었다.

02 윗글을 읽고 이해한 것으로 옳지 않은 것은?

① 엔테크랩의 감정인식 기술은 모스크바시 경찰이 범죄 용의자를 찾는 데 큰 기여를 하고 있다.
② 음성인식 기술과 감정인식 기술이 결합되면 기계가 사람의 감정을 진단할 수도 있다.
③ 감정인식 기술을 이용하면 군중 속에서 특정인을 쉽게 찾을 수 있다.
④ 엔테크랩의 안면인식 기술은 구글의 것보다 뛰어나다.
⑤ 카바코프는 쿠크하렌코와 함께 SNS 상에서 연결된 사람이라면 누구든 찾아낼 수 있는 앱을 개발하였다.

03 빈칸에 들어갈 접속어로 올바른 것은?

① 또한 ② 게다가
③ 그래서 ④ 그러나
⑤ 말하자면

※ 다음은 주요 국가의 연도별 청년층 실업률 추이를 나타낸 자료이다. 이어지는 질문에 답하시오. [4~5]

〈주요 국가의 연도별 청년층(15 ~ 24세) 실업률 추이〉

(단위 : %)

구분	2016년	2017년	2018년	2019년	2020년	2021년
독일	13.6	11.7	10.4	11.0	9.7	8.5
미국	10.5	10.5	12.8	17.6	18.4	17.3
영국	13.9	14.4	14.1	18.9	19.3	20.0
일본	8.0	7.7	7.2	9.1	9.2	8.0
OECD 평균	12.5	12.0	12.7	16.4	16.7	16.2
대한민국	10.0	8.8	9.3	9.8	9.8	9.6

04 위 자료를 보고 판단한 내용 중 옳지 않은 것은?

① 2017년 일본의 청년층 실업률은 3% 이상 감소하였다.

② 대한민국 청년층 실업률은 매년 OECD 평균보다 낮다.

③ 영국은 청년층 실업률이 주요 국가 중에서 매년 가장 높다.

④ 2019년 독일의 전년 대비 청년층 실업률 증가율은 대한민국보다 낮다.

⑤ 2018년 대비 2020년 청년층 실업률 증가량이 OECD 평균보다 높은 나라는 미국, 영국이다.

05 2016년과 비교하여 2021년에 청년층 실업률이 가장 크게 증가한 나라는?

① 독일　　　　　　　　　　② 미국

③ 영국　　　　　　　　　　④ 일본

⑤ 대한민국

06 신도시를 건설 중인 A국 정부는 보행자를 위한 신호등을 설치하려고 하는데, 노인인구가 많은 도시의 특징을 고려하여 신호등의 점멸 신호 간격을 조정하려고 한다. 이와 관련된 A국의 도로교통법이 아래와 같다고 할 때, 5m와 20m 거리의 횡단보도 신호등 점멸시간은 각각 얼마인가?

〈도로교통법 시행령〉

- 일반적으로 성인이 걷는 속도인 60cm/초에 기초해 점멸시간을 정한다.
- 전체길이가 10m를 넘는 횡단보도의 경우, 10m 초과분에 대해서 추가적으로 1.2초/m의 시간을 추가해 점멸시간을 정한다.
- 신도시에 새롭게 건설되는 신호등에 대해서는 추가적으로 3초의 여유시간을 추가해 점멸시간을 정한다.
- 노인이 많은 지역에서는 일반적인 성인이 걷는 속도를 1.5로 나눈 값에 기초해 점멸시간을 정한다.

	5m	20m
①	8.3초	53초
②	8.3초	62초
③	15.5초	53초
④	15.5초	65초
⑤	15.5초	70초

07 다음 문장을 논리적 순서대로 배열한 것은?

(A) 또한, 내과 교수팀은 "이번에 발표된 치료성적은 치료 중인 많은 난치성 결핵환자들에게 큰 희망을 줄 수 있을 것"이라고 발표했다.

(B) A병원 내과 교수팀은 결핵 및 호흡기학회에서 그동안 치료가 매우 어려운 것으로 알려진 난치성 결핵의 치료성공률을 세계 최고 수준인 80%로 높였다고 발표했다.

(C) 완치가 거의 불가능한 난치성 결핵균에 대한 치료성적이 우리나라가 세계 최고 수준인 것으로 발표되어 치료 중인 환자와 가족들에게 희소식이 되고 있다.

(D) 내과 교수팀은 지난 10년간 A병원에서 치료한 결핵환자 155명의 치료성적을 분석한 결과, 치료성공률이 49%에서 57%, 현재는 80%에 이르렀다고 발표했다.

① (A) − (B) − (C) − (D)

② (C) − (B) − (D) − (A)

③ (C) − (A) − (D) − (B)

④ (A) − (D) − (C) − (B)

⑤ (B) − (C) − (A) − (D)

08 정부는 지나친 음주와 흡연으로 인한 사회문제의 발생을 막기 위해 술과 담배에 세금을 부과하려고 한다. 이때 부과할 수 있는 세금에는 종가세와 정액세가 있다. 술과 담배를 즐기는 A씨의 소비량과 술, 담배 예상 세금 부과량이 아래와 같을 때, 조세 수입 극대화를 위해서 각각 어떤 세금을 부과해야 하며, 이때 조세 총수입은 얼마인가?

〈술, 담배 가격 및 A씨의 소비량〉

구분	가격	현재 소비량	세금 부과 후 예상 소비량
술	2,000원	50병	20병
담배	4,500원	100갑	100갑

〈술, 담배 예상 세금 부과량〉

구분	예상 종가세 세율	예상 정액세 개당 세액
술	20%	300원
담배		800원

※ 종가세 : 가격의 일정 비율을 세금으로 부과하는 제도
※ 정액세 : 가격과 상관없이 판매될 때마다 일정한 액수의 세금을 부과하는 제도

	술	담배	조세 총수입
①	정액세	종가세	99,000원
②	정액세	종가세	96,000원
③	정액세	정액세	86,000원
④	종가세	정액세	88,000원
⑤	종가세	종가세	98,000원

09 다음 글을 통해 알 수 있는 내용이 아닌 것은?

인간의 사유는 특정한 기준을 바탕으로 다른 것과의 차이를 인식하는 것이라 할 수 있다. 이때의 기준을 이루는 근간(根幹)은 당연히 현실 세계의 경험과 인식이다. 하지만 인간은 현실적 경험으로 인식되지 않는 대상을 사유하기도 하는데, 그중 하나가 신화적 사유이며, 이는 상상력의 산물이다.

상상력은 통념(通念)상 현실과 대립되는 위치에 속한다. 또한, 현대 문명에서 상상력은 과학적·합리적 사고와 반대되는 사유 체계로 간주되기도 한다. 그러나 신화적 사유를 떠받치고 있는 상상력은 '현실적 – 비현실적', '논리적 – 비논리적', '합리적 – 비합리적' 등과 같은 단순한 양항 체계 속으로 환원될 수 없다.

초기 인류학에서는 근대 문명과 대비시켜 신화적 사유를 미개한 존재들의 미숙한 단계의 사고로 간주(看做)했었다. 이러한 입장을 대표하는 레비브륄에 따르면 미개인은 논리 이전의 사고방식과 비현실적 감각을 가진 존재이다. 그러나 신화 연구에 적지 않은 영향을 끼쳤고 오늘날에도 여전히 유효한 레비스트로스의 논의에 따르면 미개인과 문명인의 사고방식은 사물을 분류하는 방식과 주된 관심 영역 등이 다를 뿐, 어느 것이 더 합리적이거나 논리적이라고 할 수는 없다. 또한, 그것은 세계를 이해하는 두 가지의 서로 다른 방식 혹은 태도일 뿐이다. 신화적 사유를 비롯한 이른바 미개인의 사고방식을 가리키는 레비스트로스가 말하는 '야생의 사고'는, 이러한 사고방식이 근대인 혹은 문명인 못지않게 질서와 체계에 민감하고 그 나름의 현실적, 논리적, 합리적 기반을 갖추고 있음을 함축하고 있는 개념이다.

레비스트로스의 '야생의 사고'는 신화시대와 신화적 사유를 근대적 문명에 입각한 발전론적 시각이 아닌 상대주의적 시각으로 바라보았다는 점에서 의미가 크다. 그러나 그가 신화 자체의 사유 방식이나 특성을 특정 시대의 것으로 한정(限定)하는 오류를 범하고 있다는 점에 유의해야 한다. 과거 신화시대에 생겨난 신화적 사유는, 신화가 재현되고 재생되는 한 여전히 시간과 공간을 뛰어넘어 현재화되고 있기 때문이다.

이상에서 보듯이 신화적 사유는 현실적·경험적 차원의 '진실'이나 '비진실'로 구분될 수 없다. 신화는 허구적이거나 진실한 것 모두를 '재료'로 사용할 수 있으며, 이러한 재료들은 신화적 사유 고유의 규칙과 체계에 따라 배열된다. 그러므로 신화 텍스트에서 이러한 재료들의 구성 원리를 밝히는 것은 그 신화에 반영된 신화적 사유 체계를 밝히는 것이라 할 수 있다. 또한, 이는 신화를 공유하고 전승(傳承)해 왔던 집단의 원형적 사유 체계에 접근하는 작업이라고도 할 수 있다.

① 신화적 사유는 그 고유의 규칙과 체계를 갖고 있다.
② 신화적 사유는 상상력의 산물이라 할 수 있다.
③ 신화적 사유는 특정 시대의 사유 특성에 한정된다.
④ 신화적 상상력은 상상력에 대한 통념적 인식과 차이가 있다.
⑤ 신화적 사유에 대한 레비스트로스의 논의는 의의와 한계가 있다.

10 영업사원 A가 다음 〈조건〉에 따라 도시를 방문할 때, 도시를 방문할 수 있는 방법의 수는?

〈조건〉

- 출발지는 상관없이 세 도시를 방문해야 한다.
- 같은 도시를 방문하지 않는다.
- 선 위에 있는 숫자는 거리(km)이다.
- 도시를 방문하는 순서 및 거리가 다르더라도 동일 도시를 방문하면 한 가지 방법이다.
- 도시를 방문하는 거리가 80km를 초과할 수 없다.
- 도시를 방문하는 방법 중 최소 거리로만 계산한다.

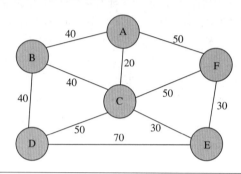

① 9가지　　　　　　　　　　　② 10가지
③ 11가지　　　　　　　　　　　④ 12가지
⑤ 13가지

11 다음 제시된 단락을 읽고 이어질 단락을 논리적 순서에 맞게 올바르게 배열한 것은?

> '낙수 이론(Trickle Down Theory)'은 '낙수 효과(Trickle Down Effect)'에 의해서 경제 상황이 개선될 수 있다는 것을 골자로 하는 이론이다. 이 이론은 경제적 상위계층의 생산 혹은 소비 등의 전반적 경제활동에 따라 경제적 하위계층에게도 그 혜택이 돌아간다는 모델에 기반을 두고 있다.

> (A) 한국에서 이 낙수 이론에 의한 경제구조의 변화를 실증적으로 나타내는 것이 바로 70년대 경제 발전기의 경제 발전 방식과 그 결과물이다. 한국은 대기업 중심의 경제 발전을 통해서 경제의 규모를 키웠고, 이는 기대 수명 증가 등 긍정적 결과로 나타났다.
>
> (B) 그러나 낙수 이론에 기댄 경제정책이 실증적인 효과를 낸 전력이 있음에도 불구하고, 낙수 이론에 의한 경제발전모델이 과연 전체의 효용이 바람직하게 증가했는지에 대해서는 비판들이 있다.
>
> (C) 사회적 측면에서는 계층 간 위화감 조성이라는 문제점 또한 제기된다. 결국 상류층이 돈을 푸는 것으로 인하여 하류층의 경제적 상황에 도움이 되는 것이므로, 상류층과 하류층의 소비력의 차이가 여실히 드러나고, 이는 사회적으로 위화감을 조성시킨다는 것이다.
>
> (D) 제일 많이 제기되는 비판은 경제적 상류계층이 경제활동을 할 때까지 기다려야 한다는 낙수 효과의 본질적인 문제점에서 연유한다. 결국 낙수 효과는 상류계층의 경제활동에 의해 이루어지는 것이므로, 당사자가 움직이지 않는다면 발생하지 않기 때문이다.

① (A) – (D) – (B) – (C) 　　② (A) – (C) – (D) – (B)

③ (C) – (A) – (D) – (B) 　　④ (A) – (B) – (D) – (C)

⑤ (A) – (B) – (C) – (D)

12 다음 글의 내용과 상충하는 것을 〈보기〉에서 모두 고르면?

벼슬에 나아감과 물러남의 도리에 밝은 옛 군자는 조금이라도 관직에 책임을 다하지 못하거나 의리의 기준으로 보아 직책을 더 이상 수행할 수 없을 경우, 반드시 몸을 이끌고 급히 물러났습니다. 그들도 임금을 사랑하는 정(情)이 있기에 차마 물러나기 어려웠을 터이나, 정 때문에 주저하여 자신이 물러나야 할 때를 놓치지는 않았으니, 이는 정보다는 의리를 지키지 않을 수 없었기 때문입니다.

임금과 어버이는 일체이므로 모두 죽음으로 섬겨야 할 대상입니다. 그러나 부자관계는 천륜이어서 자식이 어버이를 봉양하는 데 한계가 없지만, 군신관계는 의리로 합쳐진 것이라, 신하가 임금을 받드는 데 한계가 있습니다. 한계가 없는 경우에는 은혜가 항상 의리에 우선하므로 관계를 떠날 수 없지만, 한계가 있는 경우에는 때때로 의리가 은혜보다 앞서기도 하므로 떠날 수 있는 상황이 생기는 것입니다. 의리의 문제는 사람과 때에 따라 같지 않습니다. 공들의 경우는 벼슬에 나가는 것이 의리가 되지만 나에게 공들처럼 하도록 요구해서는 안 되며, 내 경우는 물러나는 것이 의리가 되니 공들에게 나처럼 하도록 바라서도 안 됩니다.

〈보기〉
ㄱ. 부자관계에서는 은혜가 의리보다 중요하다.
ㄴ. 군신관계에서 의리가 은혜에 항상 우선하는 것은 아니다.
ㄷ. 군신관계에서 신하들이 임금에 대해 의리를 실천하는 방식은 누구에게나 동일하다.

① ㄱ
② ㄷ
③ ㄱ, ㄴ
④ ㄴ, ㄷ
⑤ ㄱ, ㄴ, ㄷ

13 다음 〈조건〉에 따라 악기를 배치하고자 할 때, 옳지 않은 것은?

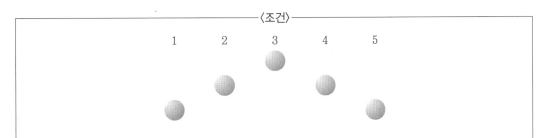

- 목관 5중주는 플루트, 클라리넷, 오보에, 바순, 호른 각 1대씩으로 이루어진다.
- 최상의 음향 효과를 내기 위해서는 음색이 서로 잘 어울리는 악기는 바로 옆자리에 놓아야 하고, 서로 잘 어울리지 않는 악기는 바로 옆자리에 놓아서는 안 된다.
- 오보에와 클라리넷의 음색은 서로 잘 어울리지 않는다.
- 플루트와 클라리넷의 음색은 서로 잘 어울린다.
- 플루트와 오보에의 음색은 서로 잘 어울린다.
- 호른과 오보에의 음색은 서로 잘 어울리지 않는다.
- 바순의 음색과 서로 잘 어울리지 않는 악기는 없다.
- 바순은 그 음이 낮아 제일 왼쪽(1번) 자리에는 놓일 수 없다.

① 플루트는 3번 자리에 놓일 수 있다.
② 클라리넷은 5번 자리에 놓일 수 있다.
③ 오보에는 2번 자리에 놓일 수 있다.
④ 바순은 3번 자리에 놓일 수 없다.
⑤ 호른은 2번 자리에 놓일 수 없다.

※ 다음은 안성 호밀밭 축제와 관련한 자료이다. 자료를 보고 이어지는 질문에 답하시오. [14~15]

▲ 기본정보
• 위치 : 경기도 안성시 ○○읍 ◇◇길 안성 팜랜드
• 개장시간 : 10:00 ~ 18:00(17:00까지 입장)
• 입장료

구분	성인	소인(18세 미만)	기타
평일	12,000원	10,000원	36개월 미만 무료입장
주말	15,000원	12,000원	

▲ 주변 숙박 요금 비교(1박 기준)

구분		A민박	B펜션	C펜션
평일	2인실	45,000원	65,000원	90,000원
	4인실	60,000원	80,000원	100,000원
주말 / 공휴일	2인실	70,000원	80,000원	100,000원
	4인실	95,000원	100,000원	120,000원
추가비용		30,000원/인	25,000원/인	40,000원/인

※ A민박, B펜션, C펜션 모두 최대 4인실까지 있으며, 인원 추가는 최대 2명까지만 가능하다.
※ 추가비용은 주말·평일 동일하다.

14 주희는 토요일에 주희네 가족 4명과 중학생, 초등학생인 사촌동생 2명과 함께 안성 팜랜드를 방문하는 1박 2일 여행을 다녀왔다. 6명이 다 같이 사용할 수 있으며 숙박비가 총 15만 원을 초과하지 않는 방을 예약한 주희는 여행을 다녀와서 총 경비를 정리하였다. 다음 자료를 참고해 총 경비를 올바르게 계산한 것은?(단, 주희네 가족은 모두 성인이고, 안성 팜랜드는 토요일에 방문한다)

• 총 인원 : 6명
• 교통 : 6인승 차량 이용
 − 서울 → 안성 팜랜드(약 1시간 30분 소요)
  주유비 : 약 10,000원 / 통행료 : 약 5,800원
 − 안성 팜랜드 → 서울
  (서울 → 안성 팜랜드 교통 경비와 동일)
• 입장료 : (   )
• 숙박비 : (   )
_____
• 총 경비 : (   )

① 216,500원
② 265,600원
③ 281,000원
④ 285,600원
⑤ 290,000원

15 승준이는 일주일 뒤인 수요일에 친구들과 1박 2일로 안성 팜랜드 방문 및 주변 여행을 위해 A민박에 예약을 하였다. 업체 사정에 따라 7명의 인원이 4인실에 4명, 2인실에 3명으로 나누어 예약하였고 숙박비를 모두 지불했으나, 부득이한 사정으로 못 가게 되었다. 숙박 시설별 환불 규정에 따라 오늘 예약 취소를 할 경우, 승준이가 환불 받는 금액과 지불해야 할 수수료는?

구분	A민박	B펜션	C펜션
30일 전	전액 환불	전액 환불	전액 환불
14일 전	50% 환불, 수수료 5,000원 발생	40% 환불, 수수료 7,000원 발생	35% 환불, 수수료 9,000원 발생
7일 전	30% 환불, 수수료 10,000원 발생	20% 환불, 수수료 12,000원 발생	10% 환불, 수수료 13,000원 발생

▲ 숙박 시설별 환불 규정

※ 예약일 하루 전부터 예약 당일까지는 취소가 불가능하며, 노 쇼(No Show)의 경우에는 환불해드리지 않습니다.

	환불받는 금액	수수료
①	30,000원	10,000원
②	40,500원	10,000원
③	50,000원	5,000원
④	63,000원	12,000원
⑤	120,000원	13,000원

16 중소기업의 생산 관리팀에서 근무하고 있는 귀하는 총 생산 비용의 감소율을 30%로 설정하려고 한다. 1단위 생산 시 단계별 부품 단가가 아래의 자료와 같을 때 ⓐ+ⓑ의 값으로 적절한 것은?

단계	부품 1단위 생산시 투입비용(원)	
	개선 전	개선 후
1단계	4,000	3,000
2단계	6,000	ⓐ
3단계	11,500	ⓑ
4단계	8,500	7,000
5단계	10,000	8,000

① 4,000원
② 6,000원
③ 8,000원
④ 10,000원
⑤ 12,000원

※ 환경문제에 관심이 많은 A사원은 미세먼지에 관한 신문기사를 읽었다. 이어지는 질문에 답하시오. [17~18]

봄철 미세먼지 때문에 야외활동이 힘들다. 미세먼지는 직경 $10\mu m$ 이하의 작은 입자 크기로, $1\mu m$은 0.001mm이다. 이렇게 작은 먼지들을 흡입하게 되면, 몸 밖으로 배출되지 않고 체내에 축적되기 때문에 더욱 위험하다. 폐에 쌓인 미세먼지는 잔기침과 가래를 유발하고, 폐렴이나 호흡곤란을 일으킬 수도 있다. 또, 호흡기를 지나 혈액으로 침투하게 되면 큰 질병으로 번질 우려가 있다. 이외에도 아토피나 알레르기성 피부염 증상을 유발하기도 하고, 결막염의 원인이 되기도 한다. 때문에 세계보건기구(WHO)는 미세먼지를 담배보다 해로운 1급 발암물질로 규정할 만큼 치명적이라고 한다.

이런 미세먼지를 막기 위해서는 어떻게 해야 할까? 전문가들은 야외로 나갈 때는 항상 마스크를 착용하도록 권장하고 있다. 여기서 마스크는 일반 마스크가 아닌 미세먼지 마스크를 말하는데, 일반 마스크로는 미세먼지를 막을 수 없기 때문이다. 그렇다면 미세먼지 전용 마스크에는 어떤 비밀이 숨어 있을까?

미세먼지 마스크의 비밀은 특수 필터와 섬유에 숨어있다. 일반적인 섬유보다 더 가늘게 연사한 나노 섬유(Nano Fiber)를 사용한 특수 필터가 세밀하게 미세먼지를 걸러준다. 게다가, 섬유가 직각으로 교차하는 일반 마스크와는 달리 특수 필터의 섬유는 무작위로 얽혀 있어 틈이 매우 작다. 또한 섬유가 이중, 삼중으로 배치되어 있어 미세먼지들이 통과하지 못하고 걸러지게 제작되었다.

무작위로 얽힌 섬유가 아무리 빼곡할지라도 틈새는 있기 마련이다. 그래서 $2\mu m$보다 작은 먼지들이 통과하지 못하도록 미세먼지 마스크의 특수 섬유는 정전기를 띠고 있다. 정전기를 이용한 특수 섬유에는 부분별로 다른 극성을 띄도록 제작되었다. 그래서 양극(+)이나 음극(−) 중 하나를 띄고 있는 미세먼지 대부분을 잡아낼 수 있는 것이다. _____ 미세먼지 마스크는 이런 구조 탓에 재활용을 할 수 없다는 단점이 있다.

미세먼지 농도를 수시로 확인해서 미세먼지 농도가 높을 때에는 외출을 자제해야 한다. 외출이 불가피한 경우에는 미세먼지 마스크의 착용은 물론 신체노출부위를 최소화할 수 있도록 긴소매의 옷을 입어주는 것이 안전하다. 귀가 후에는 양치질을 통해 몸에 남아있는 미세먼지를 제거해야 한다.

외출을 아무리 자제한다고 해도 실내 미세먼지의 위험이 있을 수 있다. 가정 또는 사무실에서 창문을 열어 놓으면 미세먼지가 유입될 가능성이 높다. 이때에는 공기청정기와 가습기를 이용해 쾌적한 내부 환경을 유지하고, 가급적 많은 양의 물을 마셔서 호흡기를 건조하지 않게 하는 것이 좋다. 또, 실내에서 흡연을 하거나 촛불을 켜는 것도 미세먼지 농도를 높이는 원인이 될 수 있으니 자제하자.

17 글을 읽고 A사원이 동료 직원들에게 조언할 말로 적절하지 않은 것은?

① 외출을 자제한다고 해도 실내에 미세먼지가 있을 수 있으니 공기청정기와 가습기로 적절한 실내 환경을 만들어야 해.

② 가급적 물을 많이 마셔서 호흡기가 건조하지 않도록 하고, 외출 시 신체노출부위를 최소화 하도록 해.

③ 체내에 쌓인 미세먼지는 폐렴을 유발할 수 있고, 혈액으로 침투해 큰 병을 일으킬 수 있으니 조심해야 해.

④ 일반 마스크로는 미세먼지를 막을 수 없으니, 반드시 미세먼지 전용 마스크를 착용하도록 해.

⑤ 미세먼지 전용 마스크는 특수 섬유로 이루어져 있어 대부분의 미세먼지를 막을 수 있고, 여러 번 재사용할 수 있으니 경제적이야.

18 빈칸에 들어갈 접속어로 적절한 것은?

① 하지만　　　　　　　　② 또한
③ 그런데도　　　　　　　④ 그리고
⑤ 요컨대

19 다음 글을 근거로 판단할 때 옳은 것은?

파스타(Pasta)는 밀가루와 물을 주재료로 하여 만든 반죽을 소금물에 넣고 삶아 만드는 이탈리아 요리를 총칭하는데, 파스타 요리의 가장 중요한 재료인 면을 의미하기도 한다.

파스타는 350여 가지가 넘는 다양한 종류가 있는데, 형태에 따라 크게 롱(Long) 파스타와 쇼트(Short) 파스타로 나눌 수 있다. 롱 파스타의 예로는 가늘고 기다란 원통형인 스파게티, 넓적하고 얇은 면 형태인 라자냐를 들 수 있고, 쇼트 파스타로는 속이 빈 원통형인 마카로니, 나선 모양인 푸실리를 예로 들 수 있다.

역사를 살펴보면, 기원전 1세기경에 고대 로마시대의 이탈리아 지역에서 라자냐를 먹었다는 기록이 전해진다. 이후 9 ~ 11세기에는 이탈리아 남부의 시칠리아에서 아랍인들로부터 제조 방법을 전수받아 건파스타(Dried Pasta)의 생산이 처음으로 이루어졌다고 한다. 건파스타는 밀가루에 물만 섞은 반죽으로 만든 면을 말린 것인데, 이는 시칠리아에서 재배된 듀럼(Durum) 밀이 곰팡이나 해충에 취약해 장기 보관이 어려웠기 때문에 저장기간을 늘리고 수송을 쉽게 하기 위함이었다.

듀럼 밀은 주로 파스타를 만들 때 사용하는 특수한 품종으로, 일반 밀과 여러 가지 측면에서 차이가 난다. 일반 밀이 강수량이 많고 온화한 기후에서 잘 자라는 반면, 듀럼 밀은 주로 지중해 지역과 같이 건조하고 더운 기후에서 잘 자란다. 일반 밀로 만든 하얀 분말 형태의 고운 밀가루는 이스트를 넣어 발효시킨 빵과 같은 제품들에 주로 사용되고, 듀럼 밀을 거칠게 갈아 만든 황색의 세몰라 가루는 파스타를 만드는 데 적합하다.

① 속이 빈 원통형인 마카로니는 롱 파스타의 한 종류이다.
② 건파스타 제조 방법은 시칠리아인들로부터 아랍인들에게 최초로 전수되었다.
③ 이탈리아 지역에서는 기원전부터 롱 파스타를 먹은 것으로 보인다.
④ 파스타를 만드는 데 사용하는 세몰라 가루는 곱게 갈아 만든 흰색의 가루이다.
⑤ 듀럼 밀은 곰팡이나 해충에 강해 건파스타의 주재료로 적합하다.

20 다음은 K교통카드의 환불방법에 대한 자료이다. K교통카드에서 근무하고 있는 C사원은 다음 자료를 통해 고객들에게 환불규정을 설명하고자 한다. 다음 중 설명으로 적절하지 않은 것은?

<table>
<tr><td colspan="7" align="center">〈K교통카드 정상카드 잔액환불 안내〉</td></tr>
<tr><td colspan="2" align="center">환불처</td><td align="center">환불금액</td><td align="center">환불방법</td><td align="center">환불수수료</td><td align="center">비고</td></tr>
<tr><td rowspan="2">편의점</td><td>A편의점</td><td>2만 원
이하</td><td rowspan="2">환불처에 방문하여 환불수수료를 제외한 카드잔액 전액을 현금으로 환불받음</td><td rowspan="2">500원</td><td rowspan="6">카드값
환불
불가</td></tr>
<tr><td>B편의점
C편의점
D편의점
E편의점</td><td>3만 원
이하</td></tr>
<tr><td>지하철</td><td>역사 내
K교통카드
서비스
센터</td><td>5만 원
이하</td><td>환불처에 방문하여 환불수수료를 제외한 카드잔액 전액 또는 일부 금액을 현금으로 환불받음
※ 한 카드당 한 달에 최대 50만 원까지 환불 가능</td><td>500원
※ 기본운임(1,250원) 미만 잔액은 수수료 없음</td></tr>
<tr><td rowspan="2">은행
ATM</td><td>A은행</td><td>20만 원
이하</td><td rowspan="2">- 본인 명의의 해당은행 계좌로 환불수수료를 제외한 잔액 이체
※ 환불 불가카드
　- 모바일 K교통카드, Y사 플러스카드</td><td rowspan="2">500원</td></tr>
<tr><td>B은행
C은행
D은행
E은행
F은행</td><td>50만 원
이하</td></tr>
<tr><td colspan="2" align="center">모바일
(P사, Q사, R사)</td><td rowspan="2">50만 원
이하</td><td>- 1인 월 3회, 최대 50만 원까지 환불 가능
: 10만 원 초과 환불은 월 1회, 연 5회 가능
※ App에서 환불신청 가능하며 고객명의 계좌로 환불수수료를 제외한 금액이 입금</td><td>500원
※ 기본운임(1,250원) 미만 잔액은 수수료 없음</td></tr>
<tr><td colspan="2" align="center">K교통카드 본사</td><td>- 1인 1일 최대 50만 원까지 환불 가능
- 5만 원 이상 환불 요청 시 신분확인
(이름, 생년월일, 연락처)
※ 10만 원 이상 고액 환불의 경우 내방 당일 카드잔액 차감 후 익일 18시 이후 계좌로 입금(주말, 공휴일 제외)
※ 지참서류 : 통장사본, 신분증</td><td>월 누적 50만 원까지 수수료 없음
(50만 원 초과 시 수수료 1%)</td></tr>
</table>

- 잔액이 5만 원을 초과하는 경우 K교통카드 본사로 내방하시거나, K교통카드 잔액환불 기능이 있는 ATM에서 해당은행 계좌로 환불이 가능합니다(단, 모바일 K교통카드, Y사 플러스카드는 ATM에서 환불이 불가능합니다).
- ATM 환불은 주민번호 기준으로 월 50만 원까지 가능하며, 환불금액은 해당은행 본인명의 계좌로 입금됩니다.
※ 환불접수처 : K교통카드 본사, 지하철 역사 내 K교통카드 서비스센터, 은행 ATM, 편의점 등
　단, 부분환불 서비스는 K교통카드 본사, 지하철 역사 내 K교통카드 서비스센터에서만 가능합니다.
※ 부분환불 금액 제한 : 환불요청금액 1만 원 이상 5만 원 이하만 부분환불 가능(환불금액단위는 1만 원이며, 이용 건당 수수료는 500원)

① 카드 잔액이 4만 원이고 환불요청금액이 2만 원일 경우, 지하철 역사 내 K교통카드 서비스센터에서 환불이 가능하다.

② 모바일에서 환불 시 카드 잔액이 40만 원일 경우, 399,500원을 환불받을 수 있다.

③ 카드 잔액 30만 원을 전액 환불할 경우, A은행을 제외한 은행 ATM에서 299,500원 환불받을 수 있다.

④ 환불금액이 13만 원일 경우 월 누적 환불금액이 37만 원 이하라면 K교통카드 본사 방문 시 수수료 없이 전액 환불받을 수 있다.

⑤ 카드 잔액 17만 원을 K교통카드 본사에 방문해 환불한다면, 당일 카드잔액을 차감하고 즉시 계좌로 이체받을 수 있다.

21 다음 표는 국가별 자동차 보유 대수를 나타낸 것이다. 다음 중 올바른 것은?

〈국가별 자동차 보유 대수〉

(단위 : 천 대)

구분	총수	승용차	트럭·버스
미국	129,943	104,898	25,045
독일	18,481	17,356	1,125
프랑스	17,434	15,100	2,334
영국	15,864	13,948	1,916
이탈리아	15,673	14,259	1,414
캐나다	10,029	7,823	2,206
호주	5,577	4,506	1,071
네덜란드	3,585	3,230	355

① 자동차 보유 대수에서 승용차가 차지하는 비율이 가장 높은 나라는 프랑스이다.

② 자동차 보유 대수에서 트럭·버스가 차지하는 비율이 가장 높은 나라는 미국이다.

③ 자동차 보유 대수에서 승용차가 차지하는 비율이 가장 낮은 나라는 호주지만, 그래도 90%를 넘는다.

④ 캐나다와 프랑스는 승용차와 트럭·버스의 비율이 3 : 1로 거의 비슷하다.

⑤ 유럽 국가는 미국, 캐나다, 호주와 비교했을 때, 자동차 보유 대수에서 승용차가 차지하는 비율이 높다.

22 다음 중 (가)와 (나)의 예시로 적절하지 않은 것은?

사회적 관계에 있어서 상호주의란 '행위자 갑이 을에게 베푼 바와 같이 을도 갑에게 똑같이 행하라'라는 행위 준칙을 의미한다. 상호주의 원형은 '눈에는 눈, 이에는 이'로 표현되는 탈리오의 법칙에서 발견된다. 그것은 일견 피해자의 손실에 상응하는 가해자의 처벌을 정당화한다는 점에서 가혹하고 엄격한 성격을 드러낸다. 만약 상대방의 밥그릇을 빼앗았다면 자신의 밥그릇도 미련 없이 내주어야 하는 것이다. 그러나 탈리오 법칙은 온건하고도 합리적인 속성을 동시에 함축하고 있다. 왜냐하면 누가 자신의 밥그릇을 발로 찼을 경우 보복의 대상은 밥그릇으로 제한되어야지 밥상 전체를 뒤엎는 것으로 확대될 수 없기 때문이다. 이러한 일대일 방식의 상호주의를 (가) 대칭적 상호주의라 부른다. 하지만 엄밀한 의미의 대칭적 상호주의는 우리의 실제 일상생활에서 별로 흔하지 않다. 오히려 '되로 주고 말로 받거나, 말로 주고 되로 받는' 교환 관계가 더 일반적이다. 이를 대칭적 상호주의와 대비하여 (나) 비대칭적 상호주의라 일컫는다. 그렇다면 교환되는 내용이 양과 질의 측면에서 정확한 대등성을 결여하고 있음에도 불구하고, 교환에 참여하는 당사자들 사이에 비대칭적 상호주의가 성행하는 이유는 무엇인가? 그것은 셈에 밝은 이른바 '경제적 인간(Homo Economicus)'들에게 있어서 선호나 기호 및 자원이 다양하기 때문이다. 말하자면 교환에 임하는 행위자들이 각인각색인 까닭에 비대칭적 상호주의가 현실적으로 통용될 수밖에 없으며, 어떤 의미에서는 그것만이 그들에게 상호 이익을 보장할 수 있는 것이다.

① (가) - A국과 B국 군대는 접경지역에서 포로 5명씩을 맞교환했다.

② (가) - 오늘 우리 아이를 옆집에서 맡아주는 대신 다음에 하루 옆집 아이를 맡아주기로 했다.

③ (가) - 동생이 내 발을 밟아서 볼을 꼬집어주었다.

④ (나) - 필기노트를 빌려준 친구에게 고맙다고 밥을 샀다.

⑤ (나) - 옆집 사람이 우리 집 대문을 막고 차를 세웠기에 타이어에 펑크를 냈다.

23 '샛강을 어떻게 살릴 수 있을까'라는 주제로 토의하고자 한다. ⊙과 ⓒ에 대한 설명으로 적절하지 않은 것은?

> 토의는 어떤 공통된 문제에 대해 최선의 해결안을 얻기 위하여 여러 사람이 의논하는 말하기 양식이다. 패널 토의, 심포지엄 등이 그 대표적 예이다.
> ⊙ 패널 토의는 3~6인의 전문가들이 사회자의 진행에 따라, 일반 청중 앞에서 토의 문제에 대한 정보나 지식, 의견이나 견해 등을 자유롭게 주고받는 유형이다. 토의가 끝난 뒤에는 청중의 질문을 받고 그에 대해 토의자들이 답변하는 시간을 갖는다. 이 질의·응답 시간을 통해 청중들은 관련 문제를 보다 잘 이해하게 되고 점진적으로 해결 방안을 모색하게 된다.
> ⓒ 심포지엄은 전문가가 참여한다는 점, 청중과 질의·응답 시간을 갖는다는 점에서는 패널 토의와 그 형식이 비슷하다. 다만 전문가가 토의 문제의 하위 주제에 대해 서로 다른 관점에서 연설이나 강연의 형식으로 10분 정도 발표한다는 점에서는 차이가 있다.

① ⊙과 ⓒ은 모두 '샛강 살리기'와 관련하여 전문가의 의견을 들은 이후, 질의·응답 시간을 갖는다.

② ⊙과 ⓒ은 모두 '샛강을 어떻게 살릴 수 있을까'라는 문제에 대해 최선의 해결책을 얻기 위함이 목적이다.

③ ⓒ은 토의자가 샛강의 생태적 특성, 샛강 살리기의 경제적 효과 등의 하위 주제를 발표한다.

④ ⊙은 '샛강 살리기'에 대해 찬반 입장을 나누어 이야기한 후 절차에 따라 청중이 참여한다.

⑤ ⓒ은 하위 주제에 대해 서로 다른 관점에서 연설이나 강연의 형식으로 발표를 한다.

다음은 제품 생산에 소요되는 작업 시간과 〈조건〉을 정리한 것이다. 이에 대한 설명으로 옳은 것은?

〈제품 생산에 소요되는 작업시간〉

(단위 : 시간)

제품 \ 작업구분	절삭 작업	용접 작업
a	2	1
b	1	2
c	3	3

〈조건〉

- a, b, c제품을 각 1개씩 생산한다.
- 주어진 기계는 절삭기 1대, 용접기 1대이다.
- 각 제품은 절삭 작업을 마친 후 용접 작업을 해야한다.
- 총작업시간을 최소화하기 위해 제품의 제작 순서는 관계없다.

① 가장 적게 소요되는 총작업시간은 8시간이다.

② 가장 많이 소요되는 총작업시간은 12시간이다.

③ 총작업시간을 최소화하기 위해 제품 b를 가장 늦게 만든다.

④ 총작업시간을 최소화하기 위해 제품 a를 가장 먼저 만든다.

⑤ b → c → a로 작업할 때, b작업 후 1시간 동안 용접을 더 하면 작업 시간이 늘어난다.

1930년대 대공황 상황에서 케인스는 당시 영국과 미국에 만연한 실업의 원인을 총수요의 부족이라고 보았다. 그는 총수요가 증가하면 기업의 생산과 고용이 촉진되고 가계의 소득이 늘어 경기를 부양할 수 있다고 주장했다. 따라서 정부의 재정정책을 통해 총수요를 증가시킬 필요성을 제기하였다.

케인스는 총수요를 늘리기 위해서 총수요 중 많은 부분을 차지하는 가계의 소비에 주목하였고, 소비는 소득과 밀접한 관련이 있다고 생각하였다. 케인스는 절대소득가설을 내세워, 소비를 결정하는 요인들 중에서 가장 중요한 것은 현재의 소득이라고 하였다. 그리고 소득이 없더라도 생존을 위해 꼭 필요한 소비인 기초소비가 존재하며, 소득이 증가함에 따라 일정 비율로 소비도 증가한다고 주장하였다. 이러한 절대소득가설은 1950년대까지 대표적인 소비결정이론으로 사용되었다.

그러나 쿠즈네츠는 절대소득가설로는 설명하기 어려운 소비 행위가 이루어지고 있음에 주목하였다. 쿠즈네츠가 미국에서 장기간에 걸쳐 일어난 각 가계의 실제 소비 행위를 분석한 결과는 절대소득가설로 명확히 설명하기 어려운 것이었다. 이러한 현상을 설명하기 위해 프리드먼은 장기적인 기대소득으로서의 항상소득에 의존한다는 항상소득가설을 내세웠다. 프리드먼은 실제로 측정되는 소득을 실제소득이라 하고, 실제소득은 항상소득과 임시소득으로 구성된다고 보았다. 항상소득이란 평생 동안 벌어들일 것으로 기대되는 소득의 매기 평균 또는 장기적 평균 소득이다. 임시소득은 장기적으로 예견되지 않은 일시적인 소득으로서 양(+)일 수도, 음(−)일 수도 있다. 프리드먼은 소비가 임시소득과는 아무런 상관관계가 없고 오직 항상소득에만 의존한다고 보았으며, 임시소득의 대부분은 저축된다고 설명했다. 사람들은 월급과 같이 자신이 평균적으로 벌어들이는 돈을 고려하여 소비하지, 예상치 못한 복권 당첨이나 주가 하락에 의한 손실을 고려하여 소비하지는 않는다는 것이다.

항상소득가설을 바탕으로 프리드먼은 쿠즈네츠가 발견한 현상을, 단기적인 소득의 증가는 임시소득이 증가한 것에 해당하므로 소비가 늘어나지 않은 것이라고 설명하였다. 항상소득가설에 따른다면 소비를 늘리기 위해서는 단기적인 재정정책보다 장기적인 재정정책을 펴는 것이 바람직하다. 가령 정부가 일시적으로 세금을 줄여 가계의 소득을 증가시키고 그에 따른 소비 진작을 기대한다 해도 가계는 일시적인 소득의 증가를 항상소득의 증가로 받아들이지 않아 소비를 늘리지 않기 때문이다.

① 케인스는 소득이 없어도 기초소비가 발생한다고 보았다.
② 케인스는 대공황 상황에서 총수요를 늘릴 것을 제안했다.
③ 쿠즈네츠는 미국에서 실제로 일어난 소비 행위를 분석하였다.
④ 프리드먼은 쿠즈네츠의 연구 결과를 설명하는 가설을 내놓았다.
⑤ 케인스는 가계가 미래의 소득을 예측하여 소비를 결정한다고 주장했다.

26 다음 글의 논증 구조를 올바르게 파악한 것은?

> ㉠ 동물들의 행동을 잘 살펴보면 동물들도 우리가 사용하는 말 못지않은 의사소통 수단을 가지고 있는 듯이 보인다. ㉡ 즉, 동물들도 여러 가지 소리를 내거나 몸짓을 함으로써 자신들의 감정과 기분을 나타낼 뿐 아니라 경우에 따라서는 인간과 다를 바 없이 의사를 교환하고 있는 듯하다. ㉢ 그러나 그것은 단지 겉모습의 유사성에 지나지 않을 뿐이고 사람의 말과 동물의 소리에는 아주 근본적인 차이가 존재한다는 점을 잊어서는 안 된다. ㉣ 동물들이 사용하는 소리는 단지 배고픔이나 고통 같은 생물학적인 조건에 대한 반응이거나, 두려움이나 분노 같은 본능적인 감정들을 표현하기 위한 것에 지나지 않는다. ㉤ 따라서, 동물들이 내는 소리가 때때로 의사소통의 수단으로 이용된다고 해서 그것을 대화나 토론이나 회의와 같은 언어활동이라고 할 수는 없다.

① ㉠은 논증의 결론으로 주제문이다.
② ㉡은 ㉠의 논리적 결함을 지적한 것이다.
③ ㉢은 ㉠, ㉡을 부정하고 새로운 논점을 제시했다.
④ ㉤은 ㉢, ㉣에 대한 근거이다.
⑤ ㉣은 ㉢에 대한 근거이다.

27 어떤 회사가 A, B, C, D 네 부서에 한 명씩 신입사원을 선발하였다. 지원자는 총 5명이었으며, 선발 결과에 대해 다음과 같이 진술하였다. 이 중 1명의 진술만 거짓으로 밝혀졌다. 다음 중 항상 옳은 것은?

> • 지원자 1 : 지원자 2가 A부서에 선발되었다.
> • 지원자 2 : 지원자 3은 A 또는 D부서에 선발되었다.
> • 지원자 3 : 지원자 4는 C부서가 아닌 다른 부서에 선발되었다.
> • 지원자 4 : 지원자 5는 D부서에 선발되었다.
> • 지원자 5 : 나는 D부서에 선발되었는데, 지원자 1은 선발되지 않았다.

① 지원자 1은 B부서에 선발되었다.
② 지원자 2는 A부서에 선발되었다.
③ 지원자 3은 D부서에 선발되었다.
④ 지원자 4는 B부서에 선발되었다.
⑤ 지원자 5는 C부서에 선발되었다.

28 대구에서 광주까지 편도운송을 하는 A사의 화물차량 운행상황은 아래와 같다. 만약, 적재효율을 기존의 1,000상자에서 1,200상자로 높여 운행 횟수를 줄이고자 한다면, A사가 얻을 수 있는 월 수송비 절감액은?

- 차량 운행대수 : 4대
- 1대당 1일 운행횟수 : 3회
- 1대당 1회 수송비 : 100,000원
- 월 운행일수 : 20일

① 3,500,000원 ② 4,000,000원
③ 4,500,000원 ④ 5,000,000원
⑤ 5,500,000원

29 다음은 산업 및 가계별 대기배출량과 기체별 지구온난화 유발 확률에 관한 자료이다. 어느 부문의 대기배출량을 줄여야 지구온난화 예방에 가장 효과적인가?

〈산업 및 가계별 대기배출량〉

(단위 : 천 톤 CO_2eq.)

구분		이산화탄소	아산화질소	메탄	수소불화탄소
산업부문	전체	45,950	3,723	17,164	0.03
	농업, 임업 및 어업	10,400	810	12,000	0
	석유, 화학 및 관련제품	6,350	600	4,800	0.03
	전기, 가스, 증기 및 수도사업	25,700	2,300	340	0
	건설업	3,500	13	24	0
가계부문		5,400	100	390	0

〈기체별 지구온난화 유발 확률〉

(단위 : %)

구분	이산화탄소	아산화질소	메탄	수소불화탄소
유발 확률	30	20	40	10

① 농업, 임업 및 어업
② 석유, 화학 및 관련제품
③ 전기, 가스, 증기 및 수도사업
④ 건설업
⑤ 가계부문

30 다음 글에서 필자가 주장하는 핵심 내용은?

현대 사회는 대중 매체의 영향을 많이 받는 사회이며, 그중에서도 텔레비전의 영향은 거의 절대적입니다. 언어 또한 텔레비전의 영향을 많이 받습니다. 그런데 텔레비전의 언어는 우리의 언어 습관을 부정적인 방향으로 흐르게 하고 있습니다.

텔레비전은 시청자들의 깊이 있는 사고보다는 감각적 자극에 호소하는 전달 방식을 사용하고 있습니다. 또 현대 자본주의 사회에서의 텔레비전 방송은 상업주의에 편승하여 대중을 붙잡기 위한 방편으로 쾌락과 흥미 위주의 언어를 무분별하게 사용합니다. 결국 텔레비전은 대중의 이성적 사고 과정을 마비시켜 오염된 언어 습관을 무비판적으로 수용하게 합니다. 그렇기 때문에 언어 사용을 통해 발전시킬 수 있는 상상적 사고를 기대하기 어렵게 하며, 창조적인 언어 습관보다는 단편적인 언어 습관을 갖게 만듭니다.

따라서 좋은 말 습관의 형성을 위해서는 또 다른 문화 매체가 필요합니다. 이러한 문제의 대안으로 문학 작품의 독서를 제시하려고 합니다. 문학은 작가적 현실을 언어를 매개로 형상화한 예술입니다. 작가적 현실이 작품으로 형상화되기 위해서는 작가의 복잡한 사고 과정을 거치게 되듯이, 작품을 바르게 이해·해석·평가하기 위해서는 독자의 상상적 사고를 거치게 됩니다. 또한 문학은 아름다움을 지향하는 언어 예술로서 정제된 언어를 사용하므로 문학 작품의 감상을 통해 습득된 언어 습관은 아름답고 건전하리라 믿습니다.

① 쾌락과 흥미 위주의 언어 습관을 지양하고 사고 능력을 기를 수 있는 언어 습관을 길러야 한다.
② 사고 능력을 기르고 건전한 언어 습관을 길들이기 위해서 문학 작품의 독서가 필요하다.
③ 바른 언어 습관의 형성과 건전하고 창의적인 사고를 위해 텔레비전을 멀리 해야 한다.
④ 언어는 자신의 사상을 표현하는 매체일 뿐만 아니라 그것을 사용하는 사람의 인격을 가늠하는 척도이므로 바른 언어 습관이 중요하다.
⑤ 대중 매체가 개인의 언어 습관과 사고 과정에 미치는 영향이 절대적이므로 대중 매체에서 문학작품을 다뤄야 한다.

31 약사인 L씨는 개인약국을 개업하기 위해 부동산을 통하여 시세를 알아보았다. 리모델링이 필요할 경우 100평당 5백만 원의 추가 비용이 들며, 개업 후 한 달 동안 입점해있는 병원 1곳당 초기 입점 비용의 3%의 이윤이 기대된다. A ~ E 다섯 상가의 입점조건이 다음과 같을 때, 어느 곳에 입점하는 것이 가장 이득이겠는가?(단, 최종 비용은 초기 입점 비용과 한 달 간의 이윤을 고려하여 결정한다)

구분	매매가	중개 수수료율	평수	리모델링 필요 여부	병원 입점 수
A상가	9억 2천만 원	0.6%	200평	×	2곳
B상가	8억 8천만 원	0.7%	200평	○	3곳
C상가	9억 원	0.5%	180평	×	1곳
D상가	9억 5천만 원	0.6%	210평	×	1곳
E상가	8억 7천만 원	0.7%	150평	○	2곳

※ 초기 입점 비용 : (매매가)＋(중개수수료)＋(리모델링 비용)

① A상가　　　　　　　　　　② B상가
③ C상가　　　　　　　　　　④ D상가
⑤ E상가

32 다음 그래프를 보고 해석한 것으로 옳은 것은?

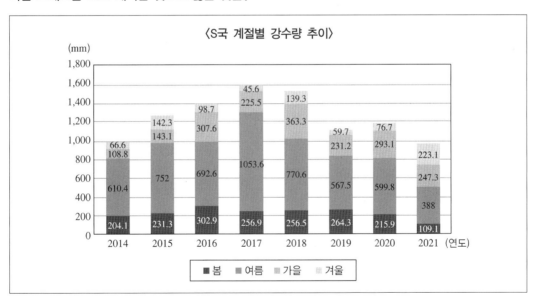

〈S국 계절별 강수량 추이〉

① 2014년부터 2020년까지 가을철 평균 강수량은 210mm 미만이다.
② S국 여름철 강수량은 그 해 강수량의 50% 이상을 차지한다.
③ 강수량이 제일 낮은 해에 우리나라는 가뭄이었다.
④ 전년 대비 강수량의 변화가 가장 큰 해는 2019년이다.
⑤ 여름철 강수량이 두 번째로 높았던 해의 가을·겨울철 강수량의 합은 봄철 강수량의 2배 이상이다.

※ 다음은 서울시 ○○구에 위치한 K은행의 지점을 도식화 한 것이다. 다음의 그림에서 각 마디(Node)는 영업점을, 가지(Link)는 연결 가능한 구간을, 가지 위의 숫자는 두 영업점 간의 거리(Km)를 나타내고 있다. 이어지는 질문에 답하시오. [33~34]

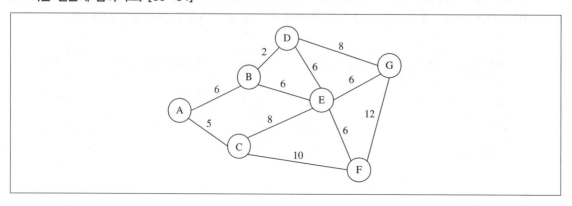

33 A지점은 ○○구의 신규 입주아파트 분양업자와 협약체결을 통하여 분양 중도금 관련 집단대출을 전담하게 되었다. A지점에 근무하는 귀하는 한 입주예정자로부터 평일에는 개인사정으로 인해 영업시간 내에 방문하지 못한다는 문의를 받고 근처 다른 지점에 방문하여 대출신청을 진행할 수 있도록 안내하였다. 다음의 조건을 토대로 입주예정자의 대출신청을 완료할 때까지 걸리는 최소시간은 얼마인가?

─────────〈조건〉─────────
- 입주예정자는 G지점 근처에서 거주하고 있어, 영업시간 내에 언제든지 방문 가능함
- 대출과 관련한 서류는 A지점에서 G지점까지 행낭을 통해 전달함
- 은행 영업점 간 행낭 배송은 시속 60km로 운행하며 요청에 따라 배송지 순서는 변경(생략)할 수 있음 (단, 연결된 구간으로만 운행가능)
- 대출신청서 등 대출 관련 서류는 입주예정자 본인 또는 대리인(대리인증명서 필요)이 작성하여야 함(작성하는 시간은 총 30분이 소요됨)
- 대출신청 완료는 A지점에 입주예정자가 작성한 신청서류가 도착했을 때를 기준으로 함

① 46분
② 49분
③ 57분
④ 1시간 2분
⑤ 1시간 5분

34 은행 지점 간 행낭 배송에 대한 잦은 요청으로 배송 업무의 비효율성이 높아져, 상당한 비용과 인력이 낭비되는 현상을 개선하고자 다음과 같은 규칙을 정하였다. 다음의 규정에 따라 운행할 경우, 하루 동안 발생하는 최소비용은 얼마인가?

〈규칙〉

- 행낭 배송은 오전 1회, 오후 1회로 운영하며, 각 지점에 하루 2회 방문함(단, 오전 배송 마지막 지점은 하루 1회 방문함)
- 행낭 배송은 오전 10:00에 A지점에서부터 시작하며, 오후 16:00에 A지점이 아닌 곳에서 마감함
- 1회 운송 시 관할 구의 모든 지점을 단 한번만 거쳐야 함
- 각 지점에서 갈 수 있는 경로 중 최소거리 경로만을 선택하여 배송함(단, 이미 지나온 경로나 지점은 고려하지 않음)

〈고려사항〉

- 행랑 배송원은 10:00 ~ 16:00까지 근무하며 시간당 10,000원의 급여가 지급됨(점심식대는 시급의 80%를 별도로 지급함)
- 유류비는 1km당 200원을 기준으로 계산하며, 운행거리에 따라 지급함

---

① 53,500원
② 62,200원
③ 80,000원
④ 82,800원
⑤ 84,200원

35 다음은 청소년의 경제의식에 대한 설문조사결과를 정리한 표이다. 이에 대한 설명 중 옳은 것은?

〈경제의식에 대한 설문조사결과〉

(단위 : %)

설문 내용	구분	전체	성별		학교별	
			남	여	중학교	고등학교
용돈을 받는지 여부	예	84.2	82.9	85.4	87.6	80.8
	아니오	15.8	17.1	14.6	12.4	19.2
월간 용돈 금액	5만 원 미만	75.2	73.9	76.5	89.4	60
	5만 원 이상	24.8	26.1	23.5	10.6	40
용돈기입장 기록 여부	기록한다	30	22.8	35.8	31	27.5
	기록 안 한다	70	77.2	64.2	69.0	72.5

① 용돈을 받는 남학생의 비율이 용돈을 받는 여학생의 비율보다 높다.
② 월간 용돈을 5만 원 미만으로 받는 비율은 중학생이 고등학생보다 높다.
③ 고등학생 전체 인원을 100명이라 한다면, 월간 용돈을 5만 원 이상 받는 학생은 40명이다.
④ 용돈기입장은 기록하는 비율이 안하는 비율보다 높다.
⑤ 용돈을 받지 않는 중학생 비율이 용돈을 받지 않는 고등학생 비율보다 높다.

36 귀하는 국내 H은행 영업점에서 외환업무 전문상담원으로 근무하고 있다. 다음 고시된 환율표를 보고 귀하가 이해한 내용으로 올바르지 않은 것은?

〈환율 전광판〉

(단위 : KRW)

통화명	매매기준율	현찰		송금	
		사실 때	파실 때	보내실 때	받으실 때
USD	1,191.70	1,212.55	1,170.85	1,203.30	1,180.10
JPY100	1,052.00	1,070.41	1,033.59	1,062.30	1,041.70
EUR	1,344.71	1,362.18	1,317.96	1,358.15	1,331.27
CNY	182.10	194.84	173.00	183.92	180.28

※ 환전수수료 등 기타비용은 발생하지 않는다고 가정함

① 전신환율과 현찰환율 등 거래 환율을 정하는 데 중심이 되는 환율은 매매기준율이다.
② 고객이 은행에서 외화를 원화로 교환할 때에는 전광판의 '파실 때' 환율이 적용된다.
③ 고객이 여행비를 마련하기 위해 달러가 필요하다면, 1달러당 1,212.55원으로 은행에서 환전할 수 있다.
④ 고객이 보유하고 있는 위안화 ¥3,500을 은행에서 엔화로 환전하면, 약 ¥565.67을 받을 수 있다.
⑤ 고객이 35유로를 원화로 교환하려고 한다면 약 46,128원을 받을 수 있다.

37 다음 글의 핵심 내용으로 가장 적절한 것은?

1948년에 제정된 대한민국 헌법은 공동체의 정치적 문제는 기본적으로 국민의 의사에 의해 결정된다는 점을 구체적인 조문으로 명시하고 있다. 그러나 이러한 공화제적 원리는 1948년에 이르러 갑작스럽게 등장한 것이 아니다. 이미 19세기 후반부터 한반도에서는 이와 같은 원리가 공공 영역의 담론 및 정치적 실천 차원에서 표명되고 있었다.

공화제적 원리는 1885년부터 발행되기 시작한 근대적 신문인 한성주보에서도 어느 정도 언급된 바 있지만 특히 1898년에 출현한 만민공동회에서 그 내용이 명확하게 드러난다. 독립협회를 중심으로 촉발되었던 만민공동회는 민회를 통해 공론을 형성하고 이를 국정에 반영하고자 했던 완전히 새로운 형태의 정치운동이었다. 이것은 전통적인 집단상소나 민란과는 전혀 달랐다. 이 민회는 자치에 대한 국민의 자각을 기반으로 공동생활의 문제들을 협의하고 함께 행동해나가려 하였다. 이것은 자신들이 속한 정치공동체에 대한 소속감과 연대감을 갖지 않고서는 불가능한 현상이었다. 즉 만민공동회는 국민이 스스로 정치적 주체가 되고자 했던 시도였다. 정부가 법을 통해 제한하려고 했던 정치참여를 국민이 스스로 쟁취하여 정치체제를 변화시키고자 하였던 것이다.

19세기 후반부터 한반도에 공화제적 원리가 표명되고 있었다는 사례는 이뿐만이 아니다. 당시 독립협회가 정부와 함께 개최한 관민공동회에서 발표한 헌의6조를 살펴보면 제3조에 "예산과 결산은 국민에게 공표할 일"이라고 명시하고 있는 것을 확인할 수 있다. 이것은 오늘날 재정운용의 기본원칙으로 여겨지는 예산공개의 원칙과 정확하게 일치하는 것으로 국민과 함께 협의하여 정치를 하여야 한다는 공화주의 원리를 보여주고 있다.

① 만민공동회는 전제 정부의 법적 제한에 맞서 국민의 정치 참여를 쟁취하고자 했다.
② 한반도에서 예산공개의 원칙은 19세기 후반 관민공동회에서 처음으로 표명되었다.
③ 예산과 결산이라는 용어는 관민공동회가 열렸던 19세기 후반에 이미 소개되어 있었다.
④ 만민공동회를 통해 대한민국 헌법에 공화제적 원리를 포함시키는 것이 결정되었다.
⑤ 한반도에서 공화제적 원리는 이미 19세기 후반부터 담론 및 실천의 차원에서 표명되고 있었다.

38 S전자의 영업지원팀 무 팀장은 새로 출시한 제품 홍보를 지원하기 위해 월요일부터 목요일까지 매일 남녀 한 명씩 두 사람을 홍보팀으로 보내야 한다. 영업지원팀에는 현재 남자 사원 4명(기태, 남호, 동수, 지원)과 여자 사원 4명(고은, 나영, 다래, 리화)이 근무하고 있으며 다음 〈조건〉을 만족할 때, 옳지 않은 것은?

─────〈조건〉─────

(가) 매일 다른 사람을 보내야 한다.
(나) 기태는 화요일과 수요일에 휴가를 간다.
(다) 동수는 다래의 바로 이전 요일에 보내야 한다.
(라) 고은이는 월요일에는 근무할 수 없다.
(마) 남호와 나영이는 함께 근무할 수 없다.
(바) 지원이는 기태 이전에 근무하지만 화요일은 갈 수 없다.
(사) 리화는 고은이와 나영이 이후에 보낸다.

① 고은이가 수요일에 근무한다면, 기태는 리화와 함께 근무한다.
② 다래가 수요일에 근무한다면, 화요일에는 동수와 고은이가 근무한다.
③ 리화가 수요일에 근무한다면, 남호는 화요일에 근무한다.
④ 고은이가 화요일에 근무한다면, 지원이는 월요일에 근무할 수 없다.
⑤ 지원이가 수요일에 근무한다면, 다래는 화요일에 근무한다.

39 다음은 E기업의 지역별 매장 수 증감과 관련한 표이다. 2019년에 매장이 두 번째로 많은 지역의 매장 개수는?

〈지역별 매장 수 증감〉

(단위 : 개)

지역	2019년 대비 2020년 증감 수	2020년 대비 2021년 증감 수	2021년 대비 2022년 증감 수	2022년 매장 수
서울	2	2	-2	17
경기	2	1	-2	14
인천	-1	2	-5	10
부산	-2	-4	3	10

① 10개   ② 12개
③ 14개   ④ 16개
⑤ 18개

40 다음 글의 중심 주제로 가장 적절한 것은?

맹자는 다음과 같은 이야기를 전한다. 송나라의 한 농부가 밭에 나갔다 돌아오면서 처자에게 말한다. "오늘 일을 너무 많이 했다. 밭의 싹들이 빨리 자라도록 하나하나 잡아당겨줬더니 피곤하구나." 아내와 아이가 밭에 나가보았더니 싹들이 모두 말라 죽어 있었다. 이렇게 자라는 것을 억지로 돕는 일, 즉 조장(助長)을 하지 말라고 맹자는 말한다. 싹이 빨리 자라기를 바란다고 싹을 억지로 잡아 올려서는 안 된다. 목적을 이루기 위해 가장 빠른 효과를 얻고 싶겠지만 이는 도리어 효과를 놓치는 길이다. 억지로 효과를 내려고 했기 때문이다. 싹이 자라기를 바라 싹을 잡아당기는 것은 이미 시작된 과정을 거스르는 일이다. 효과가 자연스럽게 나타날 가능성을 방해하고 막는 일이기 때문이다. 당연히 싹의 성장 가능성은 땅 속의 씨앗에 들어있는 것이다. 개입하고 힘을 쏟고자 하는 대신에 이 잠재력을 발휘할 수 있도록 하는 것이 중요하다. 피해야 할 두 개의 암초가 있다. 첫째는 싹을 잡아당겨서 직접적으로 성장을 이루려는 것이다. 이는 목적성이 있는 적극적 행동주의로서 성장의 자연스러운 과정을 존중하지 않는 것이다. 달리 말하면 효과가 숙성되도록 놔두지 않는 것이다. 둘째는 밭의 가장자리에 서서 자라는 것을 지켜보는 것이다. 싹을 잡아당겨서도 안 되고 그렇다고 단지 싹이 자라는 것을 지켜만 봐서도 안 된다. 그렇다면 무엇을 해야 하는가? 싹 밑의 잡초를 뽑고 김을 매주는 일을 해야 하는 것이다. 경작이 용이한 땅을 조성하고 공기를 통하게 함으로써 성장을 보조해야 한다. 기다리지 못함도 삼가고 아무것도 안함도 삼가야 한다. 작동 중에 있는 자연스런 성향이 발휘되도록 기다리면서도 전력을 다할 수 있도록 돕는 노력도 멈추지 말아야 한다.

① 인류사회는 자연의 한계를 극복하려는 인위적 노력에 의해 발전해 왔다.
② 싹이 스스로 성장하도록 그대로 두는 것이 수확량을 극대화하는 방법이다.
③ 어떤 일을 진행할 때 가장 중요한 것은 명확한 목적성을 설정하는 것이다.
④ 자연의 순조로운 운행을 방해하는 인간의 개입은 예기치 못한 화를 초래할 것이다.
⑤ 잠재력을 발휘하도록 하려면 의도적 개입과 방관적 태도 모두를 경계해야 한다.

41 다음 글을 읽고 추론한 것으로 가장 적절하지 않은 것은?

20세기 후반 학계에서 자유에 대한 논의를 본격화한 장본인은 바로 벌린이었다. 벌린의 주장은, 지금까지 서양 사상사에서 자유는 간섭과 방해의 부재라는 의미의 '소극적 자유'와 공동체에의 참여를 통한 자아실현이라는 의미의 '적극적 자유', 이 두 가지 개념으로 정의돼 왔는데, 그 중 전자만이 진정한 자유라고 할 수 있다는 것이다. 진정한 자유는 사적인 욕망을 억제하고 이성적 삶을 통해 공동체에 적극적으로 참여함으로써 공동체의 공동 자아와 일치되는 자아를 형성할 때 비로소 가능하다는 주장은, 결국 개인의 사적 자유를 침해하는 전제로 이어질 수밖에 없다는 것이다. 소극적 자유가 침해받을 수 없는 배타적 사적 영역을 확보해야 하는 개인으로서의 인간을 강조하는 근대적 인간관과 관련된 것이라면, 적극적 자유는 공동체의 구성원으로서의 공적 행위와 윤리를 실천해야 하는 공민으로서의 인간을 강조하는 고대적 인간관과 관련이 있다.

스키너는 간섭의 부재가 곧 자유를 의미하지는 않는다고 주장했다. 예를 들어, 인자한 주인 밑에서 일하는 노예는 간섭 없이 살아갈 수 있지만 자유롭다고는 할 수 없다. 왜냐하면 노예는 주인의 재량에 종속되어 언제라도 그의 자의적 지배를 받을 수 있기 때문이다. 즉, 자유는 간섭의 부재로만 규정되어서는 안 되고, 더 본질적으로는 종속 혹은 지배의 부재로 규정되어야 한다는 것이다. 왕의 대권이 존재하면 그가 국민을 예종(隷從)의 상태로 몰아넣을 수 있기 때문에 왕정 아래에 있는 국민은 자유롭지 못하다.

자유를 지속적으로 누릴 수 있는지 없는지가 어떤 타인의 자의적 의지에 달려 있다면 현재 사실상 자유를 마음껏 누리고 있다고 해도, 그 사람은 자유인이 아니다. 또한 권리와 자유를 행사할 수 있는 역량이 타인의 의지에 종속되지 않아야 한다. 인간 개개인의 육체가 자신의 의지대로 무엇을 할 수 있거나 혹은 하지 않을 수 있을 때 비로소 자유로운 것처럼, 국민과 국가의 조직체도 그것이 원하는 목표를 실현하기 위해 그 의지에 따라 권력을 행사하는 데 제약받지 않을 때 비로소 자유롭다고 할 수 있다.

① 벌린의 주장에 따르면, 전제군주의 통치 아래에서도 그가 신민을 자유롭게 내버려두면 자유가 확보된다고 말할 수 있다.

② 벌린의 주장에 따르면, 적극적 자유론은 공동체 안에서의 자아실현이라는 미명하에 개인에 대한 통제와 억압을 정당화한다.

③ 스키너의 주장에 따르면, 자유는 시민이 국가의 입법과 정책결정 과정에 평등하게 참여할 수 있을 때 확보될 수 있다.

④ 스키너의 주장에 따르면, 개인의 자유를 최대화하기 위해 공동체가 요구하는 사회적 의무를 간섭으로 생각해서는 안 된다.

⑤ 스키너의 주장에 따르면, 개인의 자유와 공동선은 양립 불가능하다.

42 다음은 건축법 시행령에 의한 용도에 따른 주택의 구분을 설명하는 글이다. 글을 읽고 이해한 것으로 옳은 것은?

- **단독주택**

[단독주택의 형태를 갖춘 가정어린이집 · 공동생활가정 · 지역아동센터 및 노인복지시설(노인복지주택 제외) 포함]

– 단독주택
– 다중주택
  ① 학생 또는 직장인 등 여러 사람이 장기간 거주할 수 있는 구조로 되어 있는 것
  ② 독립된 주거의 형태를 갖추지 아니한 것(실별로 욕실은 설치할 수 있으나, 취사시설은 설치하지 아니할 것)
  ③ 연면적이 330m² 이하이고 층수가 3층 이하인 것
– 다가구주택
  ① 주택으로 쓰는 층수(지하층은 제외)가 3개 층 이하일 것. 다만, 1층 바닥 면적의 2분의 1 이상을 필로티 구조로 하여 주차장으로 사용하고 나머지 부분을 주택 외의 용도로 쓰는 경우에는 해당 층을 주택의 층수에서 제외
  ② 1개 동의 주택으로 쓰는 바닥면적(부설 주차장 면적 제외)의 합계가 660m² 이하일 것
  ③ 19세대 이하가 거주할 수 있을 것

- **공동주택**

[공동주택형태를 갖춘 가정어린이집 · 공동생활가정 · 지역아동센터 · 노인복지시설(노인복지주택 제외) 및 주택법 시행령 제10조 제1항의 원룸형 주택 포함]

– 아파트 : 주택으로 쓰는 층수가 5개 층 이상인 주택
– 연립주택 : 주택으로 쓰는 1개 동의 바닥면적 합계가 660m²를 초과하고 층수가 4개 층 이하인 주택(2개 이상의 동을 지하주차장으로 연결하는 경우에는 각각의 동으로 봄)
– 다세대주택 : 주택으로 쓰는 1개 동의 바닥면적 합계가 660m² 이하이고 층수가 4개 층 이하인 주택(2개 이상의 동을 지하주차장으로 연결하는 경우에는 각각의 동으로 봄)
– 기숙사 : 학교 또는 공장 등의 학생 또는 종업원 등을 위하여 쓰는 것으로 공동취사 등을 할 수 있는 구조이되 독립된 주거의 형태를 갖추지 아니한 것(교육기본법 제27조 제2항에 따른 학생복지주택을 포함)

※ 층수 산정에 있어 아파트와 연립주택의 경우 1층 전부를 필로티 구조로 하여 주차장으로 사용하는 경우에는 필로티 부분을 층수에서 제외하고, 다세대주택의 경우 1층 바닥면적의 2분의 1 이상을 필로티 구조로 하여 주차장으로 사용하고 나머지 부분을 주택 외의 용도로 사용하는 경우에는 해당 층수를 주택의 층수에서 제외

---

① 노인복지주택은 공동주택에 포함된다.
② 모든 단독주택은 3층 이하이다.
③ 1개 동의 주택용도 바닥면적이 600m²이며 주차장이 100m²인 경우 다가구주택에 해당되지 않는 사유가 된다.
④ 1층의 층수 산정 제외 기준은 다세대주택이 아파트보다 더 엄격하다.
⑤ 연립주택과 다세대주택을 구분하는 기준은 1개 동의 바닥면적 차이이다.

※ H공단의 홍보팀에서 일하는 A사원은 H공단의 주요 기술에 관해 설명하는 홍보책자를 제작하려고 한다. 이어지는 질문에 답하시오. [43~44]

〈배전자동화시스템〉

배전자동화시스템이란?

배전자동화시스템은 첨단IT기술을 접목하여 계발된 배전자동화용 단말장치(FRTU)에서 배전설비와 선로의 현장정보(상태 정보, 전류 / 전압, 고장 유무 등)를 취득하여 통신장치를 통해 주장치에 재공함으로써 배전계통 운전 상황을 실시간으로 모니터링 한다. 특히 고장 구간을 신속히 파악함과 동시에 원격제어를 통해 정전 시간을 단축하고 고장 구간을 축소하여 안정적인 전력을 공급하는 시스템이다.

㉠	㉡	㉢
• 배전선로 개폐기의 원격제어 • 개폐기 상태 감시 및 고장 구간 표시 • 배전기기 및 선로의 품질진단 • 배전선로 운전 정보 수집 (전압 / 전류 등) • 고장 분석 및 보고서 출력	• 고품질 전력의 안정적 공급 수요증대(인터넷 증권, 반도체 공장 등) • 신속한 고장 위치 파악 • 고장 구간 분리로 정전 시간 단축 • 신뢰도 높은 배전선로 설비 요구 • 복잡한 배전계통에 대한 효율적인 운전	• 배전자동화를 통한 경제적, 효율적 배전계통 운영 가능 • 배전계통 최적화 운전을 통한 손실 최소화 기대 • 안정적인 고품질의 전력 공급 서비스로 국민 생활 불편 최소화 및 다양한 전력 관련 정보 제공 가능

43 ㉠, ㉡, ㉢에 들어갈 말을 순서대로 짝지어진 것은?

	㉠	㉡	㉢
①	기대효과	필요성	기능
②	기능	기대효과	필요성
③	기능	필요성	기대효과
④	필요성	기대효과	기능
⑤	필요성	기능	기대효과

44 제시된 지문에서 틀린 단어의 개수는?

① 없음　　　　　　　　　　② 1개
③ 2개　　　　　　　　　　④ 3개
⑤ 4개

45 다음 자료를 토대로 귀하가 이해한 내용으로 옳지 않은 것은?

수신자 : 전 부서

제목 : 전자제품 판매 프로모션 안내

당 부서에서는 아래와 같이 전자제품 판매 프로모션을 기획하였으니 업무에 참고하시기 바랍니다.

– 아래 –

1. **기간 :** 2022년 5월 6일(금) ~ 6월 24일(토)
2. **대상 :** 행사 품목 구매 고객 중 응모한 자에 한함
3. **내용 :** 해당 프로모션 당첨자에게 평생 전기세 지원 명목으로 일정 금액을 증정함(무상 A/S지원 포함)
4. **혜택 :** 품목별 혜택이 상이함

품목	혜택	당첨자 수
냉장고	전기세 200만 원 지원, 10년 무상 A/S	2명
에어컨	전기세 200만 원 지원, 5년 무상 A/S	2명
세탁기	전기세 100만 원 지원, 5년 무상 A/S	3명
TV	전기세 50만 원 지원, 5년 무상 A/S	4명
PC	전기세 50만 원 지원, 3년 무상 A/S	4명

5. **기타**
   - 제세공과금(22%, 현금)은 당첨자 본인 부담
   - 지정된 행사 매장에 방문 또는 상담 시 구매여부와 관계없이 당해 다이어리 증정(1,000부 선착순)
   - 8월 중순 당첨자 발표 예정(홈페이지 게시, 개별통보)

별첨1. 프로모션 제품별 가격표　　　　　　　1부

별첨2. 지정 행사장 위치 및 진행 계획　　　　1부

별첨3. 온라인 홍보물　　　　　　　　　　　1부. 끝.

---

① "이번 프로모션은 본 회사 제품을 구매한 고객에게 평생 전기세를 지원하는데 의의를 두고 있겠어."

② "이번 프로모션은 품목별 혜택 크기는 서로 다르긴 하지만 공통적으로 전기세 지원과 무상 A/S를 받을 수 있구나."

③ "전국 매장에 방문하거나 상담 시 구매여부와 관계없이 당해 다이어리를 증정하는구나."

④ "프로모션 당첨자는 제세공과금 22%를 현금으로 부담해야 된다는 것을 응모자들에게 사전에 알려 줄 필요가 있구나."

⑤ "행사 품목 구매 고객 중 응모한 자에 한해서만 프로모션을 진행하는구나."

46 다음 중 대학생인 지수의 일과를 통해 알 수 있는 사실로 옳은 것은?

> 지수는 화요일에 학교 수업, 아르바이트, 스터디, 봉사활동 등을 한다.
> 다음은 지수의 화요일 일과이다.
> • 지수는 오전 11시부터 오후 4시까지 수업이 있다.
> • 수업이 끝나고 학교 앞 프렌차이즈 카페에서 아르바이트를 3시간 동안 한다.
> • 아르바이트를 마친 후, NCS 공부를 하기 위해 스터디를 2시간 동안 한다.
> • 스터디 후에는 전국적으로 운영되는 유기견 보호단체와 함께 봉사활동을 1시간 동안 한다.

① 비공식적이면서 소규모조직에서 3시간 있었다.
② 하루 중 공식조직에서 9시간 있었다.
③ 비영리조직이며 대규모조직에서 6시간 있었다.
④ 영리조직에서 2시간 있었다.
⑤ 비공식적이며 비영리조직에서 2시간 있었다.

47 다음 중 Mintzberg의 구분에 따른 경영자의 역할에 대한 설명으로 옳지 않은 것은?

① 조직 규모의 확대에 따라 경영자도 수직적 분업화가 이루어지는 것이 효율적이다.
② 경영자는 조직의 변화방향을 설정하고 조직의 성과에 책임을 진다.
③ 조직 운영을 위해서는 경영자가 구성원들과 의사소통하는 것이 중요하다.
④ 분쟁 혹은 협상을 조정하는 것은 조직의 의사결정자로서 경영자의 중요한 역할이다.
⑤ Mintzberg의 구분에 따르면, 기업을 둘러싼 외부환경을 모니터링하는 것은 경영자의 역할 중 의사결정적 역할에 포함된다.

48 직장생활을 하면 해외 바이어를 만날 일이 생기기도 한다. 이를 대비해 알아두어야 할 국제매너로 옳지 않은 것은?

① 미국인들과 악수를 할 때에는 손끝만 살짝 잡아서 해야 한다.
② 러시아, 라틴아메리카 사람들은 포옹으로 인사를 하는 경우도 많다.
③ 이라크 사람들은 상대방이 약속시간이 지나도 기다려 줄 것으로 생각한다.
④ 악수를 한 후 명함을 건네는 것이 순서이다.
⑤ 국가에 따라 필요한 예절이 다르기 때문에 사전에 확인해야 한다.

49 다음 상황에서 D사가 해외 시장 개척을 앞두고 기존의 조직구조를 개편할 경우, D사가 추가해야 할 조직으로 보기 어려운 것은?

> D사는 몇 년 전부터 자체 기술로 개발한 제품의 판매 호조로 인해 기대 이상의 수익을 창출하게 되었다. 경쟁 업체들이 모방할 수 없는 독보적인 기술력을 앞세워 국내 시장을 공략한 결과, 이미 더 이상의 국내 시장 경쟁자들은 없다고 할 만큼 탄탄한 시장 점유율을 확보하였다. 이러한 D사의 민 사장은 올 초부터 해외 시장 진출의 꿈을 갖고 필요한 자료를 수집하기 시작하였다. 충분한 자금력을 확보한 D사는 우선 해외 부품 공장을 인수한 후 현지에 생산 기지를 건설하여 국내에서 생산되는 물량의 절반 정도를 현지로 이전 생산하고, 이를 통한 물류비 절감으로 주변국들부터 시장을 넓혀가겠다는 야심찬 계획을 가지고 있다. 한국 본사에서는 내년까지 4 ~ 5곳의 해외 거래처를 더 확보하여 지속적인 해외 시장 개척에 매진한다는 중장기 목표를 대내외에 천명해 둔 상태이다.

① 해외관리팀
② 기업회계팀
③ 외환업무팀
④ 국제법무팀
⑤ 물류팀

50 다음은 직무전결표의 일부분이다. 이에 따른 문서의 결재선으로 가장 적절한 것은?

〈직무전결표〉

직무 내용	위임전결권자			대표이사
	부서장	상무	부사장	
주식관리 - 명의개서 및 제신고		○		
기업공시에 관한 사항				○
주식관리에 관한 위탁계약 체결				○
문서이관 접수	○			
인장의 보관 및 관리	○			
4대 보험 관리		○		
직원 국내출장			○	
임원 국내출장				○

① 신입직원의 고용보험 가입신청을 위한 결재처리 – 대리 김철민 / 부장 전결 박경석
② 박경석 상무의 국내출장을 위한 결재처리 – 대리 서민우 / 부장 박경석 / 상무 전결 최석우
③ 임원변경에 따른 기업공시를 위한 결재처리 – 부장 최병수 / 상무 임철진 / 부사장 전결 신은진
④ 주식의 명의개서를 위한 결재처리 – 주임 신은현 / 부장 전결 최병수
⑤ 최병수 부장의 국내출장을 위한 결재처리 – 대리 서민우 / 부장 박경석 / 상무 대결 최석우 / 부사장 전결

| 02 | 기술(기술능력)

46 다음은 제품 매뉴얼과 업무 매뉴얼에 대한 설명이다. 이에 대한 내용으로 옳지 않은 것은?

> 제품 매뉴얼이란 사용자를 위해 제품의 특징이나 기능 설명, 사용방법과 고장 조치방법, 유지 보수 및 A/S, 폐기까지 제품에 관련된 모든 서비스에 대해 소비자가 알아야 할 모든 정보를 제공하는 것을 말한다. 다음으로 업무 매뉴얼이란 어떤 일의 진행 방식, 지켜야 할 규칙, 관리상의 절차 등을 일관성 있게 여러 사람이 보고 따라할 수 있도록 표준화하여 설명하는 지침서를 말한다.

① 제품 매뉴얼은 제품의 의도된 안전한 사용과 사용 중 해야 할 일 또는 하지 말아야 할 일까지 정의해야 한다.
② '재난대비 국민행동 매뉴얼'은 업무 매뉴얼의 사례로 볼 수 있다.
③ 제품 매뉴얼은 제품의 설계상 결함이나 위험 요소를 대변해야 한다.
④ 제품 매뉴얼과 업무 매뉴얼 모두 필요한 정보를 빨리 찾을 수 있도록 구성되어야 한다.
⑤ 제품 매뉴얼은 혹시 모를 사용자의 오작동까지 고려하여 만들어져야 한다.

47 다음은 기술선택에 대한 설명이다. 이에 대한 내용으로 옳지 않은 것은?

> 기술선택이란 기업이 어떤 기술에 대하여 외부로부터 도입하거나 그 기술을 자체 개발하여 활용할 것인가를 결정하는 것이다. 기술을 선택하는 의사결정은 크게 다음과 같이 두 가지 방법으로 볼 수 있다.
> 먼저 상향식 기술선택(Bottom Up Approach)은 기업 전체 차원에서 필요한 기술에 대한 체계적인 분석이나 검토 없이 연구자나 엔지니어들이 자율적으로 기술을 선택하도록 하는 것이다.
> 다음으로 하향식 기술선택(Top Down Approach)은 기술경영진과 기술기획담당자들에 의한 체계적인 분석을 통해 기업이 획득해야 하는 대상기술과 목표기술수준을 결정하는 것이다.

① 상향식 기술선택은 경쟁기업과의 경쟁에서 승리할 수 없는 기술이 선택될 수 있다.
② 하향식 기술선택은 먼저 기업이 직면하고 있는 외부환경과 보유 자원에 대한 분석을 통해 중·장기적인 사업목표를 설정하는 것이다.
③ 상향식 기술선택은 시장의 고객들이 요구하는 제품이나 서비스를 개발하는 데 부적합한 기술이 선택될 수 있다.
④ 하향식 기술선택은 사업전략의 성공적인 수행을 위해 필요한 기술들을 열거하고, 각각의 기술에 대한 획득의 우선순위를 결정하는 것이다.
⑤ 상향식 기술선택은 기술자들의 창의적인 아이디어를 얻기 어려운 단점을 볼 수 있다.

48 다음 중 실패와 관련된 10가지 교훈으로 옳지 않은 것은?

① 전달되는 중에 항상 과장된다.

② 비난, 추궁할수록 더 큰 실패를 낳는다.

③ 실패 정보는 모으는 것보다 고르는 것이 더 중요하다.

④ 필요한 실패와 일어나선 안 될 실패가 있다.

⑤ 좁게 보면 성공인 것이 전체로 보면 실패일 수 있다.

49 다음 중 기술경영자의 능력으로 옳지 않은 것은?

① 기술을 기업의 전반적인 전략 목표에 통합시키는 능력

② 조직 밖의 기술 이용을 수행할 수 있는 능력

③ 기술을 효과적으로 평가할 수 있는 능력

④ 빠르고 효과적으로 새로운 기술을 습득하고 기존의 기술에서 탈피하는 능력

⑤ 기술 이전을 효과적으로 할 수 있는 능력

50 다음은 산업재해의 어떤 원인인가?

> 시설물 자체 결함, 전기 시설물의 누전, 구조물의 불안정, 소방기구의 미확보, 안전보호장치 결함, 복장·보호구의 결함, 시설물의 배치 및 장소 불량, 작업 환경 결함, 생산 공정의 결함, 경계 표시 설비의 결함 등

① 교육적 원인　　　　　　　　　② 기술적 원인

③ 작업 관리상 원인　　　　　　　④ 불안전한 행동

⑤ 불안전한 상태

46 워드프로세서에서는 일정한 영역(Block)을 지정하여 영역 전체에 특정 명령을 일괄적으로 지정할 수 있다. 다음 중 영역의 지정에 대한 설명으로 옳은 것은?

① 해당 단어 안에 마우스 포인터를 놓고 한 번 클릭하면 한 단어 영역 지정이 가능하다.

② 해당 줄의 왼쪽 끝으로 마우스 포인터를 이동하여 포인터가 화살표로 바뀌고 나서 두 번 클릭하면 한 줄 영역 지정이 가능하다.

③ 해당 문단의 임의의 위치에 마우스 포인터를 놓고 세 번 클릭하면 문단 전체 영역 지정이 가능하다.

④ 문서 내의 임의의 위치에서 [Ctrl]+[E]를 누르면 문서 전체 영역 지정이 가능하다.

⑤ 문서 내의 한 행 왼쪽 끝에서 마우스 포인터가 화살표로 바뀌고 나서 두 번 클릭하면 문서 전체 영역 지정이 가능하다.

47 T사 인사팀에 근무하는 L주임은 다음과 같이 공채 지원자들의 PT면접 점수를 입력한 후 면접 결과를 정리하고자 한다. 이를 위해 [F3] 셀에 〈보기〉와 같은 함수를 입력하고, 채우기 핸들을 이용하여 [F6] 셀까지 드래그했을 때, [F3] ~ [F6] 셀에 나타나는 결괏값으로 올바른 것은?

	A	B	C	D	E	F
1						(단위 : 점)
2	이름	발표내용	발표시간	억양	자료준비	결과
3	조재영	85	92	75	80	
4	박슬기	93	83	82	90	
5	김현진	92	95	86	91	
6	최승호	95	93	92	90	

〈보기〉

=IF(AVERAGE(B3:E3)>=90, "합격", "불합격")

	[F3]	[F4]	[F5]	[F6]
①	불합격	불합격	불합격	합격
②	합격	합격	불합격	불합격
③	합격	불합격	합격	불합격
④	불합격	합격	불합격	합격
⑤	불합격	불합격	합격	합격

48 다음 중 스프레드시트의 고급필터에 관한 설명으로 옳지 않은 것은?

① OR조건은 지정한 조건 중 하나의 조건이라도 만족하는 경우 데이터가 출력되며 조건을 모두 같은 열에 입력해야 한다.

② 원본 데이터와 다른 위치에 추출된 결과를 표시할 수 있으며, 조건에 맞는 특정한 필드(열)만을 추출할 수도 있다.

③ 조건을 지정하거나 특정한 필드만을 추출할 때 사용하는 필드명은 반드시 원본 데이터의 필드명과 같아야 한다.

④ AND조건은 지정한 모든 조건을 만족하는 데이터만 출력되며 조건을 모두 같은 행에 입력해야 한다.

⑤ 고급필터는 자동필터에 비해 복잡한 조건을 사용하거나 여러 필드를 결합하여 조건을 지정할 경우에 사용한다.

49 다음 〈보기〉 중 창고 물품 내역에 대해 작성한 재고량 조사표의 올바른 수정 사항을 모두 고르면?

〈창고 물품 내역〉

- A열 : LCD 모니터 3대, 스캐너 2대, 마우스 2대
- B열 : 스피커 5대, USB 메모리 15개, 키보드 10대
- C열 : 레이저 프린터 3대, 광디스크 4개

〈재고량 조사표〉

구분	입력 장치	출력 장치	저장 장치
수량(개)	14	15	19

〈보기〉

ㄱ. 입력 장치의 수량을 12개로 한다.
ㄴ. 출력 장치의 수량을 11개로 한다.
ㄷ. 저장 장치의 수량을 16개로 한다.

① ㄱ
② ㄴ
③ ㄱ, ㄷ
④ ㄴ, ㄷ
⑤ ㄱ, ㄴ, ㄷ

50 다음 시트에서 상품이 '하모니카'인 악기의 평균매출액을 구하려고 할 때, [E11] 셀에 입력할 수식으로 올바른 것은?

	A	B	C	D	E
1	모델명	상품	판매금액	판매수량	매출액
2	D7S	통기타	₩189,000	7	₩1,323,000
3	LC25	우쿨렐레	₩105,000	11	₩1,155,000
4	N1120	하모니카	₩60,000	16	₩960,000
5	MS083	기타	₩210,000	3	₩630,000
6	H904	하모니카	₩63,000	25	₩1,575,000
7	C954	통기타	₩135,000	15	₩2,025,000
8	P655	기타	₩193,000	8	₩1,544,000
9	N1198	하모니카	₩57,000	10	₩513,000
10	하모니카의 평균 판매수량				17
11	하모니카 평균매출액				₩1,016,000

① =COUNTIF(B2:B9, "하모니카")

② =AVERAGE(E2:E9)

③ =AVERAGEIFS(B2:B9, E2:E9, "하모니카")

④ =AVERAGEA(B2:B9, "하모니카", E2:E9)

⑤ =AVERAGEIF(B2:B9, "하모니카", E2:E9)

51 다음 중 한국수력원자력의 해외사업에 대한 설명으로 옳지 않은 것은?

① 1993년 5월 중국 광동원전 운영정비 기술지원 수행으로 처음 시작되었다.

② ENEC와 동 원전에 대한 운영지원계약을 체결하고 2030년까지 연평균 210명 정도의 발전소 및 운영인력을 공급할 예정이다.

③ 2009년 12월 최초로 한국형원전을 중국에 수출하였다.

④ 단위기술사업을 통해 2022년까지 1억불 이상의 실적을 달성하였다.

52 다음 중 빈칸에 들어갈 말로 적절한 것은?

> 한국수력원자력의 미션은 '_____ 에너지로 삶을 풍요롭게'이다.

① 녹색   ② 친환경

③ 고효율   ④ 신재생

53 다음 밑줄 친 왕에 대한 설명으로 옳은 것은?

> 왕의 이름은 소(昭)이다. 치세 초반에는 신하에게 예를 갖추어 대우하고 송사를 처리하는 데 현명하였다. 빈민을 구휼하고, 유학을 중히 여기며, 노비를 조사하여 풀어 주었다. 밤낮으로 부지런하여 거의 태평의 정치를 이루었다. 중반 이후로는 신하를 많이 죽이고, 불법(佛法)을 지나치게 좋아하며 절도가 없이 사치스러웠다.
>
> – 『고려사절요』

① 쌍기의 건의로 과거제를 실시하였다.

② 12목을 설치하고 지방관을 파견하였다.

③ 호족을 견제하기 위해 사심관과 기인제도를 마련하였다.

④ 승려인 신돈을 등용하여 전민변정도감을 설치하였다.

54 다음 중 3·1 운동의 역사적 의의로 가장 적절한 것은?

① 농민들의 소작 쟁의를 유발했다.

② 윌슨의 민족 자결주의, 중국의 5·4 운동에 자극을 받아 일어난 범세계적 운동이다.

③ 민족주의와 사회주의계의 합작에 의한 단일적 대중 운동이다.

④ 가혹한 식민지 정책에 반발한 전 민족적 민중 구국 운동으로 독립 운동의 방향에 전기를 마련했다.

55 다음 중 과전법과 그 변화에 대한 설명으로 옳지 않은 것은?

① 수신전, 휼양전을 죽은 관료의 가족에게 지급하였다.

② 공음전을 5품 이상의 관료에게 주어 세습을 허용하였다.

③ 세조 대에 직전법으로 바꾸어 현직 관리에게만 수조권을 지급하였다.

④ 성종 대에는 관수관급제를 실시하여 전주의 직접 수조를 지양하였다.

4권

제4회
한국수력원자력

NCS 직업기초능력
+ 일반상식

www.sdedu.co.kr

〈문항 및 시험시간〉

평가영역	문항 수	시험시간	모바일 OMR 답안채점 / 성적분석 서비스
[공통] 의사소통＋수리＋문제해결＋자원관리 [사무] 조직이해 [기술] 기술 [ICT] 정보 [상식] 회사상식＋한국사	55문항	60분	

제4회 모의고사

문항 수 : 55문항
시험시간 : 60분

제 1 영역 직업기초능력

01 다음 글의 내용과 부합하는 것은?

'청렴(淸廉)'은 현대 사회에서 좁게는 반부패와 동의어로 사용되며, 넓게는 투명성과 책임성 등을 포괄하는 통합적 개념으로 사용되고 있다. 유학자들은 청렴을 효제와 같은 인륜의 덕목보다는 하위에 두었지만 군자라면 마땅히 지켜야 할 일상의 덕목으로 중시하였다. 조선의 대표적 유학자였던 이황과 이이는 청렴을 사회 규율이자 개인 처세의 지침으로 강조하였다. 특히 공적 업무에 종사하는 사람이라면 사회 규율로써의 청렴이 개인의 처세와 직결된다는 점에 유념해야 한다고 보았다.

청렴에 대한 논의는 정약용의 『목민심서』에서 본격적으로 나타난다. 정약용은 청렴이야말로 목민관이 지켜야 할 근본적인 덕목이며, 목민관의 직무는 청렴이 없이는 불가능하다고 강조하였다. 정약용은 청렴을 당위의 차원에서 주장하는 기존의 학자들과 달리 행위자 자신에게 실질적 이익이 된다는 점을 들어 설득하고자 하였다. 그는 청렴은 큰 이득이 남는 장사라고 말하면서, 지혜롭고 욕심이 큰 사람은 청렴을 택하지만 지혜가 짧고 욕심이 작은 사람은 탐욕을 택한다고 설명한다. 정약용은 "지자(知者)는 인(仁)을 이롭게 여긴다."라는 공자의 말을 빌려 "지혜로운 자는 청렴함을 이롭게 여긴다."라고 하였다. 비록 재물을 얻는 데 뜻이 있더라도 청렴함을 택하는 것이 결과적으로는 지혜로운 선택이라고 정약용은 말한다. 목민관의 작은 탐욕은 단기적으로 보면 눈 앞의 재물을 취하여 이익을 얻을 수 있겠지만 궁극에는 개인의 몰락과 가문의 불명예를 가져올 수 있기 때문이다.

정약용은 청렴을 지키는 것은 두 가지 효과가 있다고 보았다. 첫째, 청렴은 다른 사람에게 긍정적 효과를 미친다. 목민관이 청렴할 경우 백성을 비롯한 공동체 구성원에게 좋은 혜택이 돌아갈 것이다. 둘째, 청렴한 행위를 하는 것은 목민관 자신에게도 좋은 결과를 가져다준다. 청렴은 그 자신의 덕을 높이는 것일 뿐 아니라 자신의 가문에 빛나는 명성과 영광을 가져다줄 것이다.

① 정약용은 청렴이 목민관이 반드시 지켜야 할 덕목임을 당위론 차원에서 정당화하였다.
② 정약용은 탐욕을 택하는 것보다 청렴을 택하는 것이 이롭다는 공자의 뜻을 계승하였다.
③ 정약용은 청렴한 사람은 욕심이 작기 때문에 재물에 대한 탐욕에 빠지지 않는다고 보았다.
④ 정약용은 청렴이 백성에게 이로움을 줄 뿐 아니라 목민관 자신에게도 이로운 행위라고 보았다.
⑤ 이황과 이이는 청렴을 개인의 처세에 있어 주요 지침으로 여겼으나 사회 규율로는 보지 않았다.

02 다음 글의 밑줄 친 시기에 대한 설명으로 올바른 것은?

하나의 패러다임 형성은 애초에 불완전하지만 이후 연구의 방향을 제시하고 소수 특정 부분의 성공적인 결과를 약속할 수 있을 뿐이다. 그러나 패러다임의 정착은 연구의 정밀화, 집중화 등을 통하여 자기 지식을 확장해 가며 차츰 폭넓은 이론 체계를 구축한다.

이처럼 과학자들이 패러다임을 기반으로 하여 연구를 진척시키는 것을 쿤은 '정상 과학'이라고 부른다. 기초적인 전제가 확립되었으므로 과학자들은 이 시기에 상당히 심오한 문제의 작은 영역들에 집중함으로써, 그렇지 않더라면 상상조차 못했을 자연의 어느 부분을 깊이 있게 탐구하게 된다. 그에 따라 각종 실험 장치들도 정밀해지고 다양해지며, 문제를 해결해 가는 특정 기법과 규칙들이 만들어진다. 연구는 이제 혼란으로서의 다양성이 아니라, 이론과 자연 현상을 일치시켜 가는 지식의 확장으로서의 다양성을 이루게 된다.

그러나 정상 과학은 완성된 과학이 아니다. 과학적 사고방식과 관습, 기법 등이 하나의 기반으로 통일돼 있다는 것일 뿐 해결해야 할 과제는 무수하다. 패러다임이란 과학자들 사이의 세계관 통일이지 세계에 대한 해석의 끝은 아니다.

그렇다면 정상 과학의 시기에는 어떤 연구가 어떻게 이루어지는가? 정상 과학의 시기에는 이미 이론의 핵심 부분들은 정립돼 있다. 따라서 과학자들의 연구는 근본적인 새로움을 좇아가지는 않으며, 다만 연구의 세부 내용이 좀 더 깊어지거나 넓어질 뿐이다. 이러한 시기에 과학자들의 열정과 헌신성은 무엇으로 유지될 수 있을까? 연구가 고작 예측된 결과를 좇아갈 뿐이고, 예측된 결과가 나오지 않으면 실패라고 규정되는 상태에서 과학의 발전은 어떻게 이루어지는가?

쿤은 이 물음에 대하여 '수수께끼 풀이'라는 대답을 준비한다. 어떤 현상의 결과가 충분히 예측된다 할지라도 정작 그 예측이 달성되는 세세한 과정은 대개 의문 속에 있게 마련이다. 자연 현상의 전 과정을 우리가 일목요연하게 알고 있는 것은 아니기 때문이다. 이론으로서의 예측 결과와 실제의 현상을 일치시키기 위해서는 여러 복합적인 기기적, 개념적, 수학적인 방법이 필요하다. 이것이 수수께끼 풀이이다.

① 패러다임을 기반으로 하여 연구를 진척하기 때문에 다양한 학설과 이론이 등장한다.
② 예측된 결과만을 좇을 수밖에 없기 때문에 과학자들의 열정과 헌신성은 낮아진다.
③ 기초적인 전제가 확립되었으므로 작은 범주의 영역에 대한 연구에 집중한다.
④ 과학자들 사이의 세계관이 통일된 시기이기 때문에 완성된 과학이라고 부를 수 있다.
⑤ 이 시기는 문제를 해결해가는 과정보다는 기초 이론에 대한 발견이 주가 된다.

03 다음 자료는 어느 나라의 2020년과 2021년의 노동 가능 인구구성의 변화를 나타낸 것이다. 2020년도와 비교한 2021년도의 상황을 바르게 설명한 것은?

<노동 가능 인구구성의 변화>

구분	취업자	실업자	비경제활동인구
2020년	55%	25%	20%
2021년	43%	27%	30%

① 이 자료에서 실업자의 수는 알 수 없다.
② 실업자의 비율은 감소하였다.
③ 경제활동인구는 증가하였다.
④ 취업자 비율의 증감폭이 실업자 비율의 증감폭보다 작다.
⑤ 비경제활동인구의 비율은 감소하였다.

04 S공사는 사원들의 복지 증진을 위해 안마의자를 구매할 계획이다. S공사의 평가기준이 아래와 같을 때, <보기> 중 어떤 안마의자를 구매하겠는가?

<S공사의 안마의자 구입 시 평가기준>

• 사원들이 자주 사용할 것으로 생각되니 A/S 기간이 2년 이상이어야 한다.
• 사무실 인테리어를 고려하여 안마의자의 컬러는 레드보다는 블랙이 적절한 것으로 보인다.
• 겨울철에도 이용할 경우를 위해 안마의자에 온열기능이 있어야 한다.
• 안마의자의 구입 예산은 최대 2,500만 원까지며, 가격이 예산 안에만 해당하면 모두 구매 가능하다.
• 안마의자의 프로그램 개수는 최소 10개 이상은 되어야 하며, 많으면 많을수록 좋다.

─ <보기> ─

구분	가격	컬러	A/S 기간	프로그램	옵션
A안마의자	2,200만 원	블랙	2년	12개	온열기능
B안마의자	2,100만 원	레드	2년	13개	온열기능
C안마의자	2,600만 원	블랙	3년	15개	온열기능
D안마의자	2,400만 원	블랙	2년	13개	온열기능
E안마의자	2,000만 원	블랙	2년	10개	–

① A안마의자
② B안마의자
③ C안마의자
④ D안마의자
⑤ E안마의자

05 다음 글에서 추론할 수 있는 것은?

조선이 임진왜란 중 필사적으로 보존하고자 한 서적은 바로 조선왕조실록이다. 실록은 원래 서울의 춘추관과 성주·충주·전주 4곳의 사고(史庫)에 보관되었으나, 임진왜란 이후 전주 사고의 실록만 온전한 상태였다. 전란이 끝난 후 단 1벌 남은 실록을 다시 여러 벌 등서하자는 주장이 제기되었다. 우여곡절 끝에 실록 인쇄가 끝난 것은 1606년이었다. 재인쇄 작업의 결과 원본을 포함해 모두 5벌의 실록을 갖추게 되었다. 원본은 강화도 마니산에 봉안하고 나머지 4벌은 서울의 춘추관과 평안도 묘향산, 강원도의 태백산과 오대산에 봉안했다.

이 5벌 중에서 서울 춘추관의 것은 1624년 이괄의 난 때 불에 타 없어졌고, 묘향산의 것은 1633년 후금과의 관계가 악화되자 전라도 무주의 적상산에 사고를 새로 지어 옮겼다. 강화도 마니산의 것은 1636년 병자호란 때 청군에 의해 일부 훼손되었던 것을 현종 때 보수하여 숙종 때 강화도 정족산에 다시 봉안했다. 결국 내란과 외적 침입으로 인해 5곳 가운데 1곳의 실록은 소실되었고, 1곳의 실록은 장소를 옮겼으며, 1곳의 실록은 손상을 입었다.

정족산, 태백산, 적상산, 오대산 4곳의 실록은 그 후 안전하게 지켜졌다. 그러나 일본이 다시 여기에 손을 대었다. 1910년 조선 강점 이후 일제는 정족산과 태백산에 있던 실록을 조선총독부로 이관하고 적상산의 실록은 구황궁 장서각으로 옮겼으며 오대산의 실록은 일본 동경제국대학으로 반출했다. 일본으로 반출한 것은 1923년 관동대지진 때 거의 소실되었다. 정족산과 태백산의 실록은 1930년에 경성제국대학으로 옮겨져 지금까지 서울대학교에 보존되어 있다. 한편 장서각의 실록은 6·25전쟁 때 북으로 옮겨져 현재 김일성종합대학에 소장되어 있다.

① 재인쇄하였던 실록은 모두 5벌이다.
② 태백산에 보관하였던 실록은 현재 일본에 있다.
③ 현재 한반도에 남아 있는 실록은 모두 4벌이다.
④ 적상산에 보관하였던 실록은 일부가 훼손되었다.
⑤ 현존하는 가장 오래된 실록은 서울대학교에 있다.

06 다음 문장을 논리적 순서에 맞게 나열한 것은?

> (A) 그렇기 때문에 이 간극을 줄이려면 남녀 고용 평등의 확대를 위해 채용 목표제를 강화할 필요가 있다.
>
> (B) 우리나라 대졸 이상 여성의 고용 비율은 OECD 국가 중 최하위인데 이는 채용 과정에서 여성이 부당한 차별을 받는 경우가 많다는 것을 보여준다.
>
> (C) 우리나라 남녀 전체의 평균 고용 비율 격차는 31.8%p로 남성에 비해 여성의 고용 비율이 현저히 낮다.
>
> (D) 이러한 차별을 없애기 위해 강화된 법규가 준수될 수 있도록 정부의 계도와 감독 기능을 강화해야 할 것이다.
>
> (E) 고용 시 여성에게 일정 비율을 할애하는 것은 남성에 대한 역차별이라는 주장이 있기는 하지만 남녀 고용 평등이 어느 정도 실현될 때까지 여성에 대한 배려는 불가피하다.

① (D) – (B) – (E) – (C) – (A)

② (C) – (A) – (E) – (B) – (D)

③ (C) – (B) – (D) – (A) – (E)

④ (D) – (C) – (A) – (B) – (E)

⑤ (D) – (A) – (B) – (C) – (E)

07 다음은 K대학의 모집단위별 지원자 수 및 합격자 수를 나타낸 표이다. 표에 대한 설명 중 올바르지 않은 것은?

〈모집단위별 지원자 수 및 합격자 수〉

(단위 : 명)

모집단위	남성		여성		합계	
	합격자 수	지원자 수	합격자 수	지원자 수	합격자 수	지원자 수
A집단	512	825	89	108	601	933
B집단	353	560	17	25	370	585
C집단	138	417	131	375	269	792
합계	1,003	1,802	237	508	1,240	2,310

※ (경쟁률)$=\dfrac{(지원자 수)}{(모집정원)}$

① A집단이 세 개의 모집단위 중 총 지원자 수가 가장 많다.

② C집단이 세 개의 모집단위 중 합격자 수가 가장 적다.

③ 남성 합격자 수는 여성 합격자 수의 5배 이상이다.

④ B집단의 경쟁률은 $\dfrac{117}{74}$이다.

⑤ C집단에서는 남성의 경쟁률이 여성의 경쟁률보다 높다.

08 다음 글의 ㉠과 ㉡이 모방하는 군집 현상의 특성을 가장 적절하게 짝지은 것은?

다양한 생물체의 행동 원리를 관찰하여 모델링한 알고리즘을 생체모방 알고리즘이라 한다. 날아다니는 새 떼, 야생 동물 떼, 물고기 떼 그리고 박테리아 떼 등과 같은 생물 집단에서 쉽게 관찰할 수 있는 군집 현상에 관한 연구가 최근 활발히 진행되고 있다. 군집 현상은 무질서한 개체들이 외부 작용 없이 스스로 질서화된 상태로 변해가는 현상을 총칭하며, 분리성, 정렬성, 확장성, 결합성의 네 가지 특성을 나타낸다. 첫째, 분리성은 각 개체가 서로 일정한 간격을 유지하여 독립적 공간을 확보하는 특성을 의미하고 둘째, 정렬성은 각 개체가 다수의 개체들이 선택하는 경로를 이용하여 자신의 이동 방향을 결정하는 특성을 의미하며 셋째, 확장성은 개체 수가 증가해도 군집의 형태를 유지하는 특성을 의미한다. 마지막으로 결합성은 각 개체가 주변 개체들과 동일한 행동을 하는 특성을 의미한다.

㉠ 알고리즘 A는 시력이 없는 개미 집단이 개미집으로부터 멀리 떨어져 있는 먹이를 가장 빠른 경로를 통해 운반하는 행위로부터 영감을 얻어 개발된 알고리즘이다. 개미가 먹이를 발견하면 길에 남아 있는 페로몬을 따라 개미집으로 먹이를 운반하게 된다. 이러한 방식으로 개미 떼가 여러 경로를 통해 먹이를 운반하다 보면 개미집과 먹이와의 거리가 가장 짧은 경로에 많은 페로몬이 쌓이게 된다. 개미는 페로몬이 많은 쪽의 경로를 선택하여 이동하는 특징이 있어 일정 시간이 지나면 개미 떼는 가장 짧은 경로를 통해서 먹이를 운반하게 된다. 이 알고리즘은 통신망 설계, 이동체 경로 탐색, 임무 할당 등의 다양한 최적화 문제에 적용되어 왔다.

㉡ 알고리즘 B는 반딧불이들이 반짝거릴 때 초기에는 각자의 고유한 진동수에 따라 반짝거리다가 점차 시간이 지날수록 상대방의 반짝거림에 맞춰 결국엔 한 마리의 거대한 반딧불이처럼 반짝거리는 것을 지속하는 현상에서 영감을 얻어 개발된 알고리즘이다. 개체들이 초기 상태에서는 각자 고유의 진동수에 따라 진동하지만, 점차 상호 작용을 통해 그 고유의 진동수에 변화가 생기고 결국에는 진동수가 같아지는 특성을 반영한 것이다. 이 알고리즘은 집단 동기화 현상을 효과적으로 모델링하는 데 적용되어 왔다.

	㉠	㉡
①	정렬성	결합성
②	확장성	정렬성
③	분리성	결합성
④	결합성	분리성
⑤	정렬성	확장성

09 어느 소비자단체는 현재 판매 중인 가습기의 표시지 정보와 실제 성능을 비교하기 위해 8개의 제품을 시험하였고, 시험 결과를 다음과 같이 발표하였다. 자료에 대한 설명으로 가장 적절한 것은?

〈가습기 성능 시험 결과〉

모델	제조사	구분	가습기 성능					
			미생물 오염도	가습능력	적용 바닥면적 (아파트)	적용 바닥면적 (주택)	소비전력	소음
			CFU/m^2	mL/h	m^2	m^2	W	dB(A)
A가습기	W사	표시지	14	262	15.5	14.3	5.2	26.0
		시험 결과	16	252	17.6	13.4	6.9	29.9
B가습기	L사	표시지	11	223	12.3	11.1	31.5	35.2
		시험 결과	12	212	14.7	11.2	33.2	36.6
C가습기	C사	표시지	19	546	34.9	26.3	10.5	31.5
		시험 결과	22	501	35.5	26.5	11.2	32.4
D가습기	W사	표시지	9	219	17.2	12.3	42.3	30.7
		시험 결과	8	236	16.5	12.5	44.5	31.0
E가습기	C사	표시지	9	276	15.8	11.6	38.5	31.8
		시험 결과	11	255	17.8	13.5	40.9	32.0
F가습기	C사	표시지	3	165	8.6	6.8	7.2	40.2
		시험 결과	5	129	8.8	6.9	7.4	40.8
G가습기	W사	표시지	4	223	14.9	11.4	41.3	31.5
		시험 결과	6	245	17.1	13.0	42.5	33.5
H가습기	L사	표시지	6	649	41.6	34.6	31.5	39.8
		시험 결과	4	637	45.2	33.7	30.6	41.6

① 시험 결과에 따르면 C사의 모든 가습기 소음은 W사의 모든 가습기의 소음보다 더 크다.

② L사의 모든 가습기는 표시지 정보와 시험 결과 모두 아파트 적용 바닥면적이 주택 적용 바닥면적보다 넓다.

③ 표시지 정보에 따른 모든 가습기의 가습능력은 실제보다 과대 표시되었다.

④ W사의 모든 가습기는 표시지 정보와 시험 결과보다 미생물 오염도가 더 심한 것으로 나타났다.

⑤ W사와 L사 가습기의 소비전력은 표시지 정보와 시험 결과보다 더 많은 전력이 소모된다.

10 다음 글의 주장을 비판하기 위한 탐구 활동으로 가장 적절한 것은?

기술은 그 내부적인 발전 경로를 이미 가지고 있으며, 따라서 어떤 특정한 기술(혹은 인공물)이 출현하는 것은 '필연적'인 결과라고 생각하는 사람들이 많다. 이러한 통념을 약간 다르게 표현하자면, 기술의 발전 경로는 이전의 인공물보다 '기술적으로 보다 우수한' 인공물들이 차례차례 등장하는 인공물들의 연쇄로 파악할 수 있다는 것이다. 그리고 기술의 발전 경로가 '단일한' 것으로 보고, 따라서 어떤 특정한 기능을 갖는 인공물을 만들어 내는 데 있어서 '유일하게 가장 좋은' 설계 방식이나 생산 방식이 있을 수 있다고 가정한다. 이와 같은 생각을 종합하면 기술의 발전은 결코 사회적인 힘이 가로막을 수 없는 것일 뿐 아니라 단일한 경로를 따르는 것이므로, 사람들이 할 수 있는 일은 이미 정해져 있는 기술의 발전 경로를 열심히 추적해 가는 것밖에 남지 않게 된다는 결론이 나온다.

그러나 다양한 사례 연구에 의하면 어떤 특정 기술이나 인공물을 만들어 낼 때, 그것이 특정한 형태가 되도록 하는 데 중요한 역할을 하는 것은 그 과정에 참여하고 있는 엔지니어, 자본가, 소비자, 은행, 정부 등의 이해관계나 가치체계임이 밝혀졌다. 이렇게 보면 기술은 사회적으로 형성된 것이며, 이미 그 속에 사회적 가치를 반영하고 있는 셈이 된다. 뿐만 아니라 복수의 기술이 서로 경쟁하여 그중 하나가 사회에서 주도권을 잡는 과정을 분석해 본 결과, 이 과정에서 중요한 역할을 하는 것은 기술적 우수성이나 사회적 유용성이 아닌, 관련된 사회집단들의 정치적·경제적 영향력인 것으로 드러났다고 한다. 결국 현재에 이르는 기술 발전의 궤적은 결코 필연적이고 단일한 것이 아니었으며 '다르게' 될 수도 있었음을 암시하고 있는 것이다.

① 논거가 되는 연구 결과를 반박할 수 있는 다른 연구자료를 조사한다.
② 사회 변화에 따라 가치 체계의 변동이 일어나게 되는 원인을 분석한다.
③ 기술 개발에 관계자들의 이해관계나 가치가 작용한 실제 사례를 조사한다.
④ 글쓴이가 문제 삼고 있는 통념에 변화가 생기게 된 계기를 분석한다.
⑤ 글쓴이가 통념을 종합하여 이끌어낸 결론의 타당성을 검토한다.

11 다음은 우리나라 1차 에너지 소비량 자료이다. 이에 대한 설명으로 가장 적절한 것은?

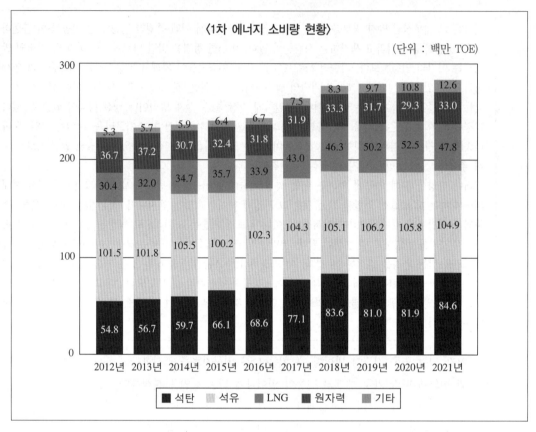

① 매년 석유 소비량이 나머지 에너지 소비량의 합보다 많다.

② 석탄 소비량은 완만한 하락세를 보이고 있다.

③ 기타 에너지 소비량이 지속적으로 감소하는 추세이다.

④ 2013 ~ 2017년 원자력 소비량은 증감을 거듭하고 있다.

⑤ 2018 ~ 2021년 LNG 소비량의 증가 추세는 그 정도가 심화되었다.

12 A기업은 담수화 플랜트 관련 사업을 추진하며 현 실태를 파악하기 위해 담수화 과정을 도입하고 있는 나라와 그 배경을 조사하던 중 한 신문에서 다음과 같은 글을 보았다. 글에서 언급한 내용을 정리한 것으로 적절하지 않은 것은?

최근 세계적으로 사막화가 빠른 속도로 진행되고 있다. 이러한 사막화가 인류에게 심각한 위협이라는 인식을 전 세계가 공유해야만 한다. 유엔의 조사결과, 이대로 가면 지구 육지 면적의 3분의 1이 사막화될 것으로 예상된다.

사막화란 건조 지대에서 일어나는 토지 황폐화 현상으로, 지구 온난화를 비롯한 지구 환경의 변화 때문에 발생한다. 과도한 경작으로 땅을 혹사시키거나 무분별한 벌목으로 삼림을 파괴하는 인간의 잘못된 활동에 의해서도 일어날 수 있다. 사막화는 많은 나라에서 진행되기 때문에 심각한 문제이다. 그중 특히 심각한 곳은 아프리카이고 중동이나 호주, 중국도 심각한 수준이다.

사막화의 피해는 눈에 띌 정도로 뚜렷하게 나타난다. 우선 생산력을 잃은 토지에서 식물이 자랄 수 없게 되고 농경이 불가능해진다. 이것은 식량 생산의 감소를 의미한다. 또한 식수가 부족하게 될 것이다. 최근 중동 지역이나 호주 같은 나라들은 이 문제를 해결하기 위해 바닷물을 담수화 과정을 거쳐 식수로 만들고 있다.

① 사막화를 막는 방안
② 사막화가 심한 지역
③ 사막화 진행 이유
④ 사막화의 정의
⑤ 사막화의 부정적 전망

13 다음은 동북아시아 3개국 수도의 30년간 인구변화를 나타낸 자료이다. 다음 중 옳지 않은 것은?

〈동북아시아 3개국 수도 인구수〉

(단위 : 천 명)

구분	1991년	2001년	2011년	2021년
서울	9,725	10,342	10,011	9,860
베이징	6,017	8,305	12,813	20,384
도쿄	30,304	33,587	35,622	38,001

① 2011년을 기점으로 인구수가 2번째로 많은 도시가 바뀐다.

② 세 도시 중 해당 기간 동안 인구가 감소한 도시가 있다.

③ 베이징은 해당 기간 동안 언제나 세 도시 중 가장 높은 인구 증가율을 보인다.

④ 연도별 인구가 최소인 도시의 인구수 대비 인구가 최대인 도시의 인구수 비는 계속 감소한다.

⑤ 해당 기간 동안 인구가 최대인 도시와 인구가 최소인 도시의 인구의 차는 계속적으로 증가한다.

14 다음 글에서 필자가 자신의 주장을 전개한 방식으로 적절한 것은?

'새로운 진실을 밝힌다는 것'은 세계 전체의 범위를 두고 하는 말이다. 학문은 전 세계 누구도 모르고 있던 진실을 밝혀 새로운 지식을 만들어내는 제조업이다. 이미 제조한 지식을 전달하고 보급하는 유통업은 학문이 아니다. 그러나 제조업은 유통업의 도움이 필요하며, 유통업의 기여를 무시할 수 없다. 하지만 기여하는 바가 크다 하더라도 유통업을 제조업으로 간주할 수는 없다. 또한, 외국 학문의 최신 동향을 신속하고 정확하게 소개하는 것을 자랑으로 삼는 사람을 학자라고 할 수는 없다. 지식의 제조업과 유통업은 서로 다른 활동이다. 학문을 위한 경쟁에는 국제 경기밖에 없다.

외국에서는 관심을 가지기 어려운 우리 국학의 연구 업적이라도 보편적인 원리 발견에 얼마나 기여했는가에 따라 평가해야 마땅하다. 남들의 학설을 소개하는 데 그치고 자기 관점에서 창의적인 논의를 전개하지는 않거나, 새로운 자료를 발견했다고 자랑하면서 자료의 의의를 논증하는 연구를 하지 않는 것은 둘 다 학문의 영역에서 벗어나 있는 장외 경기에 지나지 않는다.

① 참인 전제를 활용하여 간접추리 방식으로 결론을 도출했다.

② 각종 예시를 통해 드러난 사실을 하나로 통합했다.

③ 비유와 상징으로 자신의 주장을 우회적으로 드러냈다.

④ 예상되는 반론을 하나씩 물리침으로써 자기주장을 강화했다.

⑤ 학자들의 말을 인용해 자신의 주장을 내세우고 있다.

15 다음 조건을 토대로 추론한 것으로 항상 옳은 것은?

> 7층 건물에 A, B, C, D, E, F, G가 살고, 각자 좋아하는 스포츠는 축구, 야구, 농구가 있다. 이들이 기르는 애완동물로는 개, 고양이, 새가 있다.

〈조건〉

- 한 층에 한 명만 산다.
- 이웃한 사람끼리는 서로 다른 스포츠를 좋아하고, 다른 애완동물을 기른다.
- G는 맨 위층에 산다.
- 짝수 층 사람들은 축구를 좋아한다.
- B는 유일하게 개를 기르는 사람이다.
- 2층에 사는 사람은 고양이를 키운다.
- E는 농구를 좋아하며, D는 새를 키운다.
- A는 E의 아래층에 살며, B의 위층에 산다.
- 개는 1층에서만 키울 수 있다.

① C와 E는 이웃한다.
② G는 야구를 좋아하며, 고양이를 키운다.
③ 홀수 층에 사는 사람은 모두 새를 키운다.
④ D는 5층에 산다.
⑤ F는 6층에 살며, 고양이를 키운다.

※ 다음은 퇴직연금신탁의 확정급여형(DB)과 확정기여형(DC)에 대한 비교 자료이다. 자료를 보고 이어지는 질문에 답하시오. [16~17]

구분	확정급여형(DB)	확정기여형(DC)
운영방법	• 노사가 사전에 급여수준 및 내용을 약정 • 퇴직 후 약정에 따른 급여 지급	• 노사가 사전에 부담할 기여금을 확정 • 퇴직 후 상품 운용 결과에 따라 급여 지급
기업부담금	산출기초율 (자산운용 수익률, 퇴직률 변경 시 변동)	확정 (근로자 연간 임금 총액의 1/12 이상)
적립공금 운용지시	사용자	근로자
운용위험 부담	사용자	근로자
직장이동 시 합산	어려움(단, IRA / IRP활용 가능)	쉬움

16 K은행의 A사원은 퇴직연금신탁 유형에 대한 발표 자료를 제작하기 위해 위의 자료를 참고하려고 한다. 이 자료에 대한 A사원의 해석으로 적절하지 않은 것은?

① 같은 급여를 받는 직장인이라도 퇴직연금신탁 유형에 따라 퇴직연금 수준이 달라지겠군.
② 확정급여형은 자산운용 수익률에 따라 기업부담이 달라지는군.
③ 확정기여형으로 퇴직연금을 가입하면 근로자 본인의 선택이 퇴직 후 급여에 별 영향을 미치지 않는군.
④ 이직이 잦은 근로자들은 아무래도 확정기여형을 선호하겠군.
⑤ 발표 자료에 직장이동 및 조기퇴직 시 사용할 수 있는 별도의 개인 계좌인 IRA에 대한 기본설명과 퇴직연금제도인 IRP에 대한 내용을 추가해야겠군.

17 A사원은 다음과 같이 다양한 조건에 적합한 퇴직연금유형을 발표 자료에 넣을 예정이다. (가) ~ (마) 중 분류가 올바르지 않은 것은?

확정급여형(DB)	확정기여형(DC)
(가) 장기근속을 유도하는 기업 (나) 운용 현황에 관심이 많은 근로자	(다) 연봉제를 실시하는 기업 (라) 임금 체불위험이 높은 사업장의 근로자 (마) 이직이 빈번한 근로자

① (가)   ② (나)
③ (다)   ④ (라)
⑤ (마)

18 S공사는 부대시설 건축을 위해 A건축회사와 계약을 맺었다. 다음의 계약서를 보고 건축시설처의 L대리가 파악할 수 있는 내용으로 올바른 것은?

공사도급계약서

제10조 상세시공도면 작성

(1) '을'은 건축법 제19조 제4항에 따라 공사감리자로부터 상세시공도면의 작성을 요청받은 경우에는 상세시공도면을 작성하여 공사감리자의 확인을 받아야 하며, 이에 따라 공사를 하여야 한다.

(2) '갑'은 상세시공도면의 작성범위에 관한 사항을 설계자 및 공사감리자의 의견과 공사의 특성을 감안하여 계약서상의 시방에 명시하고, 상세시공도면의 작성비용을 공사비에 반영한다.

제11조 안전관리 및 재해보상

(1) '을'은 산업재해를 예방하기 위하여 안전시설의 설치 및 보험의 가입 등 적정한 조치를 하여야 한다. 이때 '갑'은 계약금액의 안전관리비 및 보험료 상당액을 계상하여야 한다.

(2) 공사현장에서 발생한 산업재해에 대한 책임은 '을'에게 있다. 다만, 설계상의 하자 또는 '갑'의 요구에 의한 작업으로 인한 재해에 대하여는 그렇지 아니하다.

제12조 응급조치

(1) '을'은 재해방지를 위하여 특히 필요하다고 인정될 때에는 미리 응급조치를 취하고 즉시 이를 '갑'에게 통지하여야 한다.

(2) '갑'은 재해방지 및 기타 공사의 시공상 긴급·부득이하다고 인정할 때에는 '을'에게 응급조치를 요구할 수 있다.

---

① 응급조치에 소요된 비용은 '갑'이 부담한다.

② '을'은 산업재해를 예방하기 위한 조치를 해야 하고, '갑'은 계약금액에 이와 관련한 금액을 책정해야 한다.

③ '을'은 재해방지를 위하여 미리 응급조치를 취할 수 있고, 이를 '갑'에게 알릴 의무는 없다.

④ 공사현장에서 발생한 모든 산업재해에 대한 책임은 '을'에게 있다.

⑤ 공사감리자는 '을'에게 상세시공도면 작성을 요청할 수 있고, 이에 대한 비용은 '을'이 책임진다.

※ 다음 글을 읽고 이어지는 질문에 답하시오. [19~20]

가격의 변화가 인간의 주관성에 좌우되지 않고 객관적인 근거를 갖는다는 가설이 정통 경제 이론의 핵심이다. 이러한 정통 경제 이론의 입장에서 증권시장을 설명하는 기본 모델은 주가가 기업의 내재적 가치를 반영한다는 가설로부터 출발한다. 기본 모델에서는 기업이 존재하는 동안 이익을 창출할 수 있는 역량, 즉 기업의 내재적 가치를 자본의 가격으로 본다. 기업가는 이 내재적 가치를 보고 투자를 결정한다. 그런데 투자를 통해 거두어들일 수 있는 총이익, 즉 기본 가치를 측정하는 일은 매우 어렵다. 따라서 이익의 크기를 예측할 때, 신뢰할 만한 계산과 정확한 판단이 중요하다.

증권시장은 바로 이 기본 가치에 대한 믿을 만한 예측을 제시할 수 있기 때문에 사회적 유용성을 갖는다. 증권시장은 주가를 통해 경제계에 필요한 정보를 제공하며 자본의 효율적인 배분을 가능하게 한다. 즉, 투자를 유익한 방향으로 유도해 자본이라는 소중한 자원을 낭비하지 않도록 만들어 경제 전체의 효율성까지 높여 준다. 이런 측면에서 볼 때 증권시장은 실물경제의 충실한 반영일 뿐 어떤 자율성도 갖지 않는다.

이러한 기본 모델의 관점은 대단히 논리적이지만 증권시장을 효율적으로 운영하는 방법에 대한 적절한 분석까지 제공하지는 못한다. 증권시장에서 주식의 가격과 그 기업의 기본 가치가 현격하게 차이가 나는 '투기적 거품 현상'이 발생하는 것을 볼 수 있는데, 이러한 현상은 기본 모델로는 설명할 수 없다. 실제로 증권시장에 종사하는 관계자들은 기본 모델이 이러한 가격 변화를 설명해 주지 못하기 때문에 무엇보다 증권시장 자체에 관심을 기울이고 증권시장을 절대적인 기준으로 삼는다.

여기에서 우리는 자기참조 모델을 생각해 볼 수 있다. 자기참조 모델의 중심 내용은, '사람들은 기업의 미래 가치를 읽을 목적으로 실물경제보다 증권시장에 주목하며 증권시장의 여론 변화를 예측하는 데 초점을 맞춘다.'는 것이다. 기본 모델에서 가격은 증권시장 밖의 객관적인 기준인 기본 가치를 근거로 하여 결정되지만, 자기참조 모델에서 가격은 증권시장에 참여한 사람들의 여론에 의해 결정된다. 따라서 투자자들은 증권시장 밖의 객관적인 기준을 분석하기보다는 다른 사람들의 생각을 꿰뚫어 보려고 안간힘을 다할 뿐이다. 기본 가치를 분석했을 때는 주가가 상승할 객관적인 근거가 없어도 투자자들은 증권시장의 여론에 따라 주식을 사는 것이 합리적이라고 생각한다. 이러한 이상한 합리성을 '모방'이라고 한다. 이런 모방 때문에 주가가 변덕스러운 등락을 보이기 쉽다. 그런데 하나의 의견이 투자자 전체의 관심을 꾸준히 끌 수 있는 기준적 해석으로 부각되면 이 '모방'도 안정을 유지할 수 있다. 모방을 통해서 합리적이라 인정되는 다수의 비전인 '묵계'가 제시되어 객관적 기준의 결여라는 단점을 극복한다.

따라서 사람들은 묵계를 통해 미래를 예측하고, 증권시장은 이러한 묵계를 조성하고 유지해 가면서 단순한 실물경제의 반영이 아닌 경제를 자율적으로 평가할 힘을 가질 수 있다.

19 윗글의 논지 전개상 특징으로 가장 적절한 것은?

① 기업과 증권시장의 관계를 분석하고 있다.
② 증권시장의 개념을 단계적으로 규명하고 있다.
③ 사례 분석을 통해 정통 경제 이론의 한계를 지적하고 있다.
④ 주가 변화의 원리를 중심으로 다른 관점을 대비하고 있다.
⑤ 증권시장의 기능을 설명한 후 구체적 사례에 적용하고 있다.

20 윗글의 내용과 일치하지 않는 것은?

① 증권시장은 객관적인 기준이 인간의 주관성보다 합리적임을 입증한다.

② 정통 경제 이론에서는 가격의 변화가 객관적인 근거를 갖는다고 본다.

③ 기본 모델의 관점은 주가가 자본의 효율적인 배분을 가능하게 한다고 본다.

④ 증권시장의 여론을 모방하려는 경향으로 인해 주가가 변덕스러운 등락을 보이기도 한다.

⑤ 기본 모델은 주가를 예측하기 위해 기업의 내재적 가치에 주목하지만 자기참조 모델은 증권시장의 여론에 주목한다.

21 다음 글의 맥락과 일치하는 것을 고르면?

> 무시무시한 자연재해가 자연을 정복하려는 인간에 대한 자연의 '보복'이라고 자책할 필요는 없다. 자연이 만물의 영장인 우리에게 특별한 관심을 보여 주기를 바라는 것은 우리의 소박한 희망일 뿐이다. 자연은 누구에게도 그런 너그러움을 보여줄 뜻이 없는 것이 확실하다. 위험한 자연에서 스스로 생존을 지켜내는 것은 우리의 가장 중요한 책무이다. 따라서 과학을 이용해 자연재해의 피해를 줄이고, 더욱 안전하고 안락한 삶을 추구하려는 우리의 노력은 계속되어야 한다.

① 과욕을 버리면 질병이 치유될 수 있다. 왜냐하면 질병은 인간의 과욕이 부른 결과이기 때문이다.

② 인간의 몸은 스스로 치유의 능력이 있다. 예전에 아무런 의학 처방 없이 많은 질병이 치유된 것도 이 때문이다.

③ 의약품이 인간의 질병을 치유한 경우도 많다. 그러나 의약품 때문에 발생하는 질병도 많다.

④ 의학은 인간의 자연 치유력을 감소시킨 측면이 있다. 하지만 질병을 극복하기 위해서는 의학이 필요하다.

⑤ 과학의 발달로 인해 인간보다 자연이 더 큰 피해를 입었다.

※ 24시간 가동체계를 갖춘 A종합병원의 간호부 K간호부장은 '간호인력 운용 합리화 계획'을 세우고자 한다. 다음 자료를 보고 이어지는 질문에 답하시오. [22~23]

〈시간대별 소요 간호인력 수〉

시간대(시)	2~6시	6~10시	10~14시	14~18시	18~22시	22~2시
소요인력(명)	5	20	30	15	50	10

〈근무 수칙〉

1) 간호인력은 휴게 시간을 포함하여 8시간 동안 연속 근무를 한다.
2) A종합병원 간호인력은 8시간씩 교대한다.
3) 교대 시 인수인계 시간은 고려하지 않는다.

22 K간호부장이 간호인력 운용계획에 따라 포트폴리오를 구성할 경우, 필요한 최소 간호인력은 몇 명인가?

① 75명
② 85명
③ 95명
④ 105명
⑤ 110명

23 A종합병원의 야간 시간대인 2~6시 사이 중환자 및 응급환자의 수요가 증가함에 따라 2~6시 시간대의 필요 간호인력을 20명으로 확충하기로 하였다. K간호부장이 변경된 간호인력 운용계획에 따라 포트폴리오를 재구성할 경우, 필요한 최소 간호인력은 몇 명인가?

① 85명
② 100명
③ 110명
④ 125명
⑤ 130명

24 다음은 인터넷 공유활동 참여 현황을 정리한 자료이다. 올바르게 이해하지 못한 사람은 누구인가?

〈인터넷 공유활동 참여율(복수응답)〉

(단위 : %)

구분		커뮤니티 이용	퍼나르기	블로그 운영	댓글달기	UCC게시
성별	남성	79.1	64.1	49.9	52.2	46.1
	여성	76.4	59.6	55.1	38.4	40.1
연령	10대	75.1	63.9	54.7	44.3	51.3
	20대	88.8	74.4	76.3	47.3	54.4
	30대	77.3	58.5	46.3	44.0	37.5
	40대	66.0	48.6	27.0	48.2	29.6

※ 성별, 연령별 조사인원은 동일함

① A사원 : 자료에 의하면 20대가 다른 연령대에 비해 인터넷상에서 공유활동을 활발히 참여하고 있네요.
② B주임 : 대체로 남성이 여성에 비해 상대적으로 활발한 활동을 하고 있는 것 같아요. 그런데 블로그
　　　　　 운영 활동은 여성이 더 많네요.
③ C대리 : 남녀 간의 참여율 격차가 가장 큰 영역은 댓글달기이네요. 반면에 커뮤니티 이용은 남녀 간의
　　　　　 참여율 격차가 가장 적네요.
④ D사원 : 10대와 30대의 공유활동 참여율을 크기순으로 나열하면 재미있게도 두 연령대의 활동 순위가
　　　　　 동일하네요.
⑤ E사원 : 40대는 대부분의 공유활동에서 모든 연령대의 참여율보다 낮지만, 댓글달기에서는 가장 높은
　　　　　 참여율을 보이고 있네요.

25 다음은 어느 나라의 최종에너지 소비량에 관한 자료이다. 이에 대한 설명으로 〈보기〉에서 옳은 것을 모두 고르면?

〈2018 ~ 2020년 유형별 최종에너지 소비량 비중〉

(단위 : %)

구분	석탄		석유제품	도시가스	전력	기타
	무연탄	유연탄				
2018년	2.7	11.6	53.3	10.8	18.2	3.4
2019년	2.8	10.3	54.0	10.7	18.6	3.6
2020년	2.9	11.5	51.9	10.9	19.1	3.7

〈2020년 부문별·유형별 최종에너지 소비량〉

(단위 : 천TOE)

구분	석탄		석유제품	도시가스	전력	기타	합계
	무연탄	유연탄					
산업	4,750	15,317	57,451	9,129	23,093	5,415	115,155
가정·상업	901	4,636	6,450	11,105	12,489	1,675	37,256
수송	0	0	35,438	188	1,312	0	36,938
기타	0	2,321	1,299	669	152	42	4,483
합계	5,651	22,274	100,638	21,091	37,046	7,132	193,832

─────〈보기〉─────

ㄱ. 2018 ~ 2020년 동안 전력 소비량은 매년 증가한다.
ㄴ. 2020년 산업부문의 최종에너지 소비량은 전체 최종에너지 소비량의 50% 이상을 차지한다.
ㄷ. 2018 ~ 2020년 동안 석유제품 소비량 대비 전력 소비량의 비율이 매년 증가한다.
ㄹ. 2020년에는 산업부문과 가정·상업부문에서 유연탄 소비량 대비 무연탄 소비량의 비율이 각각 25% 미만이다.

① ㄱ, ㄴ　　　　　　　② ㄱ, ㄹ
③ ㄴ, ㄷ　　　　　　　④ ㄴ, ㄹ
⑤ ㄷ, ㄹ

※ 다음은 어린이집 이용 영유아 현황에 관한 자료이다. 이 자료를 보고 이어지는 질문에 답하시오. [26~27]

〈연령별 어린이집 이용 영유아 현황〉

(단위 : 명)

구분		국·공립 어린이집	법인 어린이집	민간 어린이집	가정 어린이집	부모협동 어린이집	직장 어린이집	합계
2018년	0 ~ 2세	36,530	35,502	229,414	193,412	463	6,517	501,838
	3 ~ 4세	56,342	50,497	293,086	13,587	705	7,875	422,092
	5세 이상	30,533	27,895	146,965	3,388	323	2,417	211,521
2019년	0 ~ 2세	42,331	38,648	262,728	222,332	540	7,815	574,394
	3 ~ 4세	59,947	49,969	290,620	12,091	755	8,518	421,900
	5세 이상	27,378	23,721	122,415	2,420	360	2,461	178,755
2020년	0 ~ 2세	47,081	42,445	317,489	269,243	639	9,359	686,256
	3 ~ 4세	61,609	48,543	292,599	10,603	881	9,571	423,806
	5세 이상	28,914	23,066	112,929	1,590	378	2,971	169,848
2021년	0 ~ 2세	49,892	41,685	337,573	298,470	817	10,895	739,332
	3 ~ 4세	64,696	49,527	319,903	8,869	1,046	10,992	455,033
	5세 이상	28,447	21,476	99,847	1,071	423	3,100	154,364

26 제시된 자료를 보고 판단한 내용 중 올바르지 않은 것은?

① 2018 ~ 2021년 0 ~ 2세와 3 ~ 4세 국·공립 어린이집 영유아 수는 계속 증가하고 있다.

② 부모협동 어린이집과 직장 어린이집의 각 나이별 영유아 수의 증감 양상은 동일하다.

③ 전년 대비 가정 어린이집의 0 ~ 2세 영유아 수는 2021년에 가장 크게 증가했다.

④ 법인 어린이집의 5세 이상 영유아 수는 매년 감소하고 있다.

⑤ 매년 3 ~ 4세 영유아 수가 가장 많은 곳을 순서대로 나열하면 상위 3곳의 순서가 같다.

27 2018년과 2021년 어린이집 전체 영유아 수의 차는 몇 명인가?

① 146,829명
② 169,386명
③ 195,298명
④ 213,278명
⑤ 237,536명

28 다음 글의 제목으로 가장 적절한 것은?

올해로 출시 12주년을 맞은 구글어스가 세계 환경 보안관 역할을 톡톡히 하고 있어 화제다. 구글어스는 가상 지구본 형태로 제공되는 세계 최초의 위성영상지도 서비스로서, 간단한 프로그램만 내려받으면 지구 전역의 위성사진 및 지도, 지형 등의 정보를 확인할 수 있다. 구글은 그동안 축적된 인공위성 빅데이터 등을 바탕으로 환경 및 동물 보호 활동을 지원하고 있다.

지구에서는 지난 10여 년간 약 230만km2의 삼림이 사라졌다. 병충해 및 태풍, 산불 등으로 손실된 것이다. 특히 개발도상국들의 산림 벌채와 농경지 확보가 주된 이유다. 이처럼 사라지는 숲에 비해 자연의 자생력으로 복구되는 삼림은 아주 적은 편이다.

그런데 최근에 개발된 초고해상도 '구글어스' 이미지를 이용해 정밀 분석한 결과, 식물이 살 수 없을 것으로 여겨졌던 건조지대에서도 훨씬 많은 숲이 분포한다는 사실이 밝혀졌다. 국제연합식량농업기구(FAO) 등 13개국 20개 기관과 구글이 참여한 대규모 국제공동연구진은 구글어스로 얻은 위성 데이터를 세부 단위로 쪼개 그동안 잘 알려지지 않은 전 세계 건조지역을 집중 분석했다.

그 결과 강수량이 부족해 식물의 정상적인 성장이 불가능할 것으로 알려졌던 건조지대에서 약 467만km^{2}의 숲을 새로이 찾아냈다. 이는 한반도 면적의 약 21배에 달한다. 연구진은 이번 발견으로 세계 삼림 면적의 추정치가 9% 정도 증가할 것이라고 주장했다.

건조지대는 지구 육지표면의 40% 이상을 차지하지만, 명확한 기준과 자료 등이 없어 그동안 삼림 분포에 대해서는 잘 알려지지 않았다. 그러나 이번 연구결과로 인해 전 세계 숲의 이산화탄소 처리량 등에 대해 보다 정확한 계산이 가능해짐으로써 과학자들의 지구온난화 및 환경보호 연구에 많은 도움이 될 것으로 기대되고 있다.

① 구글어스로 보는 환경훼손의 심각성
② 인간의 이기심으로 사라지는 삼림
③ 사막화 현상으로 건조해지는 지구
④ 환경오염으로 심각해지는 식량난
⑤ 전 세계 환경 보안관, 구글어스

29 다음은 A그룹의 주요 경영지표이다. 다음 중 자료에 대한 설명으로 옳은 것은?

〈경영지표〉

(단위 : 억 원)

구분	공정자산총액	부채총액	자본총액	자본금	매출액	당기순이익
2016년	2,610	1,658	952	434	1,139	170
2017년	2,794	1,727	1,067	481	2,178	227
2018년	5,383	4,000	1,383	660	2,666	108
2019년	5,200	4,073	1,127	700	4,456	−266
2020년	5,242	3,378	1,864	592	3,764	117
2021년	5,542	3,634	1,908	417	4,427	65

① 자본총액은 꾸준히 증가하고 있다.
② 직전 해의 당기순이익과 비교했을 때, 당기순이익이 가장 많이 증가한 해는 2017년이다.
③ 공정자산총액과 부채총액의 차가 가장 큰 해는 2021년이다.
④ 각 지표 중 총액 규모가 가장 큰 것은 매출액이다.
⑤ 2016 ~ 2019년 사이에 자본총액 중 자본금이 차지하는 비중은 계속 증가하고 있다.

30 한 심리상담사는 다음과 같은 일정표를 가지고 있다. 일정표와 〈조건〉을 참고할 때, 목요일 13 ~ 14시에 상담을 받을 수 있는 사람은?

〈일정표〉

구분	월요일	화요일	수요일	목요일	금요일
12 ~ 13시	돌이		돌이		순이
13 ~ 14시	돌이				
14 ~ 15시		철이		영이	
15 ~ 16시	순이	영이			철이

――――〈조건〉――――
• 한 사람은 하루에 두 번, 일주일에 세 번까지 상담을 받을 수 있다.
• 전날 상담한 사람은 상담하지 않는다.
• 하루에 두 번 상담하려면 두 시간 연속으로 상담을 받아야만 한다.

① 철이   ② 순이
③ 돌이   ④ 영이
⑤ 없음

31 S공단에서 직원들에게 자기계발 교육비용을 일부 지원하기로 하였다. 총무인사팀에 A ~ E 5명의 직원이 아래 자료와 같이 교육프로그램을 신청하였을 때, 공단에서 총무인사팀 직원들에게 지원하는 총 교육비는 얼마인가?

〈자기계발 수강료 및 지원 금액〉

구분	영어회화	컴퓨터 활용	세무회계
수강료	7만 원	5만 원	6만 원
지원 금액 비율	50%	40%	80%

〈신청한 교육프로그램〉

구분	영어회화	컴퓨터 활용	세무회계
A	○		○
B	○	○	○
C		○	○
D	○		
E		○	

① 307,000원
② 308,000원
③ 309,000원
④ 310,000원
⑤ 311,000원

생물 농약이란 농작물에 피해를 주는 병이나 해충, 잡초를 제거하기 위해 자연에 있는 생물로 만든 천연 농약을 뜻한다. 생물 농약을 개발한 것은 흙 속에 사는 병원균으로부터 식물을 보호할 목적에서였다. 뿌리를 공격하는 병원균은 땅속에 살고 있으므로 병원균을 제거하기에 어려움이 있었다. 게다가 화학 농약의 경우 그 성분이 토양에 달라붙어 제 기능을 발휘하지 못했기 때문에 식물 성장을 돕고 항균 작용을 할 수 있는 미생물에 주목하기 시작한 것이다.

식물 성장을 돕고 항균 작용을 하는 미생물 집단을 '근권미생물'이라 하는데, 여러 종류의 근권미생물 중 농약으로 쓰기에 가장 좋은 것은 뿌리에 잘 달라붙는 것들이다. 근권미생물의 입장에서 뿌리 주변은 사막의 오아시스와 비슷한 조건이다. 뿌리 주변은 뿌리에서 공급되는 양분과 안락한 서식 환경을 제공받지만, 뿌리 주변에서 멀리 떨어진 곳은 황량한 지역이어서 먹을 것을 찾기가 어렵기 때문이다. 따라서 뿌리 주변에서는 좋은 위치를 선점하기 위해 미생물 간에 치열한 싸움이 벌어진다. 얼마나 뿌리에 잘 정착하느냐가 생물 농약으로 사용되는 미생물을 결정하는 데 중요한 기준이 되는 셈이다.

생물 농약으로 쓰이는 미생물은 식물 성장을 돕는 성질을 포함한다. 미생물이 만든 항균 물질은 농작물의 뿌리에 침입하려는 곰팡이나 병원균의 성장을 억제하거나 죽게 한다. 그리고 병원균이나 곤충, 선충에 기생하는 종들을 사용한 생물 농약은 유해 병원균이나 해충을 직접 공격하기도 한다. 예를 들자면, 흰가루병은 채소 대부분에 생겨나는 곰팡이 때문에 발생하는데, 흰가루병을 일으키는 곰팡이의 영양분을 흡수해 죽이는 천적 곰팡이를 이용한 생물 농약이 만들어졌다.

① 화학 농약은 화학 성분이 토양에 달라붙어 제 기능을 발휘하지 못한다.

② 생물 농약으로 쓰이는 미생물들은 유해 병원균이나 해충을 직접 공격하지는 못한다.

③ '근권미생물'이란 식물의 성장에 도움을 주는 미생물이다.

④ 뿌리에 얼마만큼 정착하는지의 여부가 미생물의 생물 농약 사용 기준이 된다.

⑤ 다른 곰팡이를 죽이는 곰팡이가 존재한다.

※ 다음은 G사의 프로젝트 목록에 대한 자료이다. 이어지는 질문에 답하시오. [33~35]

〈프로젝트별 진행 시 세부사항〉

구분	필요 인원	소요기간	기간	1인당 인건비	진행비
A프로젝트	46명	1개월	2월	130만 원	20,000만 원
B프로젝트	42명	4개월	2 ~ 5월	550만 원	3,000만 원
C프로젝트	24명	2개월	3 ~ 4월	290만 원	15,000만 원
D프로젝트	50명	3개월	5 ~ 7월	430만 원	2,800만 원
E프로젝트	15명	3개월	7 ~ 9월	400만 원	16,200만 원

※ 1인당 인건비는 프로젝트가 끝날 때까지의 1인당 총 인건비를 말한다.

33 모든 프로젝트를 완료하기 위해 필요한 최소 인원은 몇 명인가?(단, 프로젝트 참여자는 하나의 프로젝트를 끝내면 다른 프로젝트에 참여한다)

① 50명
② 65명
③ 92명
④ 107명
⑤ 117명

34 다음 중 G사의 A ~ E프로젝트를 인건비가 가장 적게 드는 것부터 순서대로 바르게 나열한 것은?

① A - E - C - D - B
② A - E - C - B - D
③ A - C - E - D - B
④ E - A - C - B - D
⑤ E - C - A - D - B

35 G사는 인건비와 진행비를 합하여 프로젝트 비용을 산정하려고 한다. A ~ E프로젝트 중 총 비용이 가장 적게 드는 것은 무엇인가?

① A프로젝트
② B프로젝트
③ C프로젝트
④ D프로젝트
⑤ E프로젝트

36 다음은 2021년도 Y대의 A과목에서의 학점 비율을 나타낸 표이다. 이 과목을 수강한 총 학생 수는 200명이고, A학점을 받은 학생 수의 비율은 D학점을 받은 학생 수의 비율의 1.5배이다. 또한, B학점을 받은 학생 수의 비율은 F학점을 받은 학생 수 비율의 4배이고, C학점을 받은 학생 수의 비율은 B학점과 F학점을 받은 학생 수 비율의 합의 2배이다. 이때, 2020년도에 F학점을 받은 학생 수는?(단, 2020년과 2021년의 A과목 학점 비율은 같고, 2020년도 수강생은 120명이다)

〈Y대 A과목 학점 비율〉

(단위 : %)

성적	A	B	C	D	E	F	합계
2021년도 학생 수의 비율				10			100

① 6명
② 10명
③ 18명
④ 20명
⑤ 30명

37 효인이가 속한 부서는 단합대회로 등산을 가기로 하였다. A산 등산 코스를 알아 보기 위해 산악 관련 책자를 살펴보니 입구에서 각 지점까지의 거리를 다음과 같이 정리할 수 있었다. 오를 때 시속 3km, 내려올 때 시속 4km로 이동한다고 하면, 2시간에서 3시간 사이에 왕복할 수 있는 코스를 모두 고르면?

구분	P지점	Q지점	R지점
거리	3.2km	4.1km	5.0km

① P
② Q
③ Q, R
④ P, Q
⑤ P, R

38 다음 표는 특정 기업 47개를 대상으로 제품전략, 기술개발 종류 및 기업형태별 기업 수에 관해 조사한 결과이다. 조사대상 기업에 대한 다음 설명 중 옳은 것은?

〈제품전략, 기술개발 종류 및 기업형태별 기업 수〉

(단위 : 개)

제품전략	기술개방 종류	기업형태	
		벤처기업	대기업
시장견인	존속성 기술	3	9
	와해성 기술	7	8
기술추동	존속성 기술	5	7
	와해성 기술	5	3

※ 각 기업은 한 가지 제품전략을 취하고 한 가지 종류의 기술을 개발함

① 와해성 기술을 개발하는 기업 중에서 벤처기업의 비율이 대기업의 비율보다 낮다.

② 기술추동전략을 취하는 기업 중에는 존속성 기술을 개발하는 비율이 와해성 기술을 개발하는 비율보다 낮다.

③ 존속성 기술을 개발하는 기업의 비율이 와해성 기술을 개발하는 기업의 비율보다 높다.

④ 벤처기업 중에는 기술추동전략을 취하는 비율이 시장견인전략을 취하는 비율보다 높다.

⑤ 대기업 중에는 시장견인전략을 취하는 비율이 기술추동전략을 취하는 비율보다 낮다.

39 다음은 Q지점의 행원들에 대한 서비스 평가 결과이다. 다음 내용을 통해 추정할 수 있는 설명으로 적절하지 않은 것은?

〈Q지점 서비스 평가 결과〉

(단위 : 점)

평가항목(만점)	점검내용	수신계		여신계	
		A사원	B주임	C과장	D대리
응대 서비스(35)	용모, 복장, 말투 등	35	28	32	29
업무처리(25)	신속성, 정확성 등	18	21	25	23
상담능력(30)	고객니즈 파악, 적합 상품 권유, 거래유치 노력 등	19	27	30	26
기본 환경(10)	영업점 내·외부 시설 청결도, 고객 편의물 등	7	10	7	8
합계(100)		79	86	94	86

※ 등급 : 90점 ~ 100점(탁월), 80점 ~ 90점(우수), 70점 ~ 80점(보통), 60점 ~ 70점(미흡)

① Q지점의 행원 서비스 평가 결과, 평균 86.25점으로 우수등급에 해당한다.

② 수신계 A사원은 6개월 전 입사한 신입사원으로 다른 선임들보다 총 평가점수는 낮지만, 고객응대 서비스만큼은 인정받아 향후 기대되는 인재이다.

③ 각 평가항목이 동일한 가중치를 가진다면, B주임은 상담능력보다 응대 서비스에서 상대적으로 더 높은 평가를 받았다.

④ 여신계 C과장은 다년간의 경험을 토대로 고객의 니즈를 파악하고 적절한 상품을 권유하는 능력이 탁월하다.

⑤ D대리를 제외한 나머지 행원들은 평가항목에 대해 만점을 적어도 1개 이상은 받았다.

40 다음은 2021년 서울특별시의 직종별 구인·구직·취업 현황을 나타내는 자료이다. 이 자료를 보고 판단한 내용 중 옳지 않은 것은?

〈2021년 서울특별시 구인·구직·취업 통계〉

(단위 : 명)

직업 중분류	구인	구직	취업
관리직	993	2,951	614
경영·회계·사무 관련 전문직	6,283	14,350	3,400
금융보험 관련직	637	607	131
교육 및 자연과학·사회과학 연구 관련직	177	1,425	127
법률·경찰·소방·교도 관련직	37	226	59
보건·의료 관련직	688	2,061	497
사회복지 및 종교 관련직	371	1,680	292
문화·예술·디자인·방송 관련직	1,033	3,348	741
운전 및 운송 관련직	793	2,369	634
영업원 및 판매 관련직	2,886	3,083	733
경비 및 청소 관련직	3,574	9,752	1,798
미용·숙박·여행·오락·스포츠 관련직	259	1,283	289
음식서비스 관련직	1,696	2,936	458
건설 관련직	3,659	4,825	656
기계 관련직	742	1,110	345

① 구직 대비 취업률이 가장 높은 직종은 기계 관련직이다.

② 취업자 수가 구인자 수를 초과한 직종도 있다.

③ 구인자 수가 구직자 수를 초과한 직종은 한 곳이다.

④ 구직자가 가장 많이 몰리는 직종은 경영·회계·사무 관련 전문직이다.

⑤ 영업원 및 판매 관련직의 취업률은 25% 이상이다.

41 다음은 A국의 초혼에 관한 자료이다. 자료를 해석한 것으로 옳지 않은 것은?

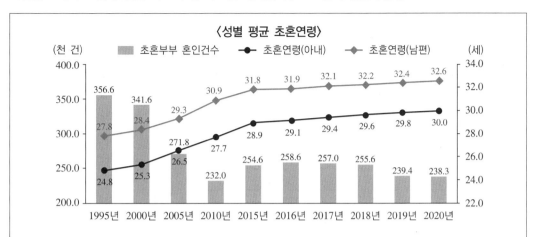

〈평균 초혼연령 및 초혼부부 혼인건수〉

(단위 : 세, 천 건, %)

구분	평균 초혼연령		혼인 건수	여성 연상	구성비	동갑	구성비	남성 연상	구성비
	아내	남편							
1995년	24.8	27.8	356.6	31.2	8.8	32.3	9.0	293.2	82.2
2000년	25.3	28.4	341.6	29.7	8.7	35.3	10.3	276.6	81.0
2005년	26.5	29.3	271.8	29.1	10.7	34.8	12.8	207.9	76.5
2010년	27.7	30.9	232.0	28.2	12.1	35.0	15.1	168.9	72.8
2015년	28.9	31.8	254.6	37.9	14.9	40.8	16.0	175.9	69.1
2016년	29.1	31.9	258.6	39.5	15.3	42.3	16.4	176.8	68.4
2017년	29.4	32.1	257.0	40.0	15.6	41.7	16.2	175.3	68.2
2018년	29.6	32.2	255.6	41.3	16.2	41.4	16.2	172.8	67.6
2019년	29.8	32.4	239.4	38.9	16.2	38.5	16.1	162.1	67.7
2020년	30.0	32.6	238.3	38.9	16.3	38.2	16.0	161.1	67.6

① 여성의 평균 초혼연령은 2020년에 처음으로 30대에 진입했다.
② 1995년에 비해 2020년의 초혼부부 혼인건수는 십만 건 이상 줄었다.
③ 남성과 여성 모두 평균 초혼연령은 지속적으로 증가했다.
④ 초혼연령이 높아지는 이유는 경제적 상황이 좋지 않기 때문이다.
⑤ A국 초혼부부의 대부분은 남성이 연상이다.

42 다음은 지역별 지역총생산에 관한 자료이다. 자료에 대한 설명 중 옳지 않은 것을 모두 고르면?

〈지역별 지역총생산〉

(단위 : 10억 원, %)

구분	2017년	2018년	2019년	2020년	2021년
전국	869,305	912,926	983,030	1,028,500	1,065,665
서울	208,899	220,135	236,517	248,383	257,598
	(2.2)	(4.3)	(4.4)	(3.0)	(1.7)
부산	48,069	49,434	52,680	56,182	55,526
	(3.0)	(3.4)	(4.6)	(1.0)	(−3.0)
대구	28,756	30,244	32,261	32,714	32,797
	(0.6)	(3.9)	(4.5)	(1.5)	(−4.4)
인천	40,398	43,311	47,780	47,827	50,256
	(3.7)	(6.8)	(7.4)	(1.7)	(0.8)
광주	18,896	20,299	21,281	21,745	22,066
	(6.5)	(6.5)	(3.7)	(−0.6)	(0.3)
대전	20,030	20,802	22,186	23,218	24,211
	(2.6)	(3.4)	(3.2)	(1.5)	(0.5)
울산	41,697	43,214	48,059	52,408	51,271
	(4.6)	(1.9)	(4.6)	(0.2)	(−2.9)
경기	169,315	180,852	193,658	198,948	208,296
	(11.0)	(7.7)	(6.1)	(4.0)	(0.8)

※ ( )은 성장률이다.

ⓘ 2017년부터 2021년까지 지역총생산량이 가장 많은 곳은 서울이고, 두 번째는 경기이다.
ⓛ 2021년 성장률이 감소한 지역의 수는 3곳이다.
ⓔ 2017년 성장률이 가장 높은 지역은 광주지역으로 이때의 성장률은 6.5%이다.
ⓡ 2019년 인천지역은 성장률이 가장 높았기 때문에, 전년 대비 총생산 증가량도 가장 많다.

① ㉠, ㉡   ② ㉢, ㉣

③ ㉠, ㉡, ㉣   ④ ㉡, ㉢, ㉣

⑤ ㉠, ㉡, ㉢, ㉣

43 다음은 대형마트 이용자를 대상으로 소비자 만족도를 조사한 결과이다. 다음 중 귀하가 이해한 내용으로 올바른 것은?

<table>
<thead>
<tr><th rowspan="2">업체명</th><th rowspan="2">종합
만족도</th><th colspan="5">서비스 품질</th><th rowspan="2">서비스
쇼핑 체험</th></tr>
<tr><th>쇼핑 체험
편리성</th><th>상품
경쟁력</th><th>매장환경 /
시설</th><th>고객접점
직원</th><th>고객관리</th></tr>
</thead>
<tbody>
<tr><td>A마트</td><td>3.72</td><td>3.97</td><td>3.83</td><td>3.94</td><td>3.70</td><td>3.64</td><td>3.48</td></tr>
<tr><td>B마트</td><td>3.53</td><td>3.84</td><td>3.54</td><td>3.72</td><td>3.57</td><td>3.58</td><td>3.37</td></tr>
<tr><td>C마트</td><td>3.64</td><td>3.96</td><td>3.73</td><td>3.87</td><td>3.63</td><td>3.66</td><td>3.45</td></tr>
<tr><td>D마트</td><td>3.56</td><td>3.77</td><td>3.75</td><td>3.44</td><td>3.61</td><td>3.42</td><td>3.33</td></tr>
</tbody>
</table>

〈대형마트 업체별 소비자 만족도〉

(단위 : 점 / 5점 만점)

〈대형마트 인터넷 / 모바일쇼핑 소비자 만족도〉

(단위 : 점 / 5점 만점)

분야별 이용 만족도	이용률	A마트	B마트	C마트	D마트
인터넷쇼핑	65.4%	3.88	3.80	3.88	3.64
모바일쇼핑	34.6%	3.95	3.83	3.91	3.69

① 종합만족도는 5점 만점에 평균 3.61점이며, 업체별로는 A마트가 가장 높고, C마트, B마트, D마트 순서로 나타났다.

② 인터넷쇼핑과 모바일쇼핑의 소비자 만족도가 가장 큰 차이를 보이는 곳은 D마트이다.

③ 서비스 품질 부문에 있어 대형마트는 평균적으로 쇼핑 체험 편리성에 대한 만족도가 상대적으로 가장 높게 평가되었으며, 반대로 고객접점직원 서비스가 가장 낮게 평가되었다.

④ 대형마트를 이용하면서 느낀 감정이나 기분을 반영한 서비스 쇼핑 체험 부문의 만족도는 평균 3.41점 정도로 서비스 품질 부문들보다 만족도가 낮았다.

⑤ 대형마트 인터넷쇼핑몰 이용률이 65.4%로 모바일쇼핑에 비해 높으나, 만족도에서는 모바일쇼핑이 평균 0.1점 정도 더 높게 평가되었다.

Z공단은 본사 근무환경개선을 위해 공사를 시행할 업체를 선정하고자 한다. 다음 중 공사 시행업체 선정 방식에 따라 시공업체를 선정할 때, 최종 선정될 업체는?

〈공사 시행업체 선정방식〉

- 평가점수는 적합성점수와 실적점수, 입찰점수를 1 : 2 : 1의 비율로 합산하여 도출한다.
- 평가점수가 가장 높은 업체 한 곳을 최종 선정한다.
- 적합성점수는 각 세부항목의 점수를 합산하여 도출한다.
- 입찰점수는 입찰가격이 가장 낮은 곳부터 10점, 8점, 6점, 4점, 2점을 부여한다.
- 평가점수가 동일한 경우, 실적점수가 우수한 업체에 우선순위를 부여한다.

〈업체별 입찰정보 및 점수〉

평가항목	업체	A	B	C	D	E
적합성점수 (30점)	운영건전성 (8점)	8	6	8	5	7
	근무효율성개선 (10점)	8	9	6	7	8
	환경친화설계 (5점)	2	3	4	5	4
	미적만족도 (7점)	4	6	5	3	7
실적점수 (10점)	최근 2년 시공실적 (10점)	6	9	7	8	7
입찰점수 (10점)	입찰가격 (억 원)	7	10	11	8	9

※ 미적만족도 항목은 지난달에 시행한 내부 설문조사 결과에 기반함

① A업체
② B업체
③ C업체
④ D업체
⑤ E업체

45 귀하는 유아용품 판매직영점을 추가로 개장하기 위하여 팀장으로부터 다음과 같은 자료를 받았다. 팀장은 직영점을 정할 때에는 영유아 인구가 많은 곳이어야 하며, 향후 5년간 수요가 지속적으로 증가하는 지역으로 선정해야 한다고 설명하였다. 다음 자료를 토대로 유아용품 판매직영점이 설치될 최적의 지역을 선정하라는 요청에 적절한 답변은 무엇인가?

지역	총 인구수(명)	영유아 비중	향후 5년간 영유아 변동률				
			1년 차	2년 차	3년 차	4년 차	5년 차
A	3,460,000	3%	−0.5%	1.0%	−2.2%	2.0%	4.0%
B	2,470,000	5%	0.5%	0.1%	−2.0%	−3.0%	−5.0%
C	2,710,000	4%	0.5%	0.7%	1.0%	1.3%	1.5%
D	1,090,000	11%	1.0%	1.2%	1.0%	1.5%	1.7%

① "총 인구수가 많은 A − C − B − D지역 순으로 직영점을 개장하면 충분한 수요로 인하여 영업이 원활할 것 같습니다."

② "현재 시점에서 영유아 비율이 가장 높은 D − B − C − A지역 순으로 직영점을 설치하는 계획을 수립하는 것이 적절할 것 같습니다."

③ "현재 각 지역에서 영유아 수가 가장 많은 B지역을 우선적으로 개장하는 것이 좋을 것 같습니다."

④ "향후 5년간 영유아 변동률을 참고하였을 때, 영유아 인구 증가율이 가장 높은 A지역이 유력합니다."

⑤ "D지역은 현재 영유아 인구수가 두 번째이나, 향후 5년간 지속적인 인구 성장이 기대되는 지역으로 예상되므로 D지역이 가장 적절하다고 판단합니다."

46 경영이 어떻게 이루어지냐에 따라 조직의 생사가 결정된다고 할 만큼 경영은 조직에 있어서 핵심이다. 다음 중 경영전략을 추진하는 과정에 대한 설명으로 적절하지 않은 것은?

① 경영전략이 실행됨으로써 세웠던 목표에 대한 결과가 나오는데, 그것에 대한 평가 및 피드백 과정도 생략되어서는 안 된다.

② 환경분석을 할 때는 조직의 내부환경뿐만 아니라 외부환경에 대한 분석도 필수이다.

③ '환경분석 → 전략목표 설정 → 경영전략 도출 → 경영전략 실행 → 평가 및 피드백'의 과정을 거쳐 이루어진다.

④ 경영전략은 조직전략, 사업전략, 부문전략으로 분류된다.

⑤ 전략목표는 비전과 미션으로 구분되는데, 둘 다 있어야 한다.

47 다음 사례에서 Z회사가 ㉮를 통하여 얻을 수 있는 기대효과로 적절한 것을 〈보기〉에서 고르면?

> Z회사는 사원 번호, 사원 이름, 연락처 등의 사원 데이터 파일을 여러 부서별로 저장하여 관리하다 보니 연락처가 바뀌면 연락처가 저장되어 있는 모든 파일을 수정해야 했다.
> 또한, 사원 데이터 파일에 주소 항목이 추가되는 등 파일의 구조가 변경되면 이전 파일 구조를 사용했던 모든 응용 프로그램도 수정해야 하므로 유지보수 비용이 많이 들었다. 그래서 Z회사에서는 ㉮ 이런 문제점을 해결할 수 있는 소프트웨어를 도입하기로 결정하였다.

> ─────〈보기〉─────
> ㉠ 대용량 동영상 파일을 쉽게 편집할 수 있다.
> ㉡ 컴퓨터의 시동 및 주변기기의 제어를 쉽게 할 수 있다.
> ㉢ 응용 프로그램과 데이터 간 독립성을 향상시킬 수 있다.
> ㉣ 데이터의 중복이 감소되어 일관성을 높일 수 있다.

① ㉠, ㉢　　　　　　　　　　　② ㉡, ㉣

③ ㉢, ㉣　　　　　　　　　　　④ ㉠, ㉡, ㉣

⑤ ㉡, ㉢, ㉣

48 다음 사례를 읽고 A씨의 행동을 미루어 볼 때, 어떤 피드백을 주는 것이 가장 적절한가?

> A씨는 2년 차 직장인이다. 그러나 같은 날 입사했던 동료들과 비교하면 좋은 평가를 받지 못하고 있다. 요청받은 업무를 진행하는 데 있어 마감일을 늦추는 일이 허다하고, 주기적인 업무도 누락하는 경우가 많기 때문이다. 그 이유는 자신이 앞으로 해야 할 일에 대해서 계획을 수립하지 않고 즉흥적으로 처리하거나 주변에서 급하다고 요청이 오면 그제야 하기 때문이다. 그로 인해 본인의 업무뿐만 아니라 주변 사람들의 업무도 늦어지거나 과중되는 결과를 낳아 업무의 효율성이 떨어지게 되었다.

① 시간도 중요한 자원 중의 하나라는 인식이 필요해.
② 너무 편한 방향으로 업무를 처리하면 불필요한 낭비가 발생할 수 있어.
③ 업무를 진행할 때 계획적으로 접근한다면 좋은 평가를 받을 수 있을 거야.
④ 자원관리에 대한 노하우를 쌓는다면 충분히 극복할 수 있어.
⑤ 업무와 관련하여 다른 사람들과 원활한 소통을 한다면 낭비를 줄일 수 있어.

49 다음 중 경영의 구성요소에 대하여 바르게 설명한 사람을 모두 고르면?

> 김 사원 : 현대 사회에서는 실질적으로 경영(Administration)은 관리(Management)와 동일한 의미야.
> 최 주임 : 기업만이 경영의 대상인 것이 아니라, 모든 조직은 경영의 대상에 해당돼.
> 박 대리 : 경영은 크게 경영목적, 자금, 인적자원, 경영전략 이렇게 4가지로 구성되어 있어.
> 정 주임 : 기업환경이 급변하는 만큼 경영전략의 중요성이 커지고 있어.

① 김 사원, 최 주임　　　　　　② 김 사원, 박 대리, 정 주임
③ 최 주임, 박 대리　　　　　　④ 최 주임, 박 대리, 정 주임
⑤ 최 주임, 정 주임

50 다음 중 집단의사결정의 장점으로 적절하지 않은 것은?

① 특정 구성원들의 의견이 잘 반영된 의사결정이 이루어질 수 있다.
② 다양한 구성원이 있기 때문에 다양한 시각으로 문제를 볼 수 있다.
③ 집단이 가진 지식과 정보로 인해 더 효과적인 결정을 할 수 있다.
④ 의사결정에 참여한 사람들이 해결책을 수월하게 수용할 수 있게 한다.
⑤ 모두 참여하여 결정된 사항이기 때문에 실천할 때 높은 동기부여가 된다.

46 다음 글을 읽고 추론할 수 있는 기술혁신의 특성으로 옳은 것은?

> 인간의 개별적인 지능과 창의성, 상호학습을 통해 발생하는 새로운 지식과 경험은 빠른 속도로 축적되고 학습되지만, 이러한 지식은 문서화되기 어렵기 때문에 다른 사람들에게 쉽게 전파될 수 없다. 따라서 연구 개발에 참가한 연구원과 엔지니어들이 그 기업을 떠나는 경우 기술과 지식의 손실이 크게 발생하여 기술 개발을 지속할 수 없는 경우가 종종 발생한다.

① 기술혁신은 그 과정 자체가 매우 불확실하다.
② 기술혁신은 장기간의 시간을 필요로 한다.
③ 기술혁신은 지식 집약적인 활동이다.
④ 기술혁신 과정의 불확실성과 모호함은 기업 내에서 많은 갈등을 유발할 수 있다.
⑤ 기술혁신은 조직의 경계를 넘나든다.

47 다음 글에서 설명하는 것은 무엇인가?

> 기술혁신은 신기술이 발생, 발전, 채택되고, 다른 기술에 의해 사라질 때까지의 일정한 패턴을 가지고 있다. 기술의 발달은 처음에는 서서히 시작되다가 성과를 낼 수 있는 힘이 축적되면 급속한 진전을 보인다. 그리고 기술의 한계가 오면 성과는 점차 줄어들게 되고, 한계가 온 기술은 다시 성과를 내는 단계로 상승할 수 없으며, 여기에 혁신적인 새로운 기술이 출현하게 된다. 혁신적인 새로운 기술은 기존의 기술이 한계에 도달하기 전에 출현하는 경우가 많으며, 기존에 존재하는 시장의 요구를 만족시키면서 전혀 새로운 지식을 기반으로 한다. 이러한 기술의 예로 필름 카메라에서 디지털카메라로, 콤팩트디스크(Compact Disk)에서 엠피쓰리플레이어(MP3 Player)로의 전환 등을 들 수 있다.

① 바그너 법칙   ② 빅3 법칙
③ 기술의 S곡선   ④ 생산비의 법칙
⑤ 기술경영

48 다음 글에 나타난 산업재해의 원인으로 옳은 것은?

> 원유저장탱크에서 탱크 동체 하부에 설치된 믹서 임펠러의 날개깃이 파손됨에 따라, 과진동(과하중)이 발생하여 믹서의 지지부분(볼트)이 파손되어 축이 이탈되면서 생긴 구멍으로 탱크 내부의 원유가 대량으로 유출되었다. 분석에 따르면 임펠러 날개깃의 파손이 피로 현상에 의해 발생되어 표면에 응력집중을 일으킬 수 있는 결함이 존재하였을 가능성이 높다고 한다.

① 작업 관리상 원인　　　　　　　　② 교육적 원인
③ 기술적 원인　　　　　　　　　　④ 불안전한 행동
⑤ 고의적인 악행

49 다음 중 벤치마킹의 종류에 대한 설명으로 옳은 것은?

> 네스프레소는 가정용 커피머신 시장의 선두주자이다. 이러한 성장 배경에는 기존의 산업 카테고리를 벗어나 랑콤, 이브로쉐 등 고급 화장품 업계의 채널 전략을 벤치마킹한 데 있다. 고급 화장품 업체들은 매장에서 고객들에게 화장품을 직접 체험할 수 있는 기회를 제공하고, 이를 적극적으로 수요와 연계하고 있었다. 네스프레소는 이를 통해 신규 수요를 창출하기 위해서는 커피머신의 기능을 강조하는 것이 아니라, 즉석에서 추출한 커피의 신선한 맛을 고객에게 체험하게 하는 것이 중요하다는 인사이트를 도출했다. 이후 전 세계 유명 백화점에 오프라인 단독 매장들을 개설해 고객에게 커피를 시음할 수 있는 기회를 제공했다. 이를 통해 네스프레소의 수요는 급속도로 늘어나 매출 부문에서 30 ~ 40%의 고속성장을 거두게 됐고 전 세계로 확장되며 여전히 높은 성장세를 이어가고 있다.

① 자료수집이 쉬우며 효과가 크지만 편중된 내부시각에 대한 우려가 있다는 단점이 있다.
② 비용 또는 시간적 측면에서 상대적으로 많이 절감할 수 있다는 장점이 있다.
③ 문화 및 제도적인 차이에 대한 검토가 부족하면 잘못된 결과가 나올 수 있다.
④ 새로운 아이디어가 나올 가능성이 높지만 가공하지 않고 사용한다면 실패할 수 있다.
⑤ 경영성과와 관련된 정보 입수가 가능하나 윤리적인 문제가 발생할 소지가 있다.

50 다음 중 기술과 관련된 용어에 대한 설명으로 옳지 않은 것은?

① OJT(On the Job Training)는 국가에서 직원을 집합하여 교육하는 기본적인 훈련 방법이다.
② 노와이(Know-why)는 원인과 결과를 알아내고 파악하는 것을 말한다.
③ 노하우(Know-how)는 어떤 일을 오래 함에 따라 자연스럽게 터득한 방법이나 요령이다.
④ 벤치마킹(Benchmarking)은 기업에서 경쟁력을 키우기 위한 방법으로 경쟁 회사의 비법을 배우면서 혁신하는 기법이다.
⑤ 매뉴얼(Manual)은 제품 및 시스템을 사용하는 데 도움이 되는 서식이다.

46 다음 중 ㉠, ㉡에 들어갈 기능으로 옳은 것은?

> ㉠ 은/는 특정 값의 변화에 따른 결괏값의 변화 과정을 한 번의 연산으로 빠르게 계산하여 표의 형태로 표시해 주는 도구이고, ㉡ 은/는 비슷한 형식의 여러 데이터의 결과를 하나의 표로 통합하여 요약해 주는 도구이다.

	㉠	㉡
①	데이터 표	피벗 테이블
②	정렬	시나리오 관리자
③	데이터 표	통합
④	해 찾기	데이터 유효성 검사
⑤	통합	정렬

47 다음 중 워드프로세서의 조판과 관련된 용어에 대한 설명으로 옳은 것은?

① 마진(Margin)은 본문 속의 중요한 용어들을 문서 제일 뒤에 모아 문서 몇 페이지에 있는지 알려주는 기능이다.
② 각주는 특정 문장이나 단어에 대한 보충 설명들을 해당 페이지의 상단에 표시한다.
③ 꼬리말은 문서의 오른쪽에 항상 동일하게 지정할 수 있다.
④ 미주는 문서의 문구에 대한 보충 설명들을 문서의 첫 페이지에 모아서 표시한다.
⑤ 소트(Sort)는 문서의 균형을 위해 비워두는 페이지의 상·하·좌·우 공백을 말한다.

48 다음 중 함수식에 대한 결괏값으로 옳지 않은 것은?

	함수식	결괏값
①	=TRIM("1/4분기 수익")	1/4분기 수익
②	=SEARCH("세","세금 명세서",3)	5
③	=PROPER("republic of korea")	REPUBLIC OF KOREA
④	=LOWER("Republic of Korea")	republic of korea
⑤	=MOD(18,−4)	−2

49 옆 부서 K과장은 컴맹으로 유명하다. 어느 날 귀하에게 "어제 내가 무엇을 건드렸는지 모르겠는데, 보조 프로그램 폴더에 가면 그림판이 있었는데 사라졌어. 그림판이 없으면 업무하기 불편한데…."라고 말하며 어떻게 조치하면 되는지 물었다. K과장의 물음에 대해 가장 간단한 조치 방법을 안내한다고 할 때 적절한 것은?

① 컴퓨터를 다시 재부팅하면 그림판이 돌아오지 않을까요?

② 포맷을 하고 Windows 운영체제를 재설치하는 것이 좋을 것 같습니다.

③ 그림판 대신에 포토샵이나 일러스트를 사용하시는 건 어떨까요?

④ 바로가기 아이콘이 삭제된 것이니 그림판 응용프로그램이 설치되어 있는 폴더에서 다시 찾으면 됩니다.

⑤ 처음부터 설치되어 있지 않을 수 있으니, Windows 설치 CD를 넣고 프로그램을 추가 설치하면 됩니다.

50 다음 중 워드프로세서의 복사(Copy)와 잘라내기(Cut)에 대한 설명으로 옳은 것은?

① 복사하거나 잘라내기를 할 때 영역을 선택한 다음에 해야 한다.

② 한 번 복사하거나 잘라낸 내용은 한 번만 붙이기를 할 수 있다.

③ 복사한 내용은 버퍼(Buffer)에 보관되며, 잘라내기한 내용은 내문서에 보관된다.

④ 복사하거나 잘라내기를 하여도 문서의 분량에는 변화가 없다.

⑤ [Ctrl]+[C]는 잘라내기, [Ctrl]+[X]는 복사하기의 단축키이다.

51 다음 중 양수발전에 대한 설명으로 옳지 않은 것은?

① 산간 지역에 주로 설치된다.

② 물이 부족해지는 시기나 전력이 많이 필요한 시기에 방수한다.

③ 발전소보다 충분히 높은 위치에 자연호수 또는 인공호수가 있어야 한다.

④ 일반적인 수력발전소보다 자연유량에 더욱 제한을 받는다.

52 다음 중 한국수력원자력에 대한 설명으로 옳지 않은 것은?

① 한수원의 인재상은 '기본에 충실한 인재', '배려하는 상생 인재', '글로벌 전문 인재'이다.

② 한수원의 비전은 '신뢰받는 글로벌 에너지 리더, 한수원'이다.

③ 2001년에 한전에서 분할되었다.

④ 월성원전은 대한민국 1호 원전이다.

53 다음 중 1949년에 실시된 농지개혁법 제정에 대한 설명으로 옳지 않은 것은?

① 의도는 지주의 토지 자본을 산업 자본으로 전환하려는 데 있었다.

② 가구당 3정보를 소유 상한으로 국가가 유상 매입하여 농민에게 유상 분배하는 것을 원칙으로 하였다.

③ 지주들이 받은 지가 증권의 현금화가 쉬워 산업 자본 전환에 도움이 되었다.

④ 지주 중심의 토지 소유를 폐지하는 결과를 낳았다.

54 다음 중 독도와 울릉도에 대한 설명으로 옳지 않은 것은?

① 『삼국사기』에 의하면 신라 지증왕 때 이사부가 우산국을 정벌하여 울릉도와 독도를 우리 영토로 편입하였다.

② 『고려사』에는 우산국에서 고려 정부에 토산물을 바친 기록이 수록되어 있다.

③ 조선 숙종 때 안용복은 일본으로 가서 울릉도와 독도가 우리의 영토임을 확인받았다.

④ 일제는 청일전쟁 중 독도를 시마네 현에 편입시켜 일본의 영토로 만들었다.

55 다음 중 밑줄 친 '왕'의 업적에 대한 설명으로 옳은 것은?

> • 왕 7년에 율령을 반포하고, 처음으로 백관의 공복을 제정하였다.
> • 왕 19년에 금관국의 왕인 김구해가 왕비와 세 아들을 데리고 와 항복하였다.

① 대가야를 정복하였다.

② 김 씨에 의한 왕위의 독점적 세습이 이루어졌다.

③ 동시전을 설치하여 수도의 상업활동을 감독하였다.

④ 병부(兵部)를 설치하여 병권을 장악하였다.

www.sdedu.co.kr

5권

한국수력원자력
정답 및 해설

온라인 모의고사 무료쿠폰

쿠폰 번호	
	한국수력원자력 사무 AAQC-00000-BD0AD
쿠폰 번호	한국수력원자력 기술 AAQD-00000-22B5E
	한국수력원자력 ICT AAQE-00000-E8B00

[쿠폰 사용 안내]
1. 합격시대 홈페이지(www.sidaegosi.com/pass_sidae_new)에 접속합니다.
2. 홈페이지 상단 '1회 무료 이용권 제공' 배너를 클릭하고, 쿠폰번호를 입력합니다.
3. 내강의실 > 모의고사 > 합격시대 모의고사를 클릭하면 응시 가능합니다.
※ iOS / macOS 운영체제에서는 서비스되지 않습니다.
※ 본 쿠폰은 등록 후 30일간 이용 가능합니다.

무료NCS특강 쿠폰

쿠폰번호 ZYX-52508-15120

[쿠폰 사용 안내]
1. 시대플러스 홈페이지(www.sdedu.co.kr/plus)에 접속합니다.
2. 상단 카테고리 「이벤트」를 클릭합니다.
3. 「NCS 도서구매 특별혜택 이벤트」를 클릭한 후 쿠폰번호를 입력합니다.

AI면접 1회 무료쿠폰

쿠폰번호 AQB-82534-00280

[쿠폰 사용 안내]
1. WIN시대로(www.winsidaero.com)에 접속합니다.
2. 회원가입 후 상단 카테고리 「이벤트」를 클릭합니다.
3. 쿠폰번호를 입력 후 [마이페이지]에서 이용권을 사용하여 면접을 실시합니다.
※ 무료 쿠폰으로 응시한 면접에는 제한된 리포트가 제공됩니다.
※ 본 쿠폰은 등록 후 7일간 이용 가능합니다.

 도서 관련 최신 정보 및 정오사항이 있는지
우측 QR을 통해 확인해 보세요!

한국수력원자력 신입사원 필기시험
제1회 모의고사 정답 및 해설

01	02	03	04	05	06	07	08	09	10
④	①	④	④	②	②	③	①	②	②
11	12	13	14	15	16	17	18	19	20
③	①	①	①	⑤	⑤	④	③	③	③
21	22	23	24	25	26	27	28	29	30
③	②	③	③	④	②	④	①	①	①
31	32	33	34	35	36	37	38	39	40
②	③	①	④	⑤	②	④	②	③	③
41	42	43	44	45	46	47	48	49	50
③	④	⑤	②	④	④	③	④	④	③
51	52	53	54	55					
④	③	④	③	③					

제 1 영역 직업기초능력

01
정답 ④

제시문에서는 우리나라 최초의 순수 전투용 함선인 판옥선의 해전 술에 대해 이야기하고 있다. 판옥선은 접전을 막고 우리의 장기인 궁시에 의한 공격효율을 높이기 위해 만들어졌으며, 2층 구조로 유리한 위치에서 적군을 공격할 수 있었다.

02
정답 ①

세 번째 문단에서 전통적인 궁술이 포격으로 발전하였을 뿐만 아니라 사정거리도 월등히 길다고 하였으므로 적절하지 않다.

03
정답 ④

$72\text{km/h} = \dfrac{72,000}{3,600}\text{m/s} = 20\text{m/s}$

시속 72km로 달리는 자동차의 공주거리 : $20\text{m/s} \times 1\text{s} = 20\text{m}$
(자동차의 정지거리)=(공주거리)+(제동거리)이므로
시속 72km로 달리는 자동차의 평균 정지거리는
$20+36=56\text{m}$이다.

04
정답 ④

인플루엔자는 항원을 변화시키기 때문에 이전에 인플루엔자에 걸렸던 사람이라도 새로이 나타난 다른 균종으로부터 안전할 수 없다고 하였다.

오답분석
① 발열 증상은 아무런 기능도 없이 불가피하게 일어나는 수동적인 현상이 아니라, 체온을 높여 우리의 몸보다 열에 더 예민한 병원체들을 죽게하는 능동적인 행위이므로 옳지 않은 내용이다.
② 예방접종은 죽은 병원체를 접종함으로써 질병을 실제로 경험하지 않고 항체 생성을 자극하는 것이므로 옳지 않은 내용이다.
③ 겸상 적혈구 유전자는 적혈구의 모양을 정상적인 도넛 모양에서 낫 모양으로 바꾸어 빈혈을 일으키므로 생존에 불리함을 주지만, 말라리아에 대해서는 저항력을 가지게 한다고 하였으므로 옳지 않은 내용이다.
⑤ 역사적으로 특정 병원체에 자주 노출되었던 인구 집단에는 그 병에 저항하는 유전자를 가진 개체의 비율이 높아질 수밖에 없다고 하였다. 이는 반대로 생각하면 특정 병원체에 노출된 빈도가 낮은 집단에는 그 병에 저항하는 유전자를 가진 개체의 비율이 낮다는 의미이므로 옳지 않은 내용이다.

05
정답 ②

2020년 1분기에는 2019년보다 고용률이 하락했고, 2020년 2분기에는 1분기 고용률이 유지되었다.

오답분석
① 자료를 통해 확인할 수 있다.
③ 2021년 1분기 고용률이 가장 높은 국가는 독일이고, 가장 낮은 국가는 프랑스이다. 두 국가의 고용률의 차는 $74.4-64.2=10.2\%$p이다.
④ 프랑스와 한국의 2021년 1분기와 2분기의 고용률은 변하지 않았다.
⑤ • 2020년 2분기 OECD 전체 고용률 : 66.1%
　• 2021년 2분기 OECD 전체 고용률 : 66.9%
　∴ 2021년 2분기 OECD 전체 고용률의 작년 동기 대비 증가율
　　 : $\dfrac{66.9-66.1}{66.1} \times 100 ≒ 1.21\%$
　• 2021년 1분기 OECD 전체 고용률 : 66.8%
　∴ 2021년 2분기 OECD 전체 고용률의 직전 분기 대비 증가율
　　 : $\dfrac{66.9-66.8}{66.8} \times 100 ≒ 0.15\%$

06

- 김 사원 : 전체 경쟁력 점수는 E국이 D국보다 1점 높다. 이때 E국과 D국의 총합을 각각 계산하는 것보다 D국을 기준으로 E국의 편차를 부문별로 계산하여 판단하는 것이 좋다. 부문별 편차는 변속감 −1, 내구성 −2, 소음 −4, 경량화 +10, 연비 −2이므로 총합은 E국이 +1이다.
- 최 대리 : C국을 제외하고 국가 간 차이가 가장 큰 부문은 경량화 21점, 가장 작은 부분은 연비 9점이다.
- 오 사원 : 내구성이 가장 높은 국가는 B, 경량화가 가장 낮은 국가는 D이다.

07

저작권법에 의해 보호받을 수 있는 저작물은 최소한의 창작성을 지니고 있어야 하며, 남의 것을 베낀 것이 아닌 저작자 자신의 것이어야 한다.

08

제시문은 유전자 치료를 위해 프로브와 겔 전기영동법을 통해 비정상적인 유전자를 찾아내는 방법을 설명하고 있다.

09

기원이가 과체중이 되기 위해서 증가해야 할 체중을 $x$kg이라 하면,
$$\frac{71+x}{73.8}\times100>110 \rightarrow x>10.17$$이다.
따라서 5kg 증가해도 과체중 범주에 포함되지 않는다.

오답분석

① • 혜지의 표준체중 : $(158-100)\times0.9=52.2$kg
   • 기원이의 표준체중 : $(182-100)\times0.9=73.8$kg

③ • 혜지의 비만도 : $\frac{58}{52.2}\times100\fallingdotseq111\%$

   • 기원이의 비만도 : $\frac{71}{73.8}\times100\fallingdotseq96\%$

   • 용준이의 표준체중 : $(175-100)\times0.9=67.5$kg

   • 용준이의 비만도 : $\frac{96}{67.5}\times100\fallingdotseq142\%$

   표준체중(100%) 기준에서 비만도가 ±10% 이내이면 정상체중이므로 3명의 학생 중 정상체중인 학생은 기원이뿐이다.

④ 용준이가 정상체중 범주에 속하려면 비만도 110% 이하이어야 한다.

   $\frac{x}{67.5}\times100\leq110\% \rightarrow x\leq74.25$

   현재 96kg에서 22kg 감량하면 정상체중이 된다.

⑤ 혜지의 비만도 차이는 111%−100%로 11%p이다. 용준이의 비만도 차이는 142%−100%로 42%p이다. 혜지의 비만도 차이에 4배를 한 값은 44%p이므로 용준이의 비만도 차이 값인 42%p보다 더 크다.

10

제시문은 원자시계를 만드는 목적과 그 역할, 그리고 그에 따른 효과 등에 대해 설명하고 있다. 따라서 '(가) 사람들은 왜 더 정확한 원자시계를 만들려고 할까. → (다) 초기의 원자시계를 만든 목적은 부정확한 시간을 교정하기 위해서였다. → (마) 원자시계는 표준시를 기준하는 역할을 할 뿐만 아니라 한정된 시간을 보다 값지게 사용할 수 있게 해준다. → (나) 방송도 정밀한 시계를 이용할 경우 같은 시간 동안 더 많은 정보를 보낼 수 있게 된다. → (라) 뿐만 아니라 GPS도 시간 차이를 알수록 위치도 정밀하게 계산할 수 있다.'의 순서로 나열하는 것이 적절하다.

11

(마)에서 '하나의 시간을 주고받는 데 걸리는 시간을 줄일 수 있으므로 유·무선 통신을 할 때 많은 정보를 전달할 수 있게 된다.'고 하였다. 따라서 한 번에 여러 개의 신호를 송출할 수 있다고 한 ③은 적절하지 않다.

12

조건에 따라 소괄호 안에 있는 부분을 순서대로 풀이하면
'1 A 5'에서 A는 좌우의 두 수를 더하는 것이지만, 더한 값이 10 미만이면 좌우에 있는 두 수를 곱해야 한다. 1+5=6으로 10 미만이므로 두 수를 곱하여 5가 된다.
'3 C 4'에서 C는 좌우의 두 수를 곱하는 것이지만 곱한 값이 10 미만일 경우 좌우에 있는 두 수를 더한다. 이 경우 3×4=12로 10 이상이므로 12가 된다.
중괄호를 풀어보면 '5 B 12'이다. B는 좌우에 있는 두 수 가운데 큰 수에서 작은 수를 빼는 것이지만, 두 수가 같거나 뺀 값이 10 미만이면 두 수를 곱한다. 12−5=7로 10 미만이므로 두 수를 곱해야 한다. 따라서 60이 된다.
'60 D 6'에서 D는 좌우에 있는 두 수 가운데 큰 수를 작은 수로 나누는 것이지만, 두 수가 같거나 나눈 값이 10 미만이면 두 수를 곱해야 한다. 이 경우 나눈 값이 10이 되므로 답은 10이다.

13

주어진 식에 따라 $\frac{5,396}{24,151}\times100\fallingdotseq22.3\%$이다.

오답분석

② $\frac{x}{25,802}\times100=22.2\%$이므로

   $x=\frac{22.2\times25,802}{100}\fallingdotseq5,728$이다.

③ $\frac{x}{25,725}\times100=22.2\%$이므로

   $x=\frac{22.2\times25,725}{100}\fallingdotseq5,711$이다.

④ $\frac{5,547}{x} \times 100 = 22.1\%$이므로

$x = \frac{5,547 \times 100}{22.1} ≒ 25,100$이다.

⑤ $\frac{4,936}{23,045} \times 100 ≒ 21.4\%$이다.

14 정답 ①

ⅰ) A상자 첫 번째 안내문이 참, 두 번째 안내문이 거짓인 경우, B, D상자 첫 번째 안내문, C상자 두 번째 안내문이 참이다. 따라서 ①·②가 참, ③·④·⑤가 거짓이다.

ⅱ) A상자 첫 번째 안내문이 거짓, 두 번째 안내문이 참인 경우, B, C상자 첫 번째 안내문, D상자 두 번째 안내문이 참이다. 따라서 ①·③·⑤가 참, ②가 거짓, ④는 참인지 거짓인지 알 수 없다.

그러므로 항상 옳은 것은 ①이다.

15 정답 ⑤

먼저 갑의 진술을 기준으로 경우의 수를 나누어 보면 다음과 같다.

ⅰ) A의 근무지는 광주이다(○), D의 근무지는 서울이다(×).
진술의 대상이 중복되는 병의 진술을 먼저 살펴보면, A의 근무지가 광주라는 것이 이미 고정되어 있으므로 앞 문장인 'C의 근무지는 광주이다.'는 거짓이 된다. 따라서 뒤 문장인 'D의 근무지는 부산이다.'가 참이 되어야 한다. 다음으로 을의 진술을 살펴보면, 앞 문장인 'B의 근무지는 광주이다.'는 거짓이며, 뒤 문장인 'C의 근무지는 세종이다.'가 참이 되어야 한다. 이를 정리하면 다음과 같다.

A	B	C	D
광주	서울	세종	부산

ⅱ) A의 근무지는 광주이다(×), D의 근무지는 서울이다(○).
역시 진술의 대상이 중복되는 병의 진술을 먼저 살펴보면, 뒤 문장인 'D의 근무지는 부산이다.'는 거짓이 되며, 앞 문장인 'C의 근무지는 광주이다.'는 참이 된다. 다음으로 을의 진술을 살펴보면, 앞 문장인 'B의 근무지는 광주이다.'가 거짓이 되므로, 뒤 문장인 'C의 근무지는 세종이다.'는 참이 되어야 한다. 그런데 이미 C의 근무지는 광주로 확정되어 있기 때문에 모순이 발생한다. 따라서 이 경우는 성립하지 않는다.

A	B	C	D
		광주 세종(모순)	서울

따라서 가능한 경우는 ⅰ)뿐이므로 보기에서 반드시 참인 것은 ㄱ, ㄴ, ㄷ이다.

16 정답 ⑤

사고 전·후 이용 가구 수의 차이가 가장 큰 것은 생수이며, 가구 수의 차이는 140−70=70가구이다.

오답분석

① 수돗물을 이용하는 가구 수가 120가구로 가장 많았다.

② 수돗물과 약수를 이용하는 가구 수가 감소했다.

③ $\frac{230}{370} \times 100 ≒ 62\%$로, 60% 이상이다.

④ 사고 전에 정수를 이용하던 가구 수는 100가구이며, 사고 후에도 정수를 이용하는 가구 수는 50가구이다. 나머지 50가구는 사고 후 다른 식수 조달원을 이용한다.

17 정답 ④

㉣의 앞쪽에 제시된 술탄 메흐메드 2세의 행적을 살펴보면 성소피아 대성당으로 가서 성당을 파괴하는 대신 이슬람 사원으로 개조하였고, 그리스 정교회 수사에게 총대주교직을 수여하는 등 '역대 비잔틴 황제들이 제정한 법을 그가 주도하고 있던 법제화의 모델로 이용하였던 것'을 보아 '단절을 추구하는 것'이 아닌 '연속성을 추구하는 것'으로 고치는 것이 적절하다.

18 정답 ③

조건에 의해서 각 팀은 새로운 과제를 3, 2, 1, 1, 1개 맡아야 한다. 기존에 수행하던 과제를 포함해서 한 팀이 맡을 수 있는 과제는 최대 4개라는 점을 고려하면 다음과 같은 경우가 나온다.

구분	기존 과제 수	새로운 과제 수		
(가)팀	0개	3개	3개	2개
(나)팀	1개	1개	1개	3개
(다)팀	2개	2개	1개	1개
(라)팀	2개	1개	2개	1개
(마)팀	3개	1개		

ㄱ. a는 새로운 과제 2개를 맡는 팀이 수행하므로 (나)팀이 맡을 수 없다.

ㄷ. 기존에 수행하던 과제를 포함해서 2개 과제를 맡을 수 있는 팀은 기존 과제 수가 0개이거나 1개인 (가)팀과 (나)팀인데, 위의 세 경우 모두 2개 과제를 맡는 팀이 반드시 있다.

오답분석

ㄴ. f는 새로운 과제 1개를 맡는 팀이 수행하므로 (가)팀이 맡을 수 없다.

19
정답 ③

2020년 1/4 ~ 4/4분기 확정기여형을 도입한 사업장 수의 전년 동기 대비 증가폭을 구하면 다음과 같다.

- 1/4분기 : $109,820-66,541=43,279$
- 2/4분기 : $117,808-75,737=42,071$
- 3/4분기 : $123,650-89,571=34,079$
- 4/4분기 : $131,741-101,086=30,655$

따라서 2020년 중 확정기여형을 도입한 사업장 수가 전년 동기 대비 가장 많이 증가한 시기는 1/4분기이다.

오답분석
① 통계자료 중 '합계'를 통해 확인할 수 있다.
② 분기별 확정급여형과 확정기여형 취급실적을 비교하면 확정기여형이 항상 많은 것을 확인할 수 있다.
④·⑤ 자료를 통해 확인할 수 있다.

20
정답 ③

각 조건에 해당하는 숫자를 표로 정리해 보면 다음과 같다.

구분	A	B	C	D	E	F	G
(1) – 소	3세	2세	2세	3세	2세	2세	2세
(2) – 대	2명	1명	1명	2명	2명	2명	3명
(3) – 대	89	86	84	89	81	81	82
(4) – 소	33	39	36	33	32	32	30

위 표를 토대로 배달 순서를 나타내면 다음과 같다.
$G \rightarrow E \cdot F \rightarrow B \rightarrow C \rightarrow D \cdot A$
그러므로 5번째로 배달하는 집은 C이다.

21
정답 ③

㉠은 기업들이 더 많은 이익을 내기 위해 '디자인의 향상'에 몰두하는 것이 바람직하다는 판단이다. 즉, '상품의 사회적 마모를 짧게 해서 소비를 계속 증가시키기 위한' 방안인데, 이것에 대한 반론이 되기 위해서는 ㉠의 주장이 지니고 있는 문제점을 비판하여야 한다. ㉠이 지니고 있는 가장 큰 문제점은 '과연 성능 향상 없는 디자인 변화가 소비를 촉진시킬 수 있는 것인가'가 되어야 한다. 디자인 변화는 분명히 상품의 소비를 촉진시킬 수 있는 효과적 방법 중의 하나이지만 '성능이나 기능, 내구성'의 향상이 전제되지 않았을 때는 효과를 내기 힘들기 때문이다.

22
정답 ②

- 평균 통화시간이 6 ~ 9분인 여자의 수 : $400 \times \dfrac{18}{100} = 72$명

- 평균 통화시간이 12분 이상인 남자의 수 : $600 \times \dfrac{10}{100} = 60$명

$\therefore \dfrac{72}{60} = 1.2$

23
정답 ③

도배지는 총 세 가지 종류의 규격이 있는데, 첫 번째 도배지(폭 100cm×길이 150cm)가 가장 경제적이므로 이를 사용한다. 왜냐하면 두 번째 도배지의 크기는 첫 번째 도배지 크기의 $\dfrac{2}{3}$ 정도인 것에 반해, 가격은 $\dfrac{3}{4}$ 정도로 비싸기 때문이다. 이는 세 번째 도배지의 경우도 마찬가지이다.

1) '가로 8m×높이 2.5m' 벽 도배 비용 추산

1	2	3	4	5	6	7	8
9		10	11		12	13	㉠

- 첫 번째 도배지는 총 13Roll이 필요하다.
  → 비용 : $40,000 \times 13 = 520,000$원
- ㉠의 크기는 폭 100cm×길이 50cm이다.

2) '가로 4m×높이 2.5m' 벽 도배 비용 추산

1	2	3	4
5		6	㉡

- 첫 번째 도배지는 총 6Roll이 필요하다.
  → 비용 : $40,000 \times 6 = 240,000$원
- ㉡의 크기는 폭 100cm×길이 100cm이다.

3) ㉠+㉡의 도배 비용 추산
- 총 ㉠+㉡ 넓이=폭 100cm×길이 150cm
- 첫 번째 도배지 1Roll이 있으면 된다.
  → 비용 : 40,000원

4) 4개 벽면의 도배 비용
$=(520,000+240,000+40,000) \times 2 = 1,600,000$원

24
정답 ③

A ~ D 네 명의 진술을 정리하면 다음과 같다.

구분	진술 1	진술 2
A	C는 B를 이길 수 있는 것을 냈다.	B는 가위를 냈다.
B	A는 C와 같은 것을 냈다.	A가 편 손가락의 수는 B보다 적다.
C	B는 바위를 냈다.	A ~ D는 같은 것을 내지 않았다.
D	A, B, C 모두 참 또는 거짓을 말한 순서가 동일하다.	이 판은 승자가 나온 판이었다.

먼저 A ~ D는 반드시 가위, 바위, 보 세 가지 중 하나를 내야 하므로 그 누구도 같은 것을 내지 않았다는 C의 진술 2는 거짓이 된다. 따라서 C의 진술 중 진술 1이 참이 되므로 B가 바위를 냈다는 것을 알 수 있다. 이때, B가 가위를 냈다는 A의 진술 2는 참인 C의

진술 1과 모순되므로 A의 진술 중 진술 2가 거짓이 되는 것을 알 수 있다. 결국 A의 진술 중 진술 1이 참이 되므로 C는 바위를 낸 B를 이길 수 있는 보를 냈다는 것을 알 수 있다.

한편, 바위를 낸 B는 손가락을 펴지 않으므로 A가 편 손가락의 수가 자신보다 적었다는 B의 진술 2는 거짓이 된다. 따라서 B의 진술 중 진술 1이 참이 되므로 A는 C와 같은 보를 냈다는 것을 알 수 있다.

이를 바탕으로 A ~ C의 진술에 대한 참, 거짓 여부와 가위바위보를 정리하면 다음과 같다.

구분	진술 1	진술 2	가위바위보
A	참	거짓	보
B	참	거짓	바위
C	참	거짓	보

따라서 참 또는 거짓에 대한 A ~ C의 진술 순서가 동일하므로 D의 진술 1은 참이 되고, 진술 2는 거짓이 되어야 한다. 이때, 승자가 나오지 않으려면 D는 반드시 A ~ C와 다른 것을 내야 하므로 가위를 낸 것을 알 수 있다.

오답분석
① B와 같은 것을 낸 사람은 없다.
② 보를 낸 사람은 2명이다.
④ B가 기권했다면 가위를 낸 D가 이기게 된다.
⑤ 바위를 낸 사람은 1명이다.

25 정답 ④

제시된 자료와 조건을 이용해 출장자들의 출장여비를 구하면 다음과 같다.
- 갑의 출장여비
  - 숙박비 : $145 \times 3 = \$435$(∵ 실비 지급)
  - 식비 : $72 \times 4 = \$288$(∵ 마일리지 미사용)
  ∴ 갑의 출장여비는 $435 + 288 = \$723$이다.
- 을의 출장여비
  - 숙박비 : $170 \times 3 \times 0.8 = \$408$(∵ 정액 지급)
  - 식비 : $72 \times 4 \times 1.2 = \$345.6$(∵ 마일리지 사용)
  ∴ 을의 출장여비는 $408 + 345.6 = \$753.6$이다.
- 병의 출장여비
  - 숙박비 : $110 \times 3 = \$330$(∵ 실비 지급)
  - 식비 : $60 \times 5 \times 1.2 = \$360$(∵ 마일리지 사용)
  ∴ 병의 출장여비는 $330 + 360 = \$690$이다.
- 정의 출장여비
  - 숙박비 : $100 \times 4 \times 0.8 = \$320$(∵ 정액 지급)
  - 식비 : $45 \times 6 = \$270$(∵ 마일리지 미사용)
  ∴ 정의 출장여비는 $320 + 270 = \$590$이다.
- 무의 출장여비
  - 숙박비 : $75 \times 5 = \$375$(∵ 실비 지급)
  - 식비 : $35 \times 6 \times 1.2 = \$252$(∵ 마일리지 사용)
  ∴ 무의 출장여비는 $375 + 252 = \$627$이다.

따라서 출장여비를 가장 많이 지급받는 출장자부터 순서대로 나열하면 '을 – 갑 – 병 – 무 – 정' 순서이다.

26 정답 ②

조간대의 상부에 사는 생물들의 예시만 있으며 중부에 사는 생물에 대한 예시는 들고 있지 않다.

오답분석
① 마지막 문단에서, 조간대에 사는 생물 중 총알고둥류가 사는 곳은 물이 가장 높이 올라오는 지점인 상부라는 것을 이야기하고 있다.
③ 마지막 문단에서, 척박한 바다 환경에 적응하기 위해 높이에 따라 수직적으로 종이 분포한다고 이야기하고 있다.
④ 첫 번째, 두 번째 문단에 걸쳐서 조간대의 환경적 조건에 대해 언급하고 있다.
⑤ 두 번째 문단에서 조간대의 상부에서는 뜨거운 태양열을 견뎌야 하는 환경적 조건이며, 마지막 문단에서 이러한 환경에 적응하기 위해 총알고둥류와 따개비는 상당 시간 물 밖에 노출되어도 수분 손실을 막기 위해 패각과 덮개 판을 닫고 오랜 시간 버틸 수 있음을 이야기하고 있다.

27 정답 ④

한국, 중국의 개인주의 지표는 유럽, 일본, 미국의 개인주의 지표에 비해 항상 아래에 위치한다.

오답분석
①·⑤ 세대별 개인주의 가치성향 차이는 한국이 가장 크다.
② 대체적으로 모든 나라가 나이와 개인주의 가치성향이 반비례하고 있지만 항상 그렇지는 않다.
③ 중국의 1960년대생과 1970년대생의 개인주의 지표를 보면 1960년대생들이 1970년대생보다 개인주의 성향이 더 강한 것을 알 수 있다.

28 정답 ①

각각의 조건을 수식으로 비교해 보면 다음과 같다.
A>B, D>C, F>E>A, E>B>D
∴ F>E>A>B>D>C

29 정답 ①

A에 따르면 여성성은 순응적인 태도로 자연과 조화를 이루려 하는 것이므로 여성과 기술의 조화를 위해서는 자연과의 조화를 추구하는 기술을 개발해야 한다.

오답분석
ㄴ. B에 따르면 여성이 남성보다 기술 분야에 많이 참여하지 않는 것은 여성에게 주입된 성별 분업 이데올로기와 불평등한 사회 제도에 의해 여성의 능력이 억눌리고 있기 때문이다.
ㄷ. A는 남성과 여성이 가진 성질이 다르다고 보고 자연과 조화를 이루려는 여성성과 현재의 기술이 대립되어 여성이 기술 분야에 진출하기 어렵다고 하였다.

30
정답 ①

㉠에서 네 번째 줄의 접속어 '그러나'를 기준으로 앞부분은 사물 인터넷 사업의 경제적 가치 및 외국의 사물 인터넷 투자 추세, 뒷부분은 우리나라의 사물 인터넷 사업 현황에 대하여 설명하고 있다. 따라서 두 문단으로 나누는 것이 적절하다.

오답분석
② 문장 앞부분에서 '통계에 따르면'으로 시작하고 있으므로, 이와 호응되는 서술어를 능동 표현인 '예상하며'로 바꾸는 것은 어색하다.
③ 우리나라의 사물 인터넷 시장이 선진국에 비해 확대되지 못하고 있는 것은 사물 인터넷 관련 기술을 확보하지 못한 결과이다. 따라서 수정하는 것은 옳지 않다.
④ 문맥상 '기술력을 갖추다.'라는 의미가 되어야 하므로 '확보'로 바꾸어야 한다.
⑤ 사물 인터넷의 의의와 기대효과로 글을 마무리하고 있는 문장이므로 삭제할 필요는 없다.

31
정답 ②

직장에서의 프라이버시 침해 위협에 대해 우려하는 것이 제시된 글의 논지이므로 ②는 제시된 글의 내용과 부합하지 않는다.

32
정답 ③

노반은 가장 밑에서 열차의 하중을 지지하는 기반으로 흙 노반이 기본이지만 터널과 고가교에는 콘크리트 노반을 사용하기도 한다. 따라서 노반의 대부분이 콘크리트 노반을 사용한다는 말은 적절하지 않다.

33
정답 ①

제시문은 급격하게 성장하는 호주의 카셰어링 시장을 언급하면서 이러한 성장 원인에 대해 분석하고 있으며, 호주 카셰어링 시장의 성장 가능성과 이에 따른 전망을 이야기하고 있다. 따라서 글의 제목으로 ①이 가장 적절하다.

34
정답 ④

네 번째 문단에서 보면 호주에서 차량 2대를 소유한 가족의 경우 차량 구매 금액을 비롯하여 차량 유지비에 쓰는 비용이 최대 연간 18,000호주 달러에 이른다고 하였으므로 18,000호주 달러는 차량 2대를 소유한 가족 기준 차량 유지비이다.

35
정답 ⑤

제시된 조건에 따라 경제적 효율성을 계산하면 다음과 같다.

- A자동차 : $\left(\dfrac{2,000}{11\times500}+\dfrac{10,000}{51,000}\right)\times100\fallingdotseq55.97\%$
- B자동차 : $\left(\dfrac{2,000}{12\times500}+\dfrac{10,000}{44,000}\right)\times100\fallingdotseq56.06\%$
- C자동차 : $\left(\dfrac{1,500}{14\times500}+\dfrac{10,000}{29,000}\right)\times100\fallingdotseq55.91\%$
- D자동차 : $\left(\dfrac{1,500}{13\times500}+\dfrac{10,000}{31,000}\right)\times100\fallingdotseq55.33\%$
- E자동차 : $\left(\dfrac{900}{7\times500}+\dfrac{10,000}{33,000}\right)\times100\fallingdotseq56.02\%$

경제적 효율성이 가장 높은 자동차는 B자동차이지만 외부 손상이 있으므로 선택할 수 없고, B자동차 다음으로 효율성이 높은 자동차는 E자동차이며, 외부 손상이 없다. 따라서 S사원이 매입할 자동차는 E자동차이다.

36
정답 ②

B는 뒷면을 가공한 이후 A의 앞면 가공이 끝날 때까지 5분을 기다려야 한다. 즉, '뒷면 가공 → 5분 기다림 → 앞면 가공 → 조립'이 이루어지므로 총 45분이 걸리고, 유휴 시간은 5분이다.

37
정답 ④

예산이 가장 많이 드는 B사업과 E사업은 사업기간이 3년이므로 최소 1년은 겹쳐야 한다는 것을 기반으로 정리할 수 있다.

연도 사업명 · 예산	1년 20조	2년 24조	3년 28.8조	4년 34.5조	5년 41.5조
A		1	4		
B		15	18	21	
C					15
D	15	8			
E			6	12	24
소요예산 합계	15	24	28	33	39

38
정답 ②

수건이나 휴지 등을 덧댄 후 마스크를 사용하면 밀착력이 감소해 미세입자 차단 효과가 떨어질 수 있다.

39 정답 ③

A사와 B사의 제품 판매가를 x원(단, $x > 0$)이라 하자.
두 번째 조건에 따라 A사와 B사의 어제 판매수량의 비는 4 : 3이
므로 A사와 B사의 판매수량을 각각 $4y$개, $3y$개라고 하자.
세 번째 조건에 의하여 오늘 A사와 B사의 제품 판매가는 각각 x
원, $0.8x$원이고, 네 번째 조건에 의하여 오늘 A사의 판매수량은
$4y$개, 오늘 B사의 판매수량은 $3y + 150$개이다.
다섯 번째 조건에 의하여 두 회사의 오늘 전체 판매액은 동일하므
로 $4xy = 0.8x(3y + 150)$ → $4y = 0.8(3y + 150)$ → $y = 75$
따라서 오늘 B사의 판매수량은 $3 \times 75 + 150 = 375$개이다.

오답분석
① · ⑤ $4xy = 0.8x(3y + 150)$에 y값을 대입하면 $300x = 300x$
  이다. 즉, x에 어떤 수를 대입해도 식이 성립하므로 A사와 B
  사의 제품 판매 단가를 알 수 없다.
② · 오늘 A사의 판매수량 : $4 \times 75 = 300$개
  · 어제 B사의 판매수량 : $3 \times 75 = 225$개
  ∴ 오늘 A사의 판매수량과 어제 B사의 판매수량의 차
    : $300 - 225 = 75$개
④ 오늘 A사와 B사의 판매수량 비는 $300 : 375 = 4 : 5$이므로 동
  일하지 않다.

40 정답 ③

첫 번째 조건에 따라 용인 지점에서는 C와 D만 근무할 수 있으며,
인천 지점에서는 A와 B만 근무할 수 있다. 이때, A는 과천 지점에
서 근무하므로 인천 지점에는 B가 근무하는 것을 알 수 있다. 주어
진 조건에 따라 A~D의 근무 지점을 정리하면 다음과 같다.

구분	과천	인천	용인	안양
경우 1	A	B	C	D
경우 2	A	B	D	C

따라서 항상 참이 되는 것은 ③이다.

오답분석
① · ② 주어진 조건만으로 A와 B가 각각 안양과 과천에서 근무한
  경험이 있는지는 알 수 없다.

41 정답 ③

각 조건을 논리기호로 나타내면 다음과 같다.
· ~ 투자조사부 → ~ 자원관리부
· ~ 사업지원부 → ~ 기획경영부
· 자원관리부 이전 확정
· 투자조사부, 사업지원부 중 1곳만 이전
· 3개 부서 이상
세 번째 조건에 따르면 자원관리부는 이전하고, 첫 번째 조건의
대우에 따르면 자원관리부가 이전하면 투자조사부도 이전한다. 또
한 네 번째 조건에 따라 투자조사부가 이전하여 사업지원부는 이
전하지 않으며, 두 번째 조건에서 사업지원부가 이전하지 않으므
로 기획경영부도 이전하지 않는다. 마지막 조건은 3개 이상의 부
서가 이전한다고 했으므로 자원관리부, 투자조사부, 인사부가 이

전하게 된다. 따라서 자원관리부, 투자조사부, 인사부가 이전하
고, 사업지원부, 기획경영부는 이전하지 않는다.

42 정답 ④

의사의 왼쪽 자리에 앉은 사람이 검은색 원피스를 입었고 여자이
므로, 의사가 남자인 경우와 여자인 경우로 나눌 수 있다.
· 의사가 여자인 경우
  검은색 원피스를 입은 여자가 교사인 경우와 교사가 아닌 경우로
  나눌 수 있다.
  ⅰ) 검은색 원피스를 입은 여자가 교사가 아닌 경우 : 의사가
    밤색 티셔츠를 입고, 반대편에 앉은 남자가 교사가 되며,
    그 옆의 남자가 변호사이고 하얀색 니트를 입는다. 그러면
    검은색 원피스를 입은 여자가 자영업자가 되어야 하는데, 5
    번째 조건에 따르면 자영업자는 남자이므로 주어진 조건에
    어긋난다.
  ⅱ) 검은색 원피스를 입은 여자가 교사인 경우 : 건너편에 앉은
    남자는 밤색 티셔츠를 입었고 자영업자이며, 그 옆의 남자는
    변호사이고 하얀색 니트를 입는다. 이 경우 의사인 여자는
    남성용인 파란색 자켓을 입어야 하므로 주어진 조건에 어긋
    난다.
· 의사가 남자인 경우
  ⅰ) 검은색 원피스를 입은 여자가 교사가 아닌 경우 : 검은색
    원피스를 입은 여자가 아닌 또 다른 여자가 교사이고, 그 옆
    에 앉은 남자는 자영업자이다. 이 경우, 검은색 원피스를 입
    은 여자가 변호사가 되는데, 4번째 조건에 따르면 변호사는
    하얀색 니트를 입어야 하므로 주어진 조건에 어긋난다.
  ⅱ) 검은색 원피스를 입은 여자가 교사인 경우 : 검은색 원피스
    를 입은 여자의 맞은편에 앉은 남자는 자영업자이고 밤색
    니트를 입으며, 그 옆에 앉은 여자는 변호사이고 하얀색 니
    트를 입는다. 따라서 의사인 남자는 파란색 자켓을 입고, 모
    든 조건은 충족된다.

43 정답 ⑤

A가 3번이면, 세 번째 조건에 따라 C는 2번이고, D는 4번이다.
또한 네 번째 조건에 따라 B는 6번이고, 두 번째 조건에 따라 E는
5번이다. 따라서 첫 번째로 면접을 보는 사람은 F이다.

44 정답 ②

1) K기사가 거쳐야 할 경로는 'A도시 → E도시 → C도시 → A도
  시'이다. A도시에서 E도시로 바로 갈 수 없으므로 다른 도시를
  거쳐야 하는데, 가장 짧은 시간 내에 A도시에서 E도시로 갈
  수 있는 경로는 B도시를 경유하는 것이다. 따라서 K기사의 운
  송경로는 'A도시 → B도시 → E도시 → C도시 → A도시'이며,
  이동시간은 $1.0 + 0.5 + 2.5 + 0.5 = 4.5$시간이다.
2) P기사는 가장 짧은 이동시간으로 A도시에서 출발하여 모든 도
  시를 한 번씩 거친 뒤 다시 A도시로 돌아와야 한다. 해당 조건
  이 성립하는 운송경로는 다음과 같다.

- A도시 → B도시 → D도시 → E도시 → C도시 → A도시
  이동시간=1.0+1.0+0.5+2.5+0.5=5.5시간
- A도시 → C도시 → B도시 → E도시 → D도시 → A도시
  이동시간=0.5+2.0+0.5+0.5+1.5=5시간
  따라서 P기사가 운행할 이동시간은 5시간이다.

45
정답 ④

회사 근처 모텔에서 숙박 후 버스 타고 공항 이동
: 모텔 40,000원+버스 20,000원+시간 30,000원=90,000원

오답분석

① 공항 근처 모텔로 버스 타고 이동 후 숙박
   : 버스 20,000원+시간 30,000원+모텔 80,000원
   =130,000원
② 공항 픽업 호텔로 버스 타고 이동 후 숙박
   : 버스 10,000원+시간 10,000원+호텔 100,000원
   =120,000원
③ 공항 픽업 호텔로 택시 타고 이동 후 숙박
   : 택시 20,000원+시간 5,000원+호텔 100,000원
   =125,000원
⑤ 회사 근처 모텔에서 숙박 후 택시 타고 공항 이동
   : 모텔 40,000원+택시 40,000원+시간 15,000원
   =95,000원

| 01 | 사무(조직이해능력)

46
정답 ④

창의적인 사고가 선천적으로 타고난 사람들에게만 있다든가, 후천적 노력에는 한계가 있다는 것은 편견이다.

47
정답 ③

(A)는 경영전략 추진과정 중 환경분석을 나타내며, 환경분석은 외부 환경분석과 내부 환경분석으로 구분된다. 외부 환경으로는 기업을 둘러싸고 있는 경쟁자, 공급자, 소비자, 법과 규제, 정치적 환경, 경제적 환경 등이 해당되며, 내부 환경은 기업구조, 기업문화, 기업자원 등이 해당된다. ③에서 설명하는 예산은 기업자원으로 내부 환경분석의 성격을 가지며, 다른 사례들은 모두 외부 환경분석의 성격을 가짐을 알 수 있다.

48
정답 ④

부서 명칭만 듣고도 대략 어떤 업무를 담당하는지 알고 있어야 한다. 인사팀의 주요 업무는 근태관리·채용관리·인사관리 등이 있다. 인사기록카드 작성은 인사팀의 업무인 인사관리에 해당하는 부분이므로 인사팀에 제출하는 것이 적절하다. 한편, 총무팀은 회사의 재무와 관련된 전반적 업무를 총괄한다. A회사의 부서 구성을 보았을 때 비품 구매는 총무팀의 소관 업무로 보는 것이 적절하다.

49
정답 ④

회사와 팀의 업무 지침은 변화하는 환경 속에서 그 일의 전문가들에 의해 확립된 것이므로 기본적으로 지켜야 할 것은 지키되, 그 속에서 자신의 방식을 발견해야 한다. 따라서 본인이 속한 팀의 업무 지침이 마음에 들지 않는다는 이유로 이를 지키지 않고 본인만의 방식을 찾겠다는 D대리의 행동전략은 적절하지 않다.

50
정답 ③

경영은 경영목적, 인적자원, 자금, 경영전략의 4요소로 구성된다.
ㄱ. 경영목적, ㄴ. 인적자원, ㅁ. 자금, ㅂ. 경영전략

오답분석

ㄷ. 마케팅, ㄹ. 회계

| 02 | 기술(기술능력)

46
정답 ④

제품설명서 중 A/S 신청 전 확인 사항을 살펴보면, 비데 기능이 작동하지 않을 경우 수도필터가 막혔거나 착좌센서 오류가 원인이라고 제시되어 있다. 따라서 K사원으로부터 접수받은 현상(문제점)의 원인을 파악하려면 수도필터의 청결 상태를 확인하거나 비데의 착좌센서의 오류 여부를 확인해야 한다. 따라서 ④가 가장 적절하다.

47
정답 ③

46번 문제에서 확인한 사항(원인)은 수도필터의 청결 상태이다. 즉, 수도필터의 청결 상태가 원인이 되는 또 다른 현상(문제점)으로는 수압이 약할 경우이다. 따라서 ③이 적절하다.

48
정답 ④

기술능력이 뛰어난 사람은 기술적 해결에 대한 효용성을 평가한다.

기술능력이 뛰어난 사람의 특징
- 실질적 해결을 필요로 하는 문제를 인식한다.
- 인식된 문제를 위해 다양한 해결책을 개발하고 평가한다.
- 실제적 문제를 해결하기 위해 지식이나 기타 자원을 선택, 최적화시키며 적용한다.
- 주어진 한계 속에서 제한된 자원을 가지고 일한다.
- 기술적 해결에 대한 효용성을 평가한다.
- 여러 상황 속에서 기술의 체계와 도구를 사용하고 배울 수 있다.

49
정답 ④

결과가 가장 큰 값을 구해야 하므로 최대한 큰 수가 있는 구간으로 이동해야 하며, 세 번째 조건에 따라 총 10번의 이동이 가능하다. 반복 이동으로 가장 커질 수 있는 구간은 $D-E$구간이지만, 음수가 있으므로 왕복 2번을 이동하여 값을 양수로 만들어야 한다. $D-E$구간에서 4번 이동하고 마지막에 $E-F$구간 1번 이동하는 것을 제외하면, 출발점인 A에서 $D-E$구간을 왕복하기 전까지 총 5번을 이동할 수 있다. $D-E$구간으로 가기 전 가장 큰 값은 C에서 E로 가는 것이므로 $C-E-D-E-D-E-F$로 이동한다. 또한, 출발점인 A에서 C까지 4번 이동하려면 $A-B-B-B-C$밖에 없다.

따라서 $A-B-B-B-C-E-D-E-D-E-F$ 순서로 이동한다.

$\therefore 1\times2\times2\times2\times3\times(-2)\times3\times(-2)\times3\times1=864$

50
정답 ③

$A-B-C-D-E-D-C-D-E-F$: $100\times1\times2\times2\times3\times(-2)\times1\times2\times3\times1=-14,400$

오답분석

① $A-B-B-E-D-C-E-C-E-F$
: $100\times1\times2\times2\times(-2)\times1\times3\times(-1)\times3\times1=7,200$

② $A-B-C-D-E-D-E-D-E-F$
: $100\times1\times2\times2\times3\times(-2)\times3\times(-2)\times3\times1=43,200$

④ $A-B-E-D-C-E-C-D-E-F$
: $100\times1\times2\times(-2)\times1\times3\times(-1)\times2\times3\times1=7,200$

⑤ $A-B-B-C-E-D-E-D-E-F$
: $100\times1\times2\times2\times3\times(-2)\times3\times(-2)\times3\times1=43,200$

| 03 | ICT(정보능력)

46 　　　　　　　　　　　　　　　정답 ④
MOD 함수를 통해 「=MOD(숫자, 2)=1」이면 홀수, 「=MOD(숫자, 2)=0」이면 짝수와 같이 홀수와 짝수를 구분할 수 있다. ROW 함수는 현재 위치한 '행'의 번호를, COLUMN 함수는 현재 위치한 '열'의 번호를 출력한다.

47 　　　　　　　　　　　　　　　정답 ③
바깥쪽 i-for문이 4번 반복되고 안쪽 j-for문이 6번 반복되므로 j-for문 안에 있는 문장은 총 24번이 반복된다.

48 　　　　　　　　　　　　　　　정답 ④
오답분석
① [Home] : 커서를 행의 맨 처음으로 이동시킨다.
② [End] : 커서를 행의 맨 마지막으로 이동시킨다.
③ [Back Space] : 커서 앞의 문자를 하나씩 삭제한다.
⑤ [Alt]+[Page Up] : 커서를 한 쪽 앞으로 이동시킨다.

49 　　　　　　　　　　　　　　　정답 ④
센서 노드는 낮은 처리 용량의 프로세서, 작은 크기의 저장장치를 사용한다. 따라서 우리가 PC에서 사용하는 마이크로소프트의 윈도나 리눅스 계열의 운용체계를 센서 노드를 제어하기 위한 운용체계로 사용할 수 없다.

50 　　　　　　　　　　　　　　　정답 ③
합계를 구할 범위는 [D2:D6]이며, [A2:A6]에서 "연필"인 데이터와 [B2:B6]에서 "서울"인 데이터는 [D4] 셀과 [D6] 셀이다. 이들의 판매실적은 300+200=500이다.

51 　　　　　　　　　　　　　　　정답 ④
한국수력원자력은 2020년 9월 국내 최초로 원격근무 환경에 생체인증시스템을 적용하였다.

오답분석
①은 2021년 6월, ②는 2021년 7월, ③은 2021년 12월에 있었던 한국수력원자력의 활동이다.

52 　　　　　　　　　　　　　　　정답 ③
2018년에 APR1400이 미국 NRC에서 표준설계승인서를 취득하였다. APR+는 순수 국내기술로 개발된 원전으로, 기존 APR1400보다 효율성이 높다.

53 　　　　　　　　　　　　　　　정답 ④
제시문은 정조 때 금난전권을 폐지하는 조치에 관한 내용이다. 금난전권은 시전 상인들이 서울 난전을 금지하고 특정 상품을 독점 판매할 수 있는 권리였다. 조선 후기 상품 경제가 발달하면서 사상이 증가하여 시전 상인들과의 충돌이 잦아졌다. 결국 정조는 1791년(정조 15) 신해통공(辛亥通共)으로 육의전을 제외한 일반 시전 상인이 가진 금난전권을 폐지하였다. 신해통공 이후 사상의 활동 범위는 크게 확대되었다.

54 　　　　　　　　　　　　　　　정답 ③
임진왜란 이후 조선에서는 새로운 군사 조직의 필요성을 느껴 훈련도감을 설치하였고, 훈련도감은 포수, 사수, 살수의 삼수병으로 편성되었다. 이들은 장기간 근무를 하고 급료를 받는 상비군으로, 의무병이 아닌 직업 군인의 성격을 가지고 있었다.

55 　　　　　　　　　　　　　　　정답 ③
아관파천은 을미사변 이후 신변에 위협을 느낀 고종과 왕세자가 1896년 2월 11일부터 약 1년간 왕궁을 버리고 러시아 공사관에 옮겨 거처한 사건이다.

제2회 모의고사 정답 및 해설

01	02	03	04	05	06	07	08	09	10
②	⑤	③	④	②	③	②	④	④	④
11	12	13	14	15	16	17	18	19	20
②	⑤	③	①	②	④	②	⑤	④	③
21	22	23	24	25	26	27	28	29	30
⑤	①	③	②	⑤	④	②	④	④	④
31	32	33	34	35	36	37	38	39	40
③	③	③	①	①	④	①	⑤	③	①
41	42	43	44	45	46	47	48	49	50
④	①	④	⑤	④	⑤	②	①	②	①
51	52	53	54	55					
④	④	③	①	④					

제 1영역 직업기초능력

01
정답 ②

빈칸 뒤에서 민화는 필력보다 소재와 그것에 담긴 뜻이 더 중요한 그림이었다는 내용을 통해 민화는 작품의 기법보다 작품의 의미를 중시했음을 알 수 있다. 따라서 빈칸에 들어갈 문장은 ②가 가장 적절하다.

02
정답 ⑤

• 민국 : 인터넷을 이용하는 남성의 수는 113+145=258명, 여성의 수는 99+175=274명으로 여성의 수가 더 많다.
• 만세 : 인터넷을 이용하지 않는 30세 미만은 56명, 30세 이상은 112명이므로 30세 이상이 더 많다.

오답분석

• 대한 : 인터넷을 자주 이용하는 30세 미만은 135명, 30세 이상은 77명이지만, 구체적인 남녀의 수는 나와 있지 않기 때문에 알 수 없다.

03
정답 ③

2021년 축구 동호회 인원 증가율은 $\frac{131-114}{114} \times 100 ≒ 15\%$이다. 따라서 2022년 축구 동호회 인원은 $131 \times 1.15 ≒ 151$명이다.

04
정답 ④

2019년 전체 동호회의 평균 인원은 $419 \div 7 ≒ 60$명이다. 2019년 족구 동호회 인원은 62명이므로 전체 동호회의 평균 인원보다 더 많다.

오답분석

① 족구와 배구 동호회의 순위가 2018년과 2019년에 다르다.
② 2019년과 2020년을 비교하면, 분모증가율은 $\frac{554-419}{419} ≒ \frac{1}{3}$이고, 분자증가율은 $\frac{42-35}{35} = \frac{1}{5}$이다. 따라서 2020년에는 비중이 감소했다.
③ 2018년과 2019년을 비교하면, 분모증가율은 $\frac{419-359}{359} ≒ \frac{1}{6}$이고, 분자증가율은 $\frac{56-52}{52} = \frac{1}{13}$이다. 따라서 2019년에는 비중이 감소했다.
⑤ 2018년부터 등산과 여행 동호회 인원의 합은 각각 31, 60, 81, 131명으로, 2021년에는 축구 동호회 인원과 동일하다.

05
정답 ②

② 아리스토텔레스에게는 물체의 정지 상태가 물체의 운동 상태와는 아무런 상관이 없었으며, 물체에 변화가 있어야만 운동한다고 이해했다.

오답분석

㉠ 이론적인 선입견을 배제한다면 일상적인 경험에 의거해 아리스토텔레스의 논리가 더 그럴듯하게 보일 수는 있다고 했지만, 뉴턴 역학이 올바르지 않다고 언급하지는 않았다.
㉡ 제시문의 두 번째 문장에서 '아리스토텔레스에 의하면 물체가 똑같은 운동 상태를 유지하기 위해서는 외부에서 끊임없이 힘이 제공되어야만 한다.'고 하고 있다. 그러므로 아리스토텔레스의 주장과 반대되는 내용이다.
㉢ 제시문만으로는 당시에 뉴턴이나 갈릴레오가 아리스토텔레스의 논리를 옳다고 판단했는지는 알 수 없다.

06
정답 ③

(라) 지난 9월 경주에 5.8 규모의 지진이 발생하였으나 신라시대 문화재들은 큰 피해를 보지 않았다 → (가) 경주는 과거에 여러 차례 지진이 발생하였음에도 불국사와 석굴암, 첨성대 등은 그랭이법과 동틀돌이라는 전통 건축 방식으로 현재까지 그 모습을 보존해 왔다 → (다) 그랭이법이란 자연석을 그대로 활용해 땅의 흔들림을 흡수하는 놀라운 기술이다 → (나) 그랭이칼을 이용해 자연석의 요철을 그린 후 그 모양대로 다듬어 자연석 위에 세우고 그 틈을 동틀돌로 지지하는 것이 그랭이법이다.

07
정답 ②

글의 내용은 '경주는 언제든지 지진이 발생할 수 있는 양산단층에 속하는 지역이지만 신라시대에 지어진 문화재들은 현재까지도 굳건히 그 모습을 유지하고 있으며, 이는 그랭이법이라는 건축기법 때문이다.'라는 것이므로 '경주 문화재는 왜 지진에 강할까?'라는 질문의 답이 될 수 있다.

08
정답 ④

그랭이법과 그랭이질은 같은 말이다. 따라서 같은 의미 관계인 한자성어와 속담을 고르면 된다. 망양보뢰(亡羊補牢)는 '양을 잃고서 그 우리를 고친다'는 뜻으로 실패한 후에 일을 대비함 또는 이미 어떤 일을 실패한 뒤에 뉘우쳐도 소용이 없음을 말이다. 이와 같은 뜻으로는 '일이 이미 잘못된 뒤에는 손을 써도 소용이 없다'는 뜻의 '소 잃고 외양간 고친다.'가 있다.

09
정답 ④

'또한'은 '어떤 것을 전제로 하고 그것과 같게, 그 위에 더'를 뜻하는 부사로, 앞의 내용에 새로운 내용을 첨가할 때 사용한다. 그러나 ㉣의 앞 내용은 뒤 문장의 이유나 근거에 해당하므로 '또한'이 아닌 '그러므로' 등을 사용하는 것이 문맥상 자연스럽다.

10
정답 ④

마지막 문단에서 정약용은 청렴을 지키는 것의 효과로 첫째, '다른 사람에게 긍정적 효과를 미친다.', 둘째, '목민관 자신에게도 좋은 결과를 가져다준다.'고 하였으므로 ④는 글의 내용에 부합한다.

오답분석

① 두 번째 문단에서, '정약용은 청렴을 당위 차원에서 주장하는 기존의 학자들과 달리 행위자 자신에게 실질적 이익이 된다는 점을 들어 설득하고자 한다.'고 설명하고 있다.

② 두 번째 문단에서, '정약용은 "지자(知者)는 인(仁)을 이롭게 여긴다."라는 공자의 말을 빌려 "지혜로운 자는 청렴함을 이롭게 여긴다."라고 하였으므로 공자의 뜻을 계승한 것이 아니라 공자의 말을 빌려 청렴의 중요성을 강조한 것이다.

③ 두 번째 문단에서, '지혜롭고 욕심이 큰 사람은 청렴을 택하지만 지혜가 짧고 욕심이 작은 사람은 탐욕을 택한다.'라고 하였으므로 청렴한 사람은 욕심이 크기 때문에 탐욕에 빠지지 않는다는 설명이 적절하다.

⑤ 첫 번째 문단에서, '이황과 이이는 청렴을 사회 규율이자 개인 처세의 지침으로 강조하였다.'라고 하였으므로 이황과 이이는 청렴을 사회 규율로 보았다는 것을 알 수 있다.

11
정답 ②

수윤 – 태환 – 지성 – 영표 – 주영 순서로 들어왔다.

12
정답 ⑤

1년=12개월=52주 동안 렌즈 교체(=구매) 횟수
- A : 12÷1=12번을 구매해야 한다.
- B : 1+1 서비스로 한 번에 4달 치의 렌즈를 구매할 수 있으므로 12÷4=3번을 구매해야 한다.
- C : 3월, 7월, 11월은 1+2 서비스로, 1월, 2월, 3월(~ 4, 5월), 6월, 7월(~ 8, 9월), 10월, 11월(~ 12월) 총 7번을 구매해야 한다.
- D : 착용기한이 1주이므로 1년에 총 52번을 구매해야 한다.
- E : 1+2 서비스로 한 번에 6달 치의 렌즈를 구매할 수 있으므로, 12÷6=2번을 구매해야 한다.

최종 가격은 (가격)×(횟수)이므로 비용은 다음과 같다.
- A : 30,000×12=360,000원
- B : 45,000×3=135,000원
- C : 20,000×7=140,000원
- D : 5,000×52=260,000원
- E : 65,000×2=130,000원

따라서 E렌즈를 가장 적은 비용으로 사용할 수 있다.

13
정답 ③

매출 순이익은 [(판매가격)−(생산단가)]×(판매량)이므로, 메뉴별 매출 순이익을 계산하면 다음과 같다.

메뉴	예상 월간 판매량(개)	생산 단가(원)	판매 가격(원)	매출 순이익(원)
A	500	3,500	4,000	250,000 =(4,000−3,500)×500
B	300	5,500	6,000	150,000 =(6,000−5,500)×300
C	400	4,000	5,000	400,000 =(5,000−4,000)×400
D	200	6,000	7,000	200,000 =(7,000−6,000)×200
E	150	3,000	5,000	300,000 =(5,000−3,000)×150

따라서 매출 순이익이 가장 높은 C를 메인 메뉴로 선택하는 것이 가장 합리적인 판단이다.

14
정답 ①

제시문은 음악을 쉽게 복제할 수 있는 환경이 되었는데 이를 비판하는 시각이 등장했음을 소개하고, 비판적 시각에 대한 반박을 하면서 미래에 대한 기대를 나타내는 내용의 글이다. 따라서 '(C) 음악을 쉽게 변모시킬 수 있게 된 환경 → (A) 음악 복제에 대한 비판적인 시선의 등장 → (D) 이를 반박하는 복제품 음악의 의의 → (B) 복제품으로 새롭게 등장한 전통에 대한 기대' 순서로 연결되어야 한다.

15
정답 ②

$$[\text{해당 연도의 특정 발전설비 점유율}(\%)] = \frac{(\text{특정 발전설비})}{(\text{전체 발전설비})} \times 100$$

이다.

• 2021년 점유율 : $\frac{17,716}{76,079} \times 100 ≒ 23.3\%$

• 2020년 점유율 : $\frac{17,716}{73,370} \times 100 ≒ 24.1\%$

∴ 24.1−23.3=0.8%p

16
정답 ④

2021년 석탄은 전체 발전량의 $\frac{197,917}{474,211} \times 100 ≒ 42\%$를 차지했다.

17
정답 ②

글의 핵심 논점을 잡으면 첫째 문단의 끝에서 '제로섬(Zero-sum)적인 요소를 지니는 경제 문제'와 둘째 문단의 끝에서 '우리 자신의 수입을 보호하기 위해 경제적 변화가 일어나는 것을 막거나 혹은 사회가 우리에게 손해를 입히는 공공정책이 강제로 시행되는 것을 막기 위해 싸울 것'에 대한 것이 핵심 주장이다. 따라서 글에 부합하는 논지는 '사회의 총 생산량이 많아지는 정책'에 대한 비판이라고 할 수 있다.

18
정답 ⑤

다섯 번째 명제에 의해, 나타날 수 있는 경우는 다음과 같다.

구분	1순위	2순위	3순위
경우 1	A	B	C
경우 2	B	A	C
경우 3	A	C	B
경우 4	B	C	A

• 두 번째 명제 : (경우 1)+(경우 3)=11
• 세 번째 명제 : (경우 1)+(경우 2)+(경우 4)=14
• 네 번째 명제 : (경우 4)=6

따라서 C에 3순위를 부여한 사람의 수는 14−6=8명이다.

19
정답 ④

인천공항에 도착한 대한민국 현지 날짜 및 시각

독일시각	5월 2일 19시 30분
소요시간	+12시간 20분
시차	+8시간
	=5월 3일 15시 50분

인천공항에 도착한 시각은 한국시각으로 5월 3일 15시 50분이고, A씨는 2시간 40분 뒤에 일본으로 가는 비행기를 타야 한다. 따라서 참여 가능한 환승투어코스는 소요 시간이 두 시간 이내인 엔터테인먼트, 인천시티, 해안관광이며, A씨의 인천공항 도착시각과 환승투어코스가 바르게 짝지어진 것은 ④이다.

20
정답 ③

ⓒ A ~ C는 가장 오래 걸리는 두 과정에 모두 포함되므로 이것을 1일 단축하면 가장 오래 걸리는 두 과정이 모두 1일씩 단축되어 전체 준비기간에 영향을 준다.
ⓜ 주어진 임무는 행사와 관련하여 모두 필요한 업무이므로 성과발표 준비는 가장 오래 걸리는 과정이 끝났을 때 완성된다. 따라서 가장 오래 걸리는 과정인 A → C → E → G → H 과정과 A → C → F → H 과정이 모두 끝나는 데는 8일이 소요된다.

오답분석

㉠ 성과발표 준비에는 최소 8일이 소요된다.
㉡ E ~ H는 가장 오래 걸리는 두 경로와 관련이 없으므로 전체 준비기간에 영향을 주지 않는다.
㉢ E → G 과정을 단축해도 A → C → F → H 과정이 있으므로 전체 준비기간은 짧아지지 않는다.

21
정답 ⑤

최소비용입지론에서는 운송비가 최소가 되는 지점이 최적 입지가 되며, 운송비는 일반적으로 이동 거리가 짧을수록 적게 든다. 또한, 최대수요입지론에서는 소비자의 이동 거리를 최소화할 수 있는 지점에 입지를 선정한다. 두 입지론 모두 최적의 입지 선택을 위해서는 거리에 따른 경제적 효과를 중시하고 있음을 알 수 있다.

22
정답 ①

• 2019년 전체 기업집단 대비 상위 10대 민간 기업집단이 차지하고 있는 비율 : $\frac{680.5}{1,095.0} \times 100 ≒ 62.1\%$

• 2021년 전체 기업집단 대비 상위 10대 민간 기업집단이 차지하고 있는 비율 : $\frac{874.1}{1,348.3} \times 100 ≒ 64.8\%$

오답분석

② 2021년 상위 10대 민간 기업집단의 매출액은 상위 30대 민간 기업집단 매출액의 $\frac{874.1}{1,134.0} \times 100 ≒ 77.1\%$를 차지하고 있다.

③ 2019년 공공집단이 차지하고 있는 매출액은 전체 기업집단의 $\dfrac{(1{,}095.0-984.7)}{1{,}095.0}\times100\fallingdotseq10.1\%$이다.

④ • 2019년 대비 2021년 상위 10대 민간 기업집단의 매출액 증가율 : $\dfrac{(874.1-680.5)}{680.5}\times100\fallingdotseq28.4\%$

　• 2019년 대비 2021년 상위 30대 민간 기업집단의 매출액 증가율 : $\dfrac{(1{,}134.0-939.6)}{939.6}\times100\fallingdotseq20.7\%$

⑤ 전체 기업집단의 총수(48 → 53 → 55)와 매출액(1,095.0 → 1,113.9 → 1,348.3)은 해마다 증가하고 있다.

23 　　　　　　　　　　　　　　　　정답 ③

ㄱ. 심사위원 3인이 같은 의견을 낸 경우엔 다수결에 의해 예선 통과 여부가 결정되므로 누가 심사위원장인지 알 수 없다.

ㄷ. 심사위원장을 A, 나머지 심사위원을 B, C, D라 하면, 두 명의 ○ 결정에 따른 통과 여부는 다음과 같다.

○ 결정	A, B	A, C	A, D	B, C	B, D	C, D
통과 여부	○	○	○	×	×	×

[경우 1]
참가자 4명 중 2명 이상이 A가 포함된 2인의 심사위원에게 ○ 결정을 받았고, 그 구성이 다르다면 심사위원장을 알아낼 수 있다.

[경우 2]
참가자 4명 중 1명만 A가 포함된 2인의 심사위원에게 ○ 결정을 받아 통과하였다고 하자. 나머지 3명은 A가 포함되지 않은 2인의 심사위원에게 ○ 결정을 받아 통과하지 못하였고 그 구성이 다르다. 통과하지 못한 참가자에게 ○ 결정을 준 심사위원에는 A가 없고, 통과한 참가자에게 ○ 결정을 준 심사위원에 A가 있기 때문에 심사위원장이 A라는 것을 알아낼 수 있다.

오답분석

ㄴ. 4명의 참가자 모두 같은 2인의 심사위원에게만 ○ 결정을 받아 탈락했으므로 나머지 2인의 심사위원 중에 심사위원장이 있다는 것만 알 수 있다.

24 　　　　　　　　　　　　　　　　정답 ②

제시문은 5060세대에 대해 설명하는 글로, 기존에는 5060세대들이 사회로부터 배척당하였다면 최근에는 사회적인 면이나 경제적인 면에서 그 위상이 높아졌고, 이로 인해 마케팅 전략 또한 변화될 것이라고 보고 있다. 따라서 제목으로는 ②가 가장 적절하다.

25 　　　　　　　　　　　　　　　　정답 ⑤

5년 동안 전체 사고 발생 수는 262,814+270,646+284,286+273,097+266,051=1,356,894건이고, 자전거사고 발생 수는 6,212+4,571+7,498+8,529+5,330=32,140건이다.

따라서 전체 사고 발생 수 중 자전거사고 발생 수의 비율은 $\dfrac{32{,}140}{1{,}356{,}894}\times100\fallingdotseq2.37\%$로, 3% 미만이다.

오답분석

① 연도별 화재사고 발생 수의 5배와 도로교통사고 발생 수를 비교하면 다음과 같다.

구분	화재사고 건수 5배	도로교통사고 건수
2017년	40,932×5=204,660건	215,354건
2018년	42,135×5=210,675건	223,552건
2019년	44,435×5=222,175건	232,035건
2020년	43,413×5=217,065건	220,917건
2021년	44,178×5=220,890건	216,335건

2021년에는 화재사고 건수의 5배가 도로교통사고 발생 수보다 많으므로 옳지 않은 설명이다.

② 환경오염사고 발생 수는 2019년부터 2021년까지 전년보다 감소하므로 매년 증가와 감소가 반복됨은 옳지 않다.

③ 환경오염사고 발생 수는 2020년부터 가스사고 발생 수보다 적다.

④ 매년 사고 발생 총 건수를 구하면 다음과 같다.

구분	매년 사고 발생 총 건수
2017년	215,354+40,932+72+244+6,212 =262,814건
2018년	223,552+42,135+72+316+4,571 =270,646건
2019년	232,035+44,435+72+246+7,498 =284,286건
2020년	220,917+43,413+122+116+8,529 =273,097건
2021년	216,335+44,178+121+87+5,330 =266,051건

2017 ~ 2021년까지 사고 발생 수는 증가했다가 감소하는 추세이다.

26 　　　　　　　　　　　　　　　　정답 ④

④는 '멘붕, 안습'과 같은 인터넷 신조어는 갑자기 생겨난 말이며 금방 사라질 수도 있는 말이기에 국어사전에 넣기에는 적절하지 않다는 내용으로, 제시된 의견에 대한 반대 논거로 적절하다.

27 　　　　　　　　　　　　　　　　정답 ②

팀별 '가 ~ 라' 종목의 득점의 합계는 다음과 같다.

팀명	A	B	C	D
합계	11	9	8	12

'가 ~ 라' 종목에서 팀별 1, 2위를 차지한 횟수는 다음과 같다.

팀명 순위	A	B	C	D
1위	1	1	0	2
2위	1	1	1	1

ㄱ·ㄹ. A팀이 종목 '마'에서 1위를 차지하여 4점을 받는다면 합계는 15점이 되고 1위는 2번, 2위는 1번이 된다. 여기서 D팀이 2위를 차지한다면 합계는 15점, 1위는 2번으로 A팀과 같고 2위는 2번이 되어, D팀이 종합 1위가 된다.

오답분석

ㄴ. B팀과 C팀의 '가 ~ 라' 종목의 득점 합계가 1차이고, B팀이 C팀보다 1위를 차지한 횟수가 더 많다. 따라서 B팀이 종목 마에서 C팀에게 한 등급 차이로 순위에서 뒤지면 득점의 합계는 같게 되지만 순위 횟수에서 B가 C보다 우수하므로 종합 순위에서 B팀이 C팀보다 높게 된다.

ㄷ. C팀이 2위를 하고 B팀이 4위를 하거나, C팀이 1위를 하고 B팀이 3위 이하를 했을 경우에는 B팀이 최하위가 된다.

28 정답 ④

스마트시티 전략은 정보통신기술을 적극적으로 활용하여 도시의 혁신을 이끌고 도시 문제를 해결하는 것으로 볼 수 있다. ④는 물리적 기반시설 확대의 경우로, 정보통신기술의 활용과는 거리가 멀다.

29 정답 ④

지하철에는 D를 포함한 두 사람이 타는 데, B가 탈 수 있는 교통수단은 지하철뿐이므로 지하철에는 D와 B가 타며, 둘 중 한 명은 라 회사에 지원했다. 또한, 어떤 교통수단을 선택해도 지원한 회사에 갈 수 있는 E는 버스와 택시로 서로 겹치는 회사인 가 회사에 지원했음을 알 수 있다. 한편, A는 다 회사에 지원했고 버스나 택시를 타야 하는데, 택시를 타면 다 회사에 갈 수 없으므로 A는 버스를 탄다. 따라서 C는 나 또는 마 회사에 지원했음을 알 수 있으며, 택시를 타면 갈 수 있는 회사 중 가 회사를 제외하면 버스로 갈 수 있는 회사와 겹치지 않으므로, C는 택시를 이용한다.

30 정답 ④

가장 빠르지만 비용이 많이 드는 방법은 택시를 이용해서 이동하는 방법이다. 택시를 이용한다면 기본요금 2,000원+400(∵ 8km)원=2,400원이며 5분만에 도착하므로 1분당 200원의 대기비용을 지불한다면 3,000원(∵ 15분)이 더 들기 때문에 실제 소요된 경비는 2,400원+3,000원=5,400원이다.
이에 비해 버스나 지하철로 이동할 경우 지하철은 10분만에 가므로 운임 1,000원+대기비용 2,000원=3,000원이며, 버스로 이동할 경우에는 운임 1,000원+대기비용 1,000원=2,000원이 들어 가장 저렴하다.

반면, 환승할 경우 버스와 지하철의 경우는 운임 1,000원+환승비용 900원+대기비용 800원=2,700원이 소요되고, 버스와 택시를 환승할 경우 버스요금 1,000원+환승비용 900원+택시요금 2,000원+대기비용 1,000원이므로 합은 4,900원이다.
따라서 비용이 높은 순서부터 나열하면 다음과 같다.
1) 택시만 이용 : 5,400원
2) 버스와 택시의 환승 : 4,900원
3) 지하철만 이용 : 3,000원
4) 버스와 지하철의 환승 : 2,700원
5) 버스만 이용 : 2,000원
따라서 비용이 두 번째로 많이 드는 방법은 ④이다.

31 정답 ③

사이다의 용량 1mL에 대한 가격을 따져보면 다음과 같다.

- A업체 : $\frac{25,000}{340 \times 25} = 2.94$원/mL

- B업체 : $\frac{25,200}{345 \times 24} = 3.04$원/mL

- C업체 : $\frac{25,400}{350 \times 25} = 2.90$원/mL

- D업체 : $\frac{25,600}{355 \times 24} = 3.00$원/mL

- E업체 : $\frac{25,800}{360 \times 24} = 2.99$원/mL

따라서 1mL당 가격이 가장 저렴한 C업체의 사이다를 사는 것이 가장 이득이다.

32 정답 ③

우편물을 가장 적게 보냈던 2021년의 1인당 우편 이용 물량은 96통 정도이므로, $365 \div 96 = 3.80$이다. 즉, 3.80일에 1통은 보냈다는 뜻이므로, 4일에 한 통 이상은 보냈다.

오답분석

① 증가와 감소를 반복한다.
② 1인당 우편 이용 물량이 2013년에 가장 높았던 것은 맞으나, 2021년에 가장 낮았다. 꺾은선 그래프와 혼동하지 않도록 유의해야 한다.
④ 접수 우편 물량은 2020 ~ 2021년 사이에 증가했다.
⑤ 접수 우편 물량이 가장 많은 해는 2013년으로 약 5,500백만 통이고, 가장 적은 해는 2016년으로 약 4,750백만 통이다. 따라서 그 차이는 약 750백만 통 정도이다.

33 정답 ③

바레니클린의 정당 본인부담금은 1,767-1,000=767원이다. 하루에 2정씩 총 28일을 복용하므로 본인부담금은 767×2×28=42,952원이다. 금연 패치는 하루에 1,500원이 지원되므로 본인부담금이 없다.

34 정답 ①

B는 보이스피싱 범죄의 확산에 대한 일차적 책임이 개인에게 있다고 했으며, C는 개인과 정부 모두에게 있다고 말하였다.

오답분석

③ B는 개인의 부주의함으로 인한 사고를 은행이 책임지는 것은 문제가 있다고 말하며 책임질 수 없다는 의견을 냈고, C는 은행의 입장에 대해 언급하지 않았다.

④ B는 근본적 해결을 위해 개인의 역할, C는 정부의 역할을 강조하고 있다.

⑤ B는 제도적인 방안의 보완에 대해서는 언급하고 있지 않으며, C는 정부의 근본적인 해결책 마련을 촉구하고 있다.

35 정답 ①

건강하던 수험생의 건강이 나빠진 상황에서 다시 예전의 상태로 되돌아가려는 것이므로 '찾다'보다 '되찾다'가 더 적절하다.

36 정답 ④

마이크로비드는 잔류성유기오염물질을 흡착한다.

37 정답 ①

햄버거의 가격을 비교하면 다음과 같다.

- 치킨버거 2개를 산다면 1개가 30% 할인되므로, 1개당 가격은
$$\frac{2,300+2,300\times0.7}{2}=1,955원이다.$$

- 불고기버거 3개를 산다면 물 1병이 증정되므로 1개당 가격은
$$\frac{2,300\times3-800}{3}=2,033.33\cdots원이다.$$

- 치즈버거의 경우 개당 2,000원으로 불고기버거보다 저렴하다. 다만, 구매 개수만큼 포도주스의 가격을 할인받을 수 있는데, 할인된 금액이 $1,400\times(1-0.4)=840$원이므로 물의 800원보다 커 의미가 없다.

즉, 햄버거는 가장 저렴한 치킨버거를 최대한 많이 사야 하며, 나머지는 치즈버거가 적절하다.

따라서 치킨버거 10개, 치즈버거 1개를 사야 한다.

음료수의 가격을 비교하면 다음과 같다.

- 보리차는 2+1로 구매할 수 있으므로 1병당 가격은
$$\frac{1,100\times2}{3}=733.333\cdots원이다.$$

- 물은 1병당 800원이다.

- 오렌지주스는 4+2로 구매할 수 있으므로 1병당 가격은
$$\frac{1,300\times4}{6}=866.666\cdots원이다.$$

- 포도주스의 경우는 치즈버거를 산다고 가정했을 때 1병당 가격은 $1,400\times0.6=840$원이다.

즉, 최대한 보리차를 구매하고 나머지는 물을 구입해야 한다. 따라서 보리차 9병, 물 2병을 사야 한다.

38 정답 ⑤

ㄱ. 표를 통해 쉽게 확인할 수 있다.

ㄴ. 각 6,570백만 원으로 동일하다.

ㄷ. (1kWh당 전기요금)=(연간 절감 전기요금)÷(연간 절감 전력량)
   ∴ 3,942백만÷3,942만=100원

오답분석

ㄹ. (필요한 LED 전구 수)÷(적용 비율)=1,500천÷0.5=300만 개

39 정답 ③

$(17,520-10,950)\times3=19,710$백만 원

40 정답 ①

제시문은 동해남부선의 개통으로 부산 주요 도심을 37분 만에 이동할 수 있고 출퇴근 시간에는 15분 간격, 일반 30분 간격으로 운행하여 부산 도심 교통난이 해소될 것을 이야기하고 있으므로 빈칸에는 ①이 가장 적절하다.

41 정답 ④

스토리슈머는 소비자의 구매 요인이 기능에서 감성 중심으로 이동함에 따라 이야기를 소재로 하는 마케팅의 중요성이 늘어난 것을 반영한다. 따라서 현재 소비자들의 구매 요인을 파악한 마케팅 방안이라는 것을 추론할 수 있다.

42 정답 ①

광고를 단순히 상품 판매 도구로만 보지 않고, 문화적 차원에서 소비자와 상품 사이에 일어나는 일종의 담론으로 해석하여 광고라는 대상을 새로운 시각으로 바라보고 있다.

43 정답 ④

게임 규칙과 결과를 토대로 경우의 수를 따져보면 다음과 같다.

라운드	벌칙 제외	총 퀴즈 개수
3	A	15
4	B	19
5	C	21
	D	
	C	22
	E	
	D	22
	E	

ㄴ. 총 22개의 퀴즈가 출제되었다면, E는 정답을 맞혀 벌칙에서 제외된 것이다.

ㄷ. 게임이 종료될 때까지 총 21개의 퀴즈가 출제되었다면 C, D가 벌칙에서 제외된 경우로 5라운드에서 E에게는 정답을 맞힐 기회가 주어지지 않았다. 따라서 퀴즈를 푸는 순서가 벌칙을 받을 사람 선정에 영향을 미친다.

오답분석

ㄱ. 5라운드까지 4명의 참가자가 벌칙에서 제외되었으므로 정답을 맞힌 퀴즈는 8개, 벌칙을 받을 사람은 5라운드까지 정답을 맞힌 퀴즈는 0개나 1개이므로 총 정답을 맞힌 퀴즈는 8개나 9개이다.

44
정답 ⑤

2020년 총연봉은 2021년 총연봉의 전년 대비 증가율 그래프의 수치로 구할 수 있다.

- A팀 : $\dfrac{15}{1+0.5}=10$억 원

- E팀 : $\dfrac{24}{1+0.5}=16$억 원

따라서 E팀의 2020년 총연봉이 더 많다.

오답분석

(단위 : 명, 억 원)

테니스 팀	선수 인원수		총연봉		2021년 선수 한 명당 평균 연봉
	2020년	2021년	2020년	2021년	
A	$\dfrac{5}{1+0.25}$ $=4$	5	$\dfrac{15}{1+0.5}$ $=10$	15	$\dfrac{15}{5}=3$
B	$\dfrac{10}{1+1}$ $=5$	10	$\dfrac{25}{1+1.5}$ $=10$	25	$\dfrac{25}{10}=2.5$
C	$\dfrac{10}{1+0.25}$ $=8$	10	$\dfrac{24}{1+0.2}$ $=20$	24	$\dfrac{24}{10}=2.4$
D	$\dfrac{6}{1+0.5}$ $=4$	6	$\dfrac{30}{1+0.2}$ $=25$	30	$\dfrac{30}{6}=5$
E	$\dfrac{6}{1+0.2}$ $=5$	6	$\dfrac{24}{1+0.5}$ $=16$	24	$\dfrac{24}{6}=4$

① 2021년 테니스 팀 선수당 평균 연봉은 D팀이 5억 원으로 가장 많다.

② 2021년 전년 대비 증가한 선수 인원수는 C팀과 D팀이 2명으로 동일하다.

③ 2021년 A팀의 팀 선수 평균 연봉은 2020년 2.5억 원에서 3억 원으로 증가하였다.

④ 2021년 선수 인원수가 전년 대비 가장 많이 증가한 팀은 B팀으로, 총연봉도 가장 많이 증가하였다.

45
정답 ④

지적재산권 수지의 경우 지재권사용료가 2010년에는 25.3에서 2020년에는 58.9를 기록하고 있으므로 관광수지에 이은 두 번째의 큰 요인이라고 할 수 있다.

오답분석

① 2005년에는 서비스 −21.9와 상품 −44.2로 모두 적자였음을 알 수 있다.

② 그래프를 보면 상품수지는 2010년부터 흑자로 전환했고, 이후 흑자를 이어 갔다.

③ 서비스 무역수지 적자 주요 요인에서 확인할 수 있듯이 관광수지는 2010년보다 2020년에 81.2억 불 더 낮아졌다.

⑤ 2010년부터 극심한 격차를 벌려왔으며, 이를 토대로 더 벌어질 것이라는 추측이 가능하다.

| 01 | 사무(조직이해능력)

46
정답 ⑤

조직 내 집단이 의사결정을 하는 과정에서 의견이 불일치하는 경우 의사결정을 내리는 데 많은 시간이 소요된다.

집단의사결정의 장단점
- 장점
  - 한 사람이 가진 지식보다 집단이 가지고 있는 지식과 정보가 더 많아 효과적인 결정을 할 수 있다.
  - 각자 다른 시각으로 문제를 바라봄에 따라 다양한 견해를 가지고 접근할 수 있다.
  - 결정된 사항에 대해 의사결정에 참여한 사람들이 해결책을 수월하게 수용하고, 의사소통의 기회도 향상된다.
- 단점
  - 의견이 불일치하는 경우 의사결정을 내리는 데 시간이 많이 소요된다.
  - 특정 구성원에 의해 의사결정이 독점될 가능성이 있다.

47
정답 ②

경영활동을 구성하는 요소는 경영목적, 인적자원, 자금, 경영전략이다. (나)의 경우와 같이 봉사활동을 수행하는 일은 목적과 인력, 자금 등이 필요하지만, 정해진 목표를 달성하기 위한 조직의 관리, 전략, 운영활동이라고 볼 수 없으므로 경영활동이 아니다.

48
정답 ①

①은 스톡옵션제도에 대한 설명으로, 자본참가 유형에 해당된다.

오답분석
② 스캔론플랜에 대한 설명으로, 성과참가 유형에 해당된다.
③ 럭커플랜에 대한 설명으로, 성과참가 유형에 해당된다.
④ 노사협의제도에 대한 설명으로, 의사결정참가 유형에 해당된다.
⑤ 노사공동결정제도에 대한 설명으로, 의사결정참가 유형에 해당된다.

49
정답 ②

각종 위원회 위원 위촉에 관한 전결 규정은 없으므로, 정답은 ②가 된다. 단, 대표이사의 부재중에 부득이하게 위촉을 해야 하는 경우가 발생했다면 차하위자(전무)가 대결을 할 수는 있다.

50
정답 ①

사내 봉사 동아리이기 때문에 공식이 아닌 비공식조직에 해당한다. 비공식조직의 특징에는 인간관계에 따라 형성된 자발적인 조직, 내면적·비가시적, 비제도적, 감정적, 사적 목적 추구, 부분적 질서를 위한 활동 등이 있다.

| 02 | 기술(기술능력)

46
정답 ⑤

당직근무 배치가 원활하지 않아 일어난 사고는 배치의 불충분으로 일어난 산업재해의 경우로, 4M 중 Management(관리)에 해당된다고 볼 수 있다.

오답분석
① 개인의 부주의에 따른 개인의 심리적 요인은 4M 중 Man에 해당된다.
② 작업 공간 불량은 4M 중 Media에 해당된다.
③ 점검, 정비의 결함은 4M 중 Machine에 해당된다.
④ 안전보건교육 부족은 4M 중 Management에 해당된다.

47
정답 ②

(A) 사례의 경우 구명밧줄이나 공기 호흡기 등을 준비하지 않아 사고가 발생했음을 알 수 있다. 따라서 보호구 사용 부적절로 4M 중 Media(작업정보, 방법, 환경)의 사례로 적절하다. (B) 사례의 경우 안전장치가 제대로 작동하지 않았음을 볼 때, Machine(기계, 설비)의 사례로 적절하다.

48
정답 ①

기술 발전에 있어 환경 보호를 추구하는 점을 볼 때, 지속가능한 개발의 사례로 볼 수 있다. 지속가능한 개발은 경제 발전과 환경 보전의 양립을 위하여 새롭게 등장한 개념으로 볼 수 있으며, 미래 세대가 그들의 필요를 충족시킬 수 있는 가능성을 손상시키지 않는 범위에서 현재 세대의 필요를 충족시키는 개발인 것이다.

오답분석
② 연구개발 : 자연과학기술에 대한 새로운 지식이나 원리를 탐색하고 해명해서 그 성과를 실용화하는 일을 말한다.
③ 개발독재 : 개발도상국에서 개발이라는 이름으로 행해지는 정치적 독재를 말한다.
④ 개발수입 : 기술이나 자금을 제3국에 제공하여 미개발자원 등을 개발하거나 제품화하여 수입하는 것을 말한다.
⑤ 조직개발 : 기업이 생산능률을 높이기 위하여 기업조직을 개혁하는 일을 말한다.

49
정답 ②

기술교양을 지닌 사람들의 특징
- 기술학의 특성과 역할을 이해한다.
- 기술체계가 설계되고, 사용되고, 통제되어지는 방법을 이해한다.
- 기술과 관련된 이익을 가치화하고, 위험을 평가할 수 있다.
- 기술에 의한 윤리적 딜레마에 대해 합리적으로 반응할 수 있다.

50
정답 ①

기술은 '노하우(Know-how)'를 포함한다. 즉, 기술을 설계하고 생산하고 사용하기 위해 필요한 정보, 기술, 절차를 갖는 데 노하우(Know-how)가 필요한 것이다.

| 03 | ICT(정보능력)

46
정답 ⑤

피벗 테이블에 셀에 메모를 삽입한 경우 데이터를 정렬하여도 메모는 피벗 테이블의 셀에 고정되어 있다.

47
정답 ②

오답분석

(가) : 자간에 대한 설명이다.

(다) : 스크롤바로 화면을 상·하·좌·우 모두 이동할 수 있다.

48
정답 ①

바이러스에 감염되는 경로로는 불법 무단 복제, 다른 사람들과 공동으로 사용하는 컴퓨터, 인터넷, 전자우편의 첨부파일 등이 있다. 바이러스를 예방할 수 있는 방법은 다음과 같다.

• 다운로드한 파일이나 외부에서 가져온 파일은 반드시 바이러스 검사를 수행한 후에 사용한다.
• 전자우편을 통해 감염될 수 있으므로 발신자가 불분명한 전자우편은 열어보지 않고 삭제한다.
• 중요한 자료는 정기적으로 백업한다.
• 바이러스 예방 프로그램을 램(RAM)에 상주시킨다.
• 백신 프로그램의 시스템 감시 및 인터넷 감시 기능을 이용해서 바이러스를 사전에 검색한다.
• 백신 프로그램의 업데이트를 통해 주기적으로 바이러스 검사를 수행한다.

49
정답 ②

인쇄 중인 문서를 일시 정지할 수 있고 일시 정지된 문서를 다시 이어서 출력할 수도 있지만, 다른 프린터로 출력하도록 할 수는 없다. 다른 프린터로 출력을 원할 경우 처음부터 다른 프린터로 출력해야 한다.

50
정답 ①

원하는 행 전체에 서식을 넣고 싶다면 [열 고정] 형태로 조건부 서식을 넣어야 한다. [A2:D9] 영역을 선택하고 조건부 서식 → 새 규칙 → 수식을 사용하여 서식을 지정할 셀 결정에서 「=$D2<3」을 넣으면 적용된다.

제2영역   상식(회사상식, 한국사)

51
정답 ④

'안아드림'은 한국도로공사에서 시행하는 사회공헌 사업으로, 사고로 인해 심리적·정서적으로 어려움을 겪고 있는 피해자와 그 가족을 대상으로 시행하는 심리치료 프로그램이다.

오답분석

① 행복더함 희망나래 : 지역아동센터의 학습환경 개선을 위해 이동용 승합차 및 도서관 시설을 제공하고, 어린이들에게 문화체험을 실시한다.
② 아톰공학교실 : 한양대 청소년과학기술진흥센터와 공동으로, 발전소 주변지역의 아동 및 청소년들을 대상으로 다양한 과학 프로그램을 시행한다.
③ 안심가로등 : 전국의 방범 취약지역을 대상으로 신재생에너지(풍력, 태양광)를 이용한 안심가로등을 설치해, 국민의 안전 수호와 사회안전망 구축에 기여한다.

52
정답 ④

한국수력원자력의 발전설비에는 원자력, 수력, 소수력, 양수, 태양광, 풍력, 지열 등이 있다.

53
정답 ③

오답분석

① 천주교
② 개신교
④ 천도교

54
정답 ①

김일성이 창시하고 김정일이 발전시켰다고 주장하는 혁명사상이다.

55
정답 ④

국권을 상실한 지 10년 만에 우리 민족에 의한 정부가 수립되어 이후의 민족 운동의 구심점이 된 점, 우리나라 최초의 민주공화제인 점, 정부 공백 상태에서 민족사적 공통성을 회복·계승해 온 점에 역사적 의의가 있다.

제3회 모의고사 정답 및 해설

01	02	03	04	05	06	07	08	09	10
④	①	④	④	②	④	②	⑤	③	②
11	12	13	14	15	16	17	18	19	20
④	②	③	②	②	④	⑤	①	③	⑤
21	22	23	24	25	26	27	28	29	30
⑤	③	④	①	⑤	③	④	②	③	②
31	32	33	34	35	36	37	38	39	40
②	④	④	④	②	④	⑤	④	③	⑤
41	42	43	44	45	46	47	48	49	50
⑤	⑤	③	④	③	③	⑤	①	②	⑤
51	52	53	54	55					
③	②	①	④	②					

제 1 영역 직업기초능력

01
정답 ④

구분	1년 광고비	1년 광고횟수	1회당 광고효과	총 광고효과
지후	$3,000-1,000$ $=2,000$만 원	$2,000 \div 20$ $=100$회	$100+100$ $=200$	200×100 $=20,000$
문희	$3,000-600$ $=2,400$만 원	$2,400 \div 20$ $=120$회	$60+100$ $=160$	160×120 $=19,200$
석이	$3,000-700$ $=2,300$만 원	$2,300 \div 20$ $=115$회	$60+110$ $=170$	170×115 $=19,550$
서현	$3,000-800$ $=2,200$만 원	$2,200 \div 20$ $=110$회	$50+140$ $=190$	190×110 $=20,900$
슬이	$3,000-1,200$ $=1,800$만 원	$1,800 \div 20$ $=90$회	$110+110$ $=220$	220×90 $=19,800$

따라서 총 광고효과가 가장 큰 모델은 서현이다.

02
정답 ①

첫 번째 문단에서 엔테크랩이 개발한 감정인식 기술은 모스크바시 경찰 당국에 공급할 계획이라고 하였으므로 아직 도입되어 활용되고 있는 것은 아니다.

03
정답 ④

빈칸의 앞에서는 감정인식 기술을 수사기관에 도입할 경우 새로운 차원의 수사가 가능하다고 하였고, 빈칸의 뒤에서는 이 기술이 어느 부서에서 어떻게 이용될 것인지 밝히지 않았고 결정된 것이 없다고 하였으므로 앞의 내용과 뒤의 내용이 상반될 때 쓰는 접속어인 '그러나'가 와야 한다.

04
정답 ④

독일은 10.4%에서 11.0%로 증가했으므로 $\dfrac{11.0-10.4}{10.4} \times 100 ≒$ 5.77%이며, 대한민국은 9.3%에서 9.8%로 증가했으므로 증가율은 $\dfrac{9.8-9.3}{9.3} \times 100 ≒ 5.38$%이다. 따라서 독일이 더 높다.

05
정답 ②

2021년 미국 청년층 실업률은 2016년과 비교하여 6.8%p 증가하였다.

오답분석
① 5.1%p 감소
③ 6.1%p 증가
④ 변화 없음
⑤ 0.4%p 감소

06
정답 ④

첫 번째와 네 번째 시행령에 의해 신도시 신호등의 기본 점멸시간을 구하면 $60 \div 1.5=40$cm/초이다.
• 5m 횡단보도의 신호등 점멸시간

거리에 따른 신호등 점멸시간을 t라 하면 $t=\dfrac{500}{40}=12.5$초이며, 세 번째 시행령에 의하여 추가 여유시간을 더해 신호등 점멸시간을 구하면 $12.5+3=15.5$초이다.
• 20m 횡단보도의 신호등 점멸시간

거리에 따른 신호등 점멸시간을 t_1이라 하면 $t_1=\dfrac{2,000}{40}=50$초이며, 이때 횡단보도의 길이가 10m 이상이므로 두 번째 시행령에 의해 추가 점멸시간이 발생한다.

초과 거리는 $20-10=10$m이고, 추가 점멸시간을 t_2라 하면 $t_2=10\times1.2=12$초이다. 추가 여유시간을 더해 신호등 점멸시간을 구하면 $t_1+t_2+3=50+12+3=65$초이다.

07

정답 ②

제시문은 A병원 내과 교수팀의 난치성 결핵균에 대한 치료성적이 세계 최고 수준으로 인정받았으며, 이로 인해 많은 결핵환자에게 큰 희망을 주었다는 내용의 글이다. 따라서 (C) 난치성 결핵균에 대한 치료성적이 우리나라가 세계 최고 수준임 → (B) A병원 내과 교수팀이 난치성 결핵의 치료성공률을 세계 최고 수준으로 높임 → (D) 현재 치료성공률이 80%에 이름 → (A) 이는 난치성 결핵환자들에게 큰 희망을 줌의 순서대로 연결되어야 한다.

08

정답 ⑤

• 술에 부과되는 세금
 − 종가세 부과 시 : $2,000\times20\times0.2=8,000$원
 − 정액세 부과 시 : $300\times20=6,000$원
• 담배에 부과되는 세금
 − 종가세 부과 시 : $4,500\times100\times0.2=90,000$원
 − 정액세 부과 시 : $800\times100=80,000$원
따라서 조세 수입을 극대화시키기 위해서 술과 담배 모두 종가세를 부여해야 하며, 종가세 부과 시 조세 총수입은 $8,000+90,000$ $=98,000$원이다.

09

정답 ③

제시된 글에서 레비스트로스는 신화 자체의 사유 방식이나 특성을 특정 시대의 것으로 한정하는 오류를 범하고 있다고 언급하였다. 과거 신화 시대에 생겨난 신화적 사유는, 신화가 재현되고 재생되는 한 여전히 시간과 공간을 뛰어 넘어 현재화되고 있다.

10

정답 ②

세 도시를 방문하는 방법은 ABC=60, BCD=80, CDE=80, CEF=60, ACF=70, ABD=80, BDE=110, DEF=100, AEF=80, BCE=70, ABF=90, CDF=100, ACD=70, ACE=50, BCF=90 총 15가지 방법이다. 이 중 80km를 초과하지 않는 방법은 BDE, DEF, CDF, BCF, ABF를 제외한 10가지 방법이다.

11

정답 ④

제시문은 낙수 이론에 대해 설명하고, 그 실증적 효과를 논한 후에 비판을 제기하고 있다. 따라서 일반론에 이은 효과를 설명하는 (A)가 그 뒤에, 비판을 시작하는 (B)가 그 후에 와야 한다. (D)에는 '제일 많이'라는 수식어가 있고, (C)에는 '또한 제기된다'라고 명시되어 있어 (D)가 (C) 앞에 오는 것이 글의 구조상 적절하다.

12

정답 ②

마지막 문단에서 '의리의 문제는 사람과 때에 따라 같지 않습니다.'라고 하였으므로 신하들이 임금에 대해 의리를 실천하는 방식은 누구에게나 동일하다는 말은 제시문과 상충된다.

오답분석

ㄱ. 부자관계는 천륜이어서 자식이 어버이를 봉양하는 데 한계가 없고, 이때는 은혜가 항상 의리에 우선하므로 관계를 떠날 수 없다고 하였으므로 적절하다.

ㄴ. 군신관계는 의리로 합쳐진 것이라 한계가 있는데 이 경우에는 때때로 의리가 은혜보다 앞서기도 한다고 하였으므로 적절하다.

13

정답 ③

조건에 따라 경우의 수를 따져보면 다음과 같다.

구분	1	2	3	4	5
경우 1	호른	클라리넷	플루트	오보에	바순
경우 2	클라리넷	플루트	오보에	바순	호른
경우 3	호른	바순	클라리넷	플루트	오보에
경우 4	오보에	플루트	클라리넷	호른	바순
경우 5	오보에	플루트	클라리넷	바순	호른
경우 6	호른	바순	오보에	플루트	클라리넷

위의 표를 보면 오보에는 2번 자리에 놓일 수 없다.

오답분석

① 첫 번째 경우를 보면 플루트는 3번 자리에 올 수 있다.
② 여섯 번째 경우를 보면 클라리넷은 5번 자리에 올 수 있다.
④ · ⑤ 위의 표를 보면 알 수 있다.

14

정답 ②

• 입장료
주희네 가족 4명은 성인이고, 사촌 동생 2명은 소인에 해당한다. 안성 팜랜드를 토요일에 방문하므로 6명의 주말 입장료는 $(15,000\times4)+(12,000\times2)=84,000$원이다.
• 숙박비
인원 추가는 최대 2명까지 가능하므로 4인실 대여 후 2인을 추가해야 한다. 세 숙박시설의 주말 요금을 비교하면 다음과 같다.
 − A민박 : $95,000+(30,000\times2)=155,000$원
 − B펜션 : $100,000+(25,000\times2)=150,000$원
 − C펜션 : $120,000+(40,000\times2)=200,000$원
문제에서 숙박비가 15만 원을 초과하지 않는 방을 예약한다고 했으므로 주희네 가족은 B펜션을 이용하며, 숙박비는 150,000원이다.
• 왕복 교통비 : $2\times(10,000+5,800)=31,600$원
따라서 총 경비는 $84,000+150,000+31,600=265,600$원이다.

15   정답 ②

승준이는 A민박의 4인실과 2인실(추가 1인)을 평일에 1박을 예약했으므로 낸 숙박비는 60,000+(45,000+30,000)=135,000원이다.

일주일 뒤에 머물기로 한 숙소를 오늘 취소하는 것이므로 7일 전 환불 규정이 적용된다.

따라서 승준이가 환불받는 금액은 135,000×0.3=40,500원이고, 지불해야 할 수수료는 10,000원이다.

16   정답 ④

개선 전 부품 1단위 생산 시 투입비용은 총 40,000원이었다. 생산비용 감소율이 30%이므로 개선 후 총비용은 28,000원이어야 한다. 그러므로 ⓐ+ⓑ의 값으로 적절한 것은 10,000원이다.

17   정답 ⑤

미세먼지 마스크는 정전기를 띠고 있는 특수섬유로 이루어져 있어 대부분의 미세먼지를 잡을 수 있지만 이 구조로 인해 재사용할 수 없다는 단점이 있다.

18   정답 ①

빈칸 앞에서 '미세먼지 전용 마스크는 특수 섬유로 구성되어 대부분의 미세먼지를 잡을 수 있다.'는 말을 하고 있고, 빈칸 뒤에서는 '미세먼지 마스크는 이런 구조 탓에 재활용이 불가능하다.'는 말을 하고 있으므로 서로 상반되는 내용을 이어주는 '하지만'이 빈칸에 적절하다.

19   정답 ③

기원전 1세기경에 고대 로마시대의 이탈리아 지역에서 롱 파스타의 일종인 라자냐를 먹었다는 기록이 전해진다고 하였으므로 옳은 내용이다.

오답분석

① 쇼트 파스타의 예로 속이 빈 원통형인 마카로니를 들고 있으므로 옳지 않은 내용이다.
② 9~11세기에 이탈리아 남부의 시칠리아에서 아랍인들로부터 제조 방법을 전수받아 건파스타의 생산이 처음으로 이루어졌다고 하였으므로 옳지 않은 내용이다.
④ 파스타를 만드는 데 적합한 세몰라 가루는 듀럼 밀을 거칠게 갈아 만든 황색의 가루이므로 옳지 않은 내용이다.
⑤ 시칠리아에서 재배된 듀럼 밀은 곰팡이나 해충에 취약해 장기 보관이 어려웠기 때문에 저장기간을 늘리고 수송을 쉽게 하기 위해 건파스타를 만들었다고 하였으므로 옳지 않은 내용이다.

20   정답 ⑤

K교통카드 본사에서 10만 원 이상의 고액 환불 시 내방 당일 카드 잔액 차감 후 익일 18시 이후 계좌로 입금받는다.

오답분석

① 부분환불은 환불요청금액이 1만 원 이상 5만 원 이하일 때 가능하며, K교통카드 본사와 지하철 역사 내 K교통카드 서비스센터에서 가능하므로 부분환불이 가능하다.
② 모바일 환불 시 1인 최대 50만 원까지 환불 가능하며, 수수료는 500원이므로 카드 잔액이 40만 원일 경우 399,500원이 계좌로 입금된다.
③ 카드 잔액이 30만 원일 경우, 20만 원 이하까지만 환불이 가능한 A은행을 제외한 은행 ATM기에서 수수료 500원을 제외하고 299,500원 환불 가능하다.
④ K교통카드 본사 방문 시에는 월 누적 50만 원까지 수수료 없이 환불이 가능하므로, 13만 원 전액 환불 가능하다.

21   정답 ⑤

트럭·버스의 비율은 미국·캐나다·호주 모두 약 20%이며, 유럽 국가는 모두 10% 전후이다. 따라서 유럽 국가에서 승용차가 차지하는 비율이 높다.

오답분석

①·③ 자동차 보유 대수에서 승용차가 차지하는 비율이 가장 높은 나라는 독일이다.
② 자동차 보유 대수에서 트럭·버스가 차지하는 비율이 가장 높은 나라는 캐나다이다.
④ 프랑스의 승용차와 트럭·버스의 비율은 15,100 : 2,334≒6.5 : 1로 3 : 1이 아니다.

22   정답 ③

교환되는 내용이 양과 질의 측면에서 정확히 대등하지 않기 때문에 이것은 (나) 비대칭적 상호주의의 예시이다.

23   정답 ④

패널 토의는 3~6인의 전문가가 토의 문제에 대한 정보나 지식, 의견이나 견해를 자유롭게 주고받고 토의가 끝난 후 청중의 질문을 받는 순서로 진행된다. 찬반으로 명백하게 나눠 토의를 진행하기보다는 서로 다른 의견을 수렴 및 조정하는 방법이기 때문에 ④는 적절하지 않다.

24

정답 ①

② a → c → b 순서로 진행할 때 가장 많이 소요되며, 작업 시간은 10시간이 된다.

③·④ 순차적으로 작업할 경우 첫 번째 공정에서 가장 적게 걸리는 시간을 먼저 선택하고, 두 번째 공정에서 가장 적게 걸리는 시간을 맨 뒤에 선택한다. 즉, b → c → a가 최소 제품 생산 시간이 된다.

⑤ b작업 후 1시간의 유휴 시간이 있어 1시간 더 용접을 해도 전체 작업 시간에는 변함이 없다.

25

정답 ⑤

케인스는 절대소득가설을 통해 소비를 결정하는 요인 중에 가장 중요한 것은 현재의 소득이라고 주장했으므로 ⑤가 틀린 설명이다.

26

정답 ③

ⓒ은 ㉠, ㉡에서 동물도 우리가 사용하는 말 못지않은 의사소통 수단을 가지고 있다는 의견에 대해 동물이 사용하는 소리는 생물학적 조건에 대한 반응 또는 본능적인 감정에 표현에 지나지 않는다는 내용을 이야기하며 ㉠, ㉡을 부정하고 새로운 논점을 제시하였다.

27

정답 ④

지원자 4의 진술이 거짓이면 지원자 5의 진술도 거짓이고, 지원자 4의 진술이 참이면 지원자 5의 진술도 참이다. 즉, 1명의 진술만 거짓이므로 지원자 4, 5의 진술은 참이다. 그러면 지원자 1과 지원자 2의 진술이 모순이 된다.

ⅰ) 지원자 1의 진술이 참인 경우

지원자 2는 A부서에 선발이 되었고, 지원자 3은 B 또는 C부서에 선발되었다. 이때, 지원자 3의 진술에 따라, 지원자 4가 B부서, 지원자 3이 C부서에 선발되었다.

∴ • A – 지원자 2
• B – 지원자 4
• C – 지원자 3
• D – 지원자 5

ⅱ) 지원자 2의 진술이 참인 경우

지원자 3은 A부서에 선발이 되었고, 지원자 3의 진술에 따라, 지원자 4가 B부서, 지원자 2가 C부서에 선발되었다.

∴ • A – 지원자 3
• B – 지원자 4
• C – 지원자 2
• D – 지원자 5

28

정답 ②

(현재의 운행비용)$=20 \times 4 \times 3 \times 100,000 = 24,000,000$원

운송횟수는 12회, 기존의 1일 운송량은 $12 \times 1,000 = 12,000$상자이고, 차량 적재율이 1,000상자에서 1,200상자로 늘어나므로 $12,000 \div 1,200 = 10$회의 운행으로 가능하다.

즉, 개선된 운행비용은 $20 \times 10 \times 100,000 = 20,000,000$원이다.

따라서 월 수송비 절감액은 $24,000,000 - 20,000,000 = 4,000,000$원이다.

29

정답 ③

산업 및 가계별로 대기배출량을 구하면 다음과 같다.

• 농업, 임업 및 어업

$$\left(10,400 \times \frac{30}{100}\right) + \left(810 \times \frac{20}{100}\right) + \left(12,000 \times \frac{40}{100}\right)$$
$$+ \left(0 \times \frac{10}{100}\right) = 8,082$$

• 석유, 화학 및 관련제품

$$\left(6,350 \times \frac{30}{100}\right) + \left(600 \times \frac{20}{100}\right) + \left(4,800 \times \frac{40}{100}\right)$$
$$+ \left(0.03 \times \frac{10}{100}\right) = 3,945.003$$

• 전기, 가스, 증기 및 수도사업

$$\left(25,700 \times \frac{30}{100}\right) + \left(2,300 \times \frac{20}{100}\right) + \left(340 \times \frac{40}{100}\right)$$
$$+ \left(0 \times \frac{10}{100}\right) = 8,306$$

• 건설업

$$+ \left(3,500 \times \frac{30}{100}\right) + \left(13 \times \frac{20}{100}\right) + \left(24 \times \frac{40}{100}\right)$$
$$+ \left(0 \times \frac{10}{100}\right) = 1,062.2$$

• 가계부문

$$\left(5,400 \times \frac{30}{100}\right) + \left(100 \times \frac{20}{100}\right) + \left(390 \times \frac{40}{100}\right)$$
$$+ \left(0 \times \frac{10}{100}\right) = 1,796$$

대기배출량이 많은 부문의 대기배출량을 줄여야 지구온난화 예방에 효과적이므로 '전기, 가스, 증기 및 수도사업' 부문의 대기배출량을 줄여야 한다.

30

정답 ②

글의 내용을 요약하여 필자가 주장하는 핵심을 파악해야 한다. 제시된 글은 텔레비전의 언어가 개인의 언어 습관에 미치는 악영향을 경계하면서, 올바른 언어 습관을 길들이기 위해 문학 작품의 독서를 강조하고 있다.

31
정답 ②

- 개업하기 전 초기 입점 비용(단위 : 만 원)
  : (매매가)+(중개수수료)+(리모델링 비용)
  - A상가 : $92,000+(92,000\times0.006)=92,552$만 원
  - B상가 : $88,000+(88,000\times0.007)+(2\times500)=89,616$만 원
  - C상가 : $90,000+(90,000\times0.005)=90,450$만 원
  - D상가 : $95,000+(95,000\times0.006)=95,570$만 원
  - E상가 : $87,000+(87,000\times0.007)+(1.5\times500)=88,359$만 원
- 개업 한 달 후 최종 비용(단위 : 만 원)
  : (초기 입점 비용)−(초기 입점 비용×0.03×병원 입점 수)
  - A상가 : $92,552-(92,552\times0.03\times2)≒86,999$만 원
  - B상가 : $89,616-(89,616\times0.03\times3)≒81,551$만 원
  - C상가 : $90,450-(90,450\times0.03\times1)≒87,737$만 원
  - D상가 : $95,570-(95,570\times0.03\times1)≒92,703$만 원
  - E상가 : $88,359-(88,359\times0.03\times2)≒83,057$만 원

따라서 B상가에 입점하는 것이 가장 이득이다.

32
정답 ④

2018년 강수량의 총합은 1,529.7mm이고, 2019년 강수량의 총합은 1,122.7mm이다. 따라서 전년 대비 강수량의 변화를 구하면 $1,529.7-1,122.7=407$mm로 가장 변화량이 크다.

오답분석

① 조사기간 내 가을철 평균 강수량을 구하면
  $1,919.9÷8≒240$mm이다.
② 2014년 61.7%, 2015년 59.3%, 2016년 49.4%, 2017년 66.6%, 2018년 50.4%, 2019년 50.5%, 2020년 50.6%, 2021년 40.1%로, 2016년과 2021년 여름철 강수량은 전체 강수량의 50%를 넘지 않는다.
③ 강수량이 제일 낮은 해는 2021년이지만 가뭄의 기준이 제시되지 않았으므로 알 수 없다.
⑤ 여름철 강수량이 두 번째로 높았던 해는 2018년이다. 2018년의 가을·겨울철 강수량의 합은 502.6mm이고, 봄철 강수량은 256.5mm이다. 따라서 $256.5\times2=513$mm이므로 봄철 강수량의 2배보다 적다.

33
정답 ④

행낭 배송 운행속도는 시속 60km로 일정하므로 A지점에서 G지점까지의 최단거리를 구한 뒤 소요시간을 구하면 된다. 우선 배송 요청에 따라 지점 간의 순서 변경과 생략이 가능하므로 거치는 지점을 최소화하여야 한다. 앞서 언급한 조건들을 고려하여 구한 최단거리는 다음과 같다. A → B → D → G ⇒ 6km+2km+8km =16km ⇒ 16분(시속 60km는 1분당 1km임)
따라서 대출신청 서류가 A지점에 다시 도착할 최소시간은 16분(A → G)+30분(작성)+16분(G → A)=1시간 2분이다.

34
정답 ④

행낭 배송과 관련하여 발생되는 비용은 임금과 유류비이다. 여기서 임금(식대포함)은 고정비인 반면, 유류비는 배송거리에 따라 금액이 달라진다. 따라서 배송거리가 가장 짧을 경우에 최소비용이 발생된다.

i) 규칙에 따른 오전 배송경로를 살펴보면 다음과 같다.
  A → C → E → B → D → G → F   (O)

  └→ D → B   (X) (지점중복으로불가)

  └→ F → G → D → B   (O)

  └→ G → D → B   (X) (지점중복으로불가)

  두 가지 경우 중 F지점에서 마감하는 거리는 $5+8+6+2+8+12=41$km이며, B지점에서 마감하는 거리도 $5+8+6+12+8+2=41$km로 동일하다.

ii) 규칙에 따른 오후 배송경로를 살펴보면 다음과 같다.
  - F → E → B → D → G   (X) (지점중복으로 불가)

    └→ D → B → A → C   (X) (지점중복으로 불가)

    └→ G → D → B → A → C   (O)
  - B → D → E → G → F → C → A   (O)

    └→ F → C → A   (X) (지점중복으로 불가)

  두 가지 경우 중 B지점에서 시작하여 A지점에서 마감하는 경우는 규칙에 어긋나므로 고려대상에서 제외된다.
  반면, F지점에서 시작하여 C지점에서 마감하는 거리는 $6+6+8+2+6+5=33$km이다. 따라서 오전 및 오후 배송거리는 41km+33km$=74$km이다.

iii) 하루 동안 발생하는 비용을 계산하면 다음과 같다.
  - 유류비=$74\times200=14,800$원
  - 임금(식대포함)=$(10,000\times6)+(10,000\times0.8)$
    $=68,000$원
  - ∴ $14,800+68,000=82,800$원

35
정답 ②

오답분석

① 용돈을 받는 남학생과 여학생의 비율은 각각 82.9%, 85.4%이다. 따라서 여학생이 더 높다.
③ 고등학교 전체 인원을 100명이라 한다면 그 중에 용돈을 받는 학생은 약 80.8명이다. 80.8명 중에 용돈을 5만 원 이상 받는 학생의 비율이 40%이므로 $80.8\times0.4≒32$명이다.
④ 전체에서 용돈기입장의 기록, 미기록 비율은 각각 30%, 70%이다. 따라서 기록하는 비율이 더 낮다.
⑤ 용돈을 받지 않는 중학생과 고등학생 비율은 각각 12.4%, 19.2%이다. 따라서 용돈을 받지 않는 고등학생 비율이 더 높다.

36
정답 ④

국내은행에서 외화를 다른 외화로 환전할 경우에는 우선 외화를 원화로 환전한 후 해당 원화를 다시 다른 외화로 환전하는 방식으로 이루어진다. 실제로 환전수수료가 있다면 두 번에 거쳐 수수료가 발생한다.

④와 같이 위안화를 엔화로 국내은행에서 환전한다면 위안화 ¥3,500을 은행에 파는 것이므로 '파실 때' 환율이 적용되어 $173.00 \times ¥3,500 = 605,500$원이 된다. 그리고 엔화는 원화를 대가로 은행에서 사는 것이므로 '사실 때' 환율이 적용되어 $605,500 \div 1,070.41 ≒ 565.6711$이 된다. 그러나 외화거래에서의 엔화단위는 100엔이므로 1엔 기준으로 변경하면 $565.6711 \times 100 = ¥56,567.11$이 된다.

37
정답 ⑤

필자는 첫 번째 문단에서 1948년에 제정된 대한민국 헌법에 드러난 공화제적 원리는 1948년에 이르러 갑자기 등장한 것이 아니라 이미 19세기 후반부터 표명되고 있었다고 말하면서 구체적인 예를 들어 설명하고 있다. 1885년 한성주보에서 공화제적 원리가 언급되었고, 1898년 만민공동회에서는 그 내용이 명확하게 드러났다고 하였다. 또한 독립협회의 헌의6조에서 공화주의 원리를 찾아볼 수 있다고 하였다. 따라서 지문의 핵심 내용으로 가장 적절한 것은 ⑤이다.

38
정답 ④

(1) (나), (바) 조건에 의해, 지원은 화요일과 목요일에는 근무할 수 없다. 또한 기태는 월요일에 근무할 수 없다. 조건에 의해 기태는 목요일에 근무하게 된다.

(2) (다), (라), (사) 조건에 의해, 다래, 고은은 월요일에는 근무할 수 없고, 리화는 월요일과 화요일에 근무할 수 없다. 따라서 월요일에는 여자 사원 중 나영이 반드시 근무해야 한다.

(3) (마) 조건에 의해, 남호는 월요일에 근무할 수 없다. 따라서 월요일에 근무할 수 있는 사원은 동수 또는 지원이다.

② · ④ 고은이가 화요일에 근무하게 될 경우 다래는 수요일 혹은 목요일에 근무할 수 있다. 다래가 수요일에 근무할 경우, 목요일에는 리화가 근무하게 된다. (다) 조건에 의해 동수가 화요일에 근무하게 되므로 남호는 수요일에, 지원이는 월요일에 근무하게 된다.

오답분석

① 고은이가 수요일에 근무한다면, (사) 조건에 의해 리화는 목요일에 근무하게 된다. 따라서 기태와 리화는 함께 근무하게 된다.

③ 리화가 수요일에 근무하게 되면 고은이는 화요일에 근무하게 되고 다래는 목요일에 근무하게 된다. 따라서 동수는 수요일에 근무하게 된다. 이때 (바) 조건에 의해 지원이는 월요일에 근무하게 되므로 남호는 화요일에 근무하게 된다.

⑤ 지원이 수요일에 근무하게 되면 (마) 조건에 의해 남호는 화요일, 동수는 월요일에 근무하게 된다. 그러면 (다) 조건에 의해 다래는 화요일, (사) 조건에 의해 고은이는 수요일, 리화는 목요일에 근무하게 된다.

39
정답 ③

주어진 자료를 바탕으로 매장 수를 정리하면 다음과 같다. 증감표의 부호를 반대로 하여 2022년 매장 수에 대입하면 다음과 같다.

지역	2019년 매장 수	2020년 매장 수	2021년 매장 수	2022년 매장 수
서울	15	17	19	17
경기	13	15	16	14
인천	14	13	15	10
부산	13	11	7	10

따라서 2019년에 매장 수가 두 번째로 많은 지역은 인천이며, 매장 수는 14개이다.

40
정답 ⑤

마지막 문단에 '기다리지 못함도 삼가고 아무것도 안함도 삼가야 한다. 작동 중인 자연스러운 성향이 발휘되도록 기다리면서도 전력을 다할 수 있도록 돕는 노력도 멈추지 말아야 한다.'를 통해 '잠재력을 발휘하도록 하려면 의도적 개입과 방관적 태도 모두를 경계해야 한다.'가 글의 중심 주제가 됨을 알 수 있다.

오답분석

① 인위적 노력을 가하는 것은 일을 '조장(助長)'하지 말라고 한 맹자의 말과 반대된다.

② 싹이 성장하도록 기다리는 것도 중요하지만 '전력을 다할 수 있도록 돕는 노력'도 해야 한다.

③ 명확한 목적성을 강조하는 부분은 글에 나와있지 않다.

④ 맹자는 '싹 밑의 잡초를 뽑고, 김을 매주는 일'을 통해 '성장을 보조해야 한다.'라고 말하며 적당한 인간의 개입이 필요함을 말하고 있다.

41
정답 ⑤

제시문은 진정한 자유란 무엇인지에 대한 대립적인 두 의견을 소개하고 있다. 벌린은 어떠한 간섭도 받지 않는 '소극적 자유'를 진정한 자유라고 보고 있고, 스키너는 간섭의 부재가 진정한 자유를 의미하지 않는다고 했다. 그러면서 국민이든 국가의 조직체이든 원하는 목표를 실현하기 위해 그 의지에 따라 권력을 행사하는 데 제약을 받지 않는 것이 진정한 자유라고 설명한다. 따라서 개인의 자유이든 공동선을 추구하는 국가이든 둘 다 제약을 받지 않고 목표를 실현하기 위해 노력할 것이므로 오히려 양립을 추구한다.

42
정답 ⑤

연립주택과 다세대주택의 차이는 바닥면적으로, 연립주택은 660m^2 초과이고 다세대주택은 660m^2 이하이다.

오답분석

① 노인복지주택은 단독주택과 공동주택에 모두 포함되지 않는다고 명시되어 있다.

② 다중주택과 다가구주택의 경우 3층 이하여야 하나 단독주택의 경우 층수 제한은 없다.

③ 1개 동의 주택으로 쓰는 바닥면적의 합계가 660m² 이하이면 다가구주택에 해당하는 사유가 되며, 부설 주차장 면적은 660m² 산정에 포함되지 않는다.

④ 아파트의 경우 필로티 구조로 된 1층 전부가 주차장으로 사용되어야 층수 산정에서 제외되나, 다세대주택은 1층 바닥 면적의 2분의 1 이상을 필로티 구조로 된 주차장으로 사용하기만 하면 층수에서 제외된다. 따라서 아파트의 경우가 더 엄격한 기준이라고 할 수 있다.

43
정답 ③

배전자동화시스템에 관해 설명하고 있는 문단을 통해 ㉠이 배전자동화시스템의 '기능'임을 추측할 수 있다. 또한 '수요증대', '요구'라는 단어를 통해 ㉡은 '필요성'임을 알 수 있고, '가능', '기대'라는 단어로 ㉢이 '기대효과'임을 알 수가 있다.

44
정답 ④

• 계발 → 개발 : 배전자동화시스템은 첨단IT기술을 접목하여 계발된 배전자동화용 단말장치(FRTU)에서 ~

• 재공 → 제공 : ~ 통신장치를 통해 주장치에 재공함으로써 배전계통 운전 상황을 ~

• 공금 → 공급 : ~ 안정적인 전력을 공금하는 시스템이다.

45
정답 ③

해당 프로모션은 지정된 행사 매장에 방문 또는 상담하는 고객에게 구매여부와 관계없이 다이어리를 증정한다고 되어 있으므로 전국 매장이라는 표현은 잘못 이해한 것이다.

| 01 | 사무(조직이해능력)

46
정답 ③

비영리조직이며 대규모조직인 학교와 유기견 보호단체에서 6시간 있었다.

• 학교 : 공식조직, 비영리조직, 대규모조직
• 카페 : 공식조직, 영리조직, 대규모조직
• 스터디 : 비공식조직, 비영리조직, 소규모조직
• 유기견 보호단체 : 비공식조직, 비영리조직, 대규모조직

오답분석
① 비공식적이면서 소규모조직인 스터디에서 2시간 있었다.
② 공식조직인 학교와 카페에서 8시간 있었다.
④ 영리조직인 카페에서 3시간 있었다.
⑤ 비공식적이며 비영리조직인 스터디와 유기견 보호단체에서 3시간 있었다.

47
정답 ⑤

Mintzberg의 구분에 따르면, 경영자는 다음과 같이 대인적 역할, 정보적 역할, 의사결정적 역할을 수행한다.

대인적 역할	조직의 대표자, 조직의 리더, 상징자, 지도자
정보적 역할	외부환경 모니터, 변화전달, 정보전달자
의사결정적 역할	문제 조정, 대회적 협상 주도, 분쟁조정자, 자원 배분자, 협상가

따라서 외부환경 모니터링은 정보적 역할에 해당된다.

오답분석
① 조직의 규모가 커지게 되면 한 명의 경영자가 조직의 모든 경영활동을 수행하는 데 한계가 있으므로, 운영효율화를 위해 수직적 체계에 따라 최고경영자, 중간경영자 및 하부경영자로 구분되게 된다. 최고경영자는 조직의 최상위층으로 조직의 혁신기능과 의사결정기능을 조직 전체의 수준에서 담당하게 된다. 중간경영자는 재무관리, 생산관리, 인사관리 등과 같이 경영부문별로 최고경영층이 설정한 경영목표, 전략, 정책을 집행하기 위한 제반활동을 수행하게 된다. 하위경영자는 현장에서 실제로 작업을 하는 근로자를 직접 지휘, 감독하는 경영층을 의미한다.

② 경영자는 조직이 나아갈 방향을 제시하고, 조직의 성과에 책임을 지는 사람이다.

③ 경영자는 조직의 의사결정자라 하더라도 구성원들에게 목표를 전달하고 애로사항을 수렴하는 등 구성원과 의사소통을 하여야 한다.

④ 조직 내외부의 분쟁조정, 협상은 의사결정자로서 경영자의 역할이다.

48
정답 ①

미국인들과 악수를 할 때에는 손끝만 살짝 잡아서는 안 되며, 오른손으로 상대방의 오른손을 잠시 힘주어서 잡아야 한다.

49

D사는 기존에 수행하지 않던 해외 판매 업무가 추가될 것이므로 그에 따른 해외영업팀 등의 신설 조직이 필요하게 된다. 해외에 공장 등의 조직을 보유하게 됨으로써 이를 관리하는 해외관리팀이 필요할 것이며, 물품의 수출에 따른 통관 업무를 담당하는 물류팀, 외화 대금 수취 및 해외 조직으로부터의 자금 이동 관련 업무를 담당할 외환업무팀, 국제 거래상 발생하게 될 해외 거래 계약 실무를 담당할 국제법무팀 등이 필요하게 된다.

기업회계팀은 D사의 해외 사업과 상관없이 기존 회계를 담당하는 조직이라고 볼 수 있다.

50

정답 ⑤

오답분석

① · ④ 전결권자는 상무이다.

② · ③ 대표이사의 결재가 필수이다(전결 사항이 아님).

| 02 | 기술(기술능력)

46

정답 ③

제품 매뉴얼은 제품의 설계상 결함이나 위험 요소를 대변해서는 안 된다.

47

정답 ⑤

상향식 기술선택(Bottom Up Approach)은 기술자들로 하여금 자율적으로 기술을 선택하게 함으로써 기술자들의 흥미를 유발할 수 있고, 이를 통해 그들의 창의적인 아이디어를 활용할 수 있는 장점이 있다.

오답분석

① 상향식 기술선택은 기술자들로 하여금 자율적으로 기술을 선택하게 함으로써 시장에서 불리한 기술이 선택될 수 있다.

② 하향식 기술선택은 먼저 기업이 직면하고 있는 외부환경과 기업의 보유 자원에 대한 분석을 통해 기업의 중·장기적인 사업 목표를 설정하고, 이를 달성하기 위해 확보해야 하는 핵심고객층과 그들에게 제공하고자 하는 제품과 서비스를 결정한다.

③ 상향식 기술선택은 기술자들이 자신의 과학기술 전문 분야에 대한 지식과 흥미만을 고려하여 기술을 선택하게 함으로써 시장의 고객들이 요구하는 제품이나 서비스를 개발하는 데 부적합한 기술이 선택될 수 있다.

④ 하향식 기술선택은 기술에 대한 체계적인 분석을 한 후, 기업이 획득해야 하는 대상기술과 목표기술수준을 결정한다.

48

정답 ①

실패와 관련된 10가지 교훈

1. 성공은 99%의 실패로부터 얻는 교훈과 1%의 영감으로 구성된다.
2. 실패는 어떻게든 감추려는 속성이 있다.
3. 방치해 놓은 실패는 성장한다.
4. 실패의 하인리히 법칙은 엄청난 실패는 29건의 작은 실패와 300건의 실수를 저지른 뒤에 발생한다는 것이다.
5. 실패는 전달되는 중에 항상 축소된다.
6. 실패를 비난, 추궁할수록 더 큰 실패를 낳는다.
7. 실패 정보는 모으는 것보다 고르는 것이 더 중요하다.
8. 실패에는 필요한 실패와 일어나선 안 될 실패가 있다.
9. 실패는 숨길수록 병이 되고 드러낼수록 성공한다.
10. 좁게 보면 성공인 것이 전체로 보면 실패일 수 있다.

49

정답 ②

기술경영자의 능력

• 기술을 기업의 전반적인 전략 목표에 통합시키는 능력
• 빠르고 효과적으로 새로운 기술을 습득하고 기존의 기술에서 탈피하는 능력
• 기술을 효과적으로 평가할 수 있는 능력
• 기술 이전을 효과적으로 할 수 있는 능력
• 새로운 제품개발 시간을 단축할 수 있는 능력

- 크고 복잡하고 서로 다른 분야에 걸쳐 있는 프로젝트를 수행할 수 있는 능력
- 조직 내의 기술 이용을 수행할 수 있는 능력
- 기술 전문 인력을 운용할 수 있는 능력

50

정답 ⑤

산업재해의 기본적 원인

1. 교육적 원인 : 안전 지식의 불충분, 안전 수칙의 오해, 경험이나 훈련의 불충분과 작업관리자의 작업 방법 교육 불충분, 유해·위험 작업 교육 불충분 등이 있다.
2. 기술적 원인 : 건물·기계 장치의 설계 불량, 구조물의 불안정, 재료의 부적합, 생산 공정의 부적당, 점검·정비·보존의 불량 등이 있다.
3. 작업 관리상 원인 : 안전 관리 조직의 결함, 안전 수칙 미제정, 작업 준비 불충분, 인원 배치 및 작업 지시 부적당 등이 있다.

산업재해의 직접적 원인

1. 불안전한 행동 : 위험 장소 접근, 안전 장치 기능 제거, 보호 장비의 미착용 및 잘못된 사용, 운전 중인 기계의 속도 조작, 기계·기구의 잘못된 사용, 위험물 취급 부주의, 불안전한 상태 방치, 불안전한 자세와 동작, 감독 및 연락 잘못 등이 있다.
2. 불안전한 상태 : 시설물 자체 결함, 전기 시설물의 누전, 구조물의 불안정, 소방기구의 미확보, 안전 보호 장치 결함, 복장·보호구의 결함, 시설물의 배치 및 장소 불량, 작업 환경 결함, 생산 공정의 결함, 경계 표시 설비의 결함 등이 있다.

| 03 | ICT(정보능력)

46

정답 ③

영역(Block)의 지정

- 한 단어 영역 지정 : 해당 단어 안에 마우스 포인터를 놓고 두 번 클릭한다.
- 한 줄 영역 지정 : 해당 줄의 왼쪽 끝으로 마우스 포인터를 이동하여 포인터가 화살표로 바뀌면 한 번 클릭한다.
- 문단 전체 영역 지정
  - 해당 문단의 임의의 위치에 마우스 포인터를 놓고 세 번 클릭한다.
  - 문단 내의 한 행 왼쪽 끝에서 마우스 포인터가 화살표로 바뀌면 두 번 클릭한다.
- 문서 전체 영역 지정
  - 문단의 왼쪽 끝으로 마우스 포인터를 이동하여 포인터가 화살표로 바뀌면 세 번 클릭한다.
  - [편집] 메뉴에서 [모두 선택]을 선택한다.
  - 문서 내의 임의의 위치에서 [Ctrl]+[A]를 누른다.
  - 문서 내의 한 행 왼쪽 끝에서 마우스 포인터가 화살표로 바뀌면 세 번 클릭한다.

47

정답 ⑤

'AVERAGE(B3:E3)'는 [B3:E3] 범위의 평균을 나타낸다. IF 함수는 논리 검사를 수행하여 TRUE나 FALSE에 해당하는 값을 반환해주는 함수이다. 즉, 「=IF(AVERAGE(B3:E3)>=90, "합격", "불합격")」는 [B3:E3] 범위의 평균이 90 이상일 경우 '합격'이, 그렇지 않을 경우 '불합격'이 입력된다. [F3] ~ [F6]의 각 셀에 나타나는 [B3:E3], [B4:E4], [B5:E5], [B6:E6]의 평균값은 83, 87, 91, 92.5이므로 [F3] ~ [F6] 셀에 나타나는 결괏값은 ⑤이다.

48

정답 ①

OR조건은 조건을 모두 다른 행에 입력해야 한다.

49

정답 ②

키보드, 스캐너, 마우스는 입력 장치에 해당하므로 14개, 출력 장치는 스피커, LCD 모니터, 레이저 프린터가 해당하므로 11개, 저장 장치는 광디스크, USB 메모리가 해당하므로 19개이다. 따라서 재고량 조사표에서 출력 장치는 11개가 되어야 한다.

50

정답 ⑤

상품이 '하모니카'인 매출액의 평균을 구해야 하므로 AVERAGEIF 함수를 사용해야 한다. '=AVERAGEIF(계산할 셀의 범위, 평균을 구할 셀의 정의, 평균을 구하는 셀)'로 표시되기 때문에 '=AVERAGEIF(B2:B9, "하모니카", E2:E9)'가 올바르다.

51
정답 ③

2009년 최초로 한국형원전을 수출한 나라는 UAE이다.

52
정답 ②

한국수력원자력의 미션은 '친환경 에너지로 삶을 풍요롭게'이다.

53
정답 ①

제시문은 고려 시대 광종의 업적에 대해 설명하고 있다. 광종은 쌍기의 건의로 과거제를 실시하였다.

오답분석

② 12목을 설치하고 지방관을 파견한 것은 성종이다.
③ 사심관과 기인제도는 태조의 업적이다.
④ 신돈을 등용하여 전민변정도감을 설치한 것은 공민왕 때이다.

54
정답 ④

가혹한 식민지 정책에 반발한 전 민족적 민중 구국 운동으로 독립 운동의 방향에 전기를 마련했다. 3·1 운동은 민족의 저력을 국내외에 과시, 세계 여러 나라에 우리 민족의 독립 문제를 올바르게 인식시키는 계기를 마련했으며 아시아 및 중동 지역의 민족 운동에 영향을 주었다. 또한, 대한민국 임시정부가 수립되어 독립 운동을 조직적이고 체계적인 운동으로 발전시켰다.

55
정답 ②

공음전은 5품 이상의 관료에게 주어 세습이 허용된 제도로, 고려 전시과에 해당한다.

오답분석

① 과전법은 받은 사람이 죽거나 반역을 하면 국가에 반환하도록 정해져 있었으나 수신전, 휼양전은 그 예외로 세습이 가능하였다.
③ 세조는 관리의 토지 세습 등으로 지급할 토지가 부족하게 되자 국가의 재정확보와 중앙 집권화의 일환으로 직전법을 시행하였으며, 현직 관리에게만 토지를 지급하였다.
④ 성종은 지방 관청에서 그 해의 생산량을 조사하고 직접 수조권을 행사하여 세를 거두어 관리에게 다시 나누어 주는 방식의 관수관급제를 시행하였다.

제4회 모의고사 정답 및 해설

01	02	03	04	05	06	07	08	09	10
④	③	①	④	⑤	②	③	①	②	①
11	12	13	14	15	16	17	18	19	20
④	①	④	①	④	③	②	②	④	①
21	22	23	24	25	26	27	28	29	30
④	②	②	④	③	③	④	⑤	③	③
31	32	33	34	35	36	37	38	39	40
③	②	③	①	③	①	③	③	③	⑤
41	42	43	44	45	46	47	48	49	50
④	②	④	②	⑤	③	③	③	④	①
51	52	53	54	55					
④	④	③	④	④					

제 1 영역 직업기초능력

01
정답 ④

마지막 문단에서 정약용은 청렴을 지키는 것의 효과는 첫째, '다른 사람에게 긍정적 효과를 미친다.', 둘째, '목민관 자신에게도 좋은 결과를 가져다준다.'고 하였으므로 ④는 글의 내용과 부합한다.

오답분석

① 두 번째 문단에서 '정약용은 청렴을 당위 차원에서 주장하는 기존의 학자들과 달리 행위자 자신에게 실질적 이익이 된다는 점을 들어 설득하고자 하였다.'를 통해 옳지 않음을 알 수 있다.

② 두 번째 문단에서 '정약용은 "지자(知者)는 인(仁)을 이롭게 여긴다."라는 공자의 말을 빌려 "지혜로운 자는 청렴함을 이롭게 여긴다."'라고 하였으므로 공자의 뜻을 계승한 것이 아니라 공자의 말을 빌려 청렴의 중요성을 강조하였다.

③ 두 번째 문단에서 '지혜롭고 욕심이 큰 사람은 청렴을 택하지만 지혜가 짧고 욕심이 작은 사람은 탐욕을 택한다.'라고 하였으므로 청렴한 사람은 욕심이 크기 때문에 탐욕에 빠지지 않는 것이 적절하다.

⑤ 첫 번째 문단에서 '이황과 이이는 청렴을 사회 규율이자 개인 처세의 지침으로 강조하였다.'라고 하였으므로 이황과 이이는 청렴을 사회 규율로 보았다는 것을 알 수 있다.

02
정답 ③

오답분석

① 정상 과학의 시기에는 이미 이론의 핵심 부분들은 정립되어 있으며, 이 시기에는 새로움을 좇기보다는 기존 연구의 세부 내용이 깊어진다. 따라서 다양한 학설과 이론의 등장은 적절하지 않다.

② 어떤 현상의 결과가 충분히 예측된다 할지라도 그 세세한 과정은 의문 속에 있기 마련이다. 정상 과학의 시기에 과학자들의 열정과 헌신성은 예측 결과와 실제의 현상을 일치시키기 위한 연구로 유지될 수 있다.

④ 과학적 사고방식과 관습, 기법 등이 하나의 기반으로 통일되어 있을 뿐이지 해결해야 할 과제가 없는 것은 아니다. 따라서 완성된 과학이라고 부를 수 없다.

⑤ 이론의 핵심 부분들은 정립된 상태이므로 과학자들은 심오한 작은 영역에 집중하게 되고 그에 따라 각종 실험 장치들의 다양화, 정밀화와 더불어 문제를 해결해가는 특정 기법과 규칙들이 만들어진다. 따라서 문제를 해결해가는 과정이 주가 된다.

03
정답 ①

제시된 자료는 비율을 나타내기 때문에 실업자의 수는 알 수 없다.

오답분석

② 실업자 비율은 2%p 증가하였다.

③ 경제활동인구 비율은 80%에서 70%로 감소하였다.

④ 취업자 비율은 12%p 감소한 반면, 실업자 비율은 2%p 증가하였기 때문에 취업자 비율의 증감폭이 더 크다.

⑤ 비경제활동인구의 비율은 10%p 증가하였다.

04
정답 ④

먼저 B안마의자는 색상이 블랙이 아니므로 고려 대상에서 제외하고, C안마의자는 가격이 최대 예산을 초과하였으므로 제외하며, E안마의자는 온열기능이 없으므로 이 또한 제외한다. 남은 A안마의자와 D안마의자 중 프로그램 개수가 많으면 많을수록 좋다고 하였으므로 K사는 D안마의자를 구매할 것이다.

05

현존하는 가장 오래된 실록은 전주 사고에 보관되어 있던 것으로 이는 강화도 마니산에 봉안되었다가 1936년 병자호란에 의해 훼손된 것을 현종 때 보수하여 숙종 때 강화도 정족산에 다시 봉안했다. 현재 서울대에 보존되어 있다.

오답분석

① 원본을 포함해 모두 5벌의 실록을 갖게 되었으므로 재인쇄하였던 실록은 모두 4벌이다.
② 강원도 태백산에 보관하였던 실록은 서울대에 있다.
③ 현재 한반도에 남아 있는 실록은 강원도 태백산, 강화도 정족산, 장서각의 것으로 모두 3벌이다.
④ 적상산에 보관하였던 실록은 구황국 장서각으로 옮겨졌으며 이는 6 · 25전쟁 때 북으로 이동해 현재 김일성종합대학에 소장되어 있다.

06
정답 ②

제시문은 우리나라 여성의 고용 비율이 남성보다 낮기 때문에 여성의 고용에 대한 배려가 필요하다는 내용이다. 따라서 (C) 우리나라는 남성에 비해 여성의 고용 비율이 현저히 낮음 → (A) 남녀고용 평등의 확대를 위한 채용 목표제의 강화 필요 → (E) 역차별이라는 주장과 현실적인 한계 → (B) 대졸 이상 여성의 고용 비율이 OECD 국가 중 최하위인 대한민국의 현실 → (D) 강화된 법규가 준수될 수 있도록 정부의 계도와 감독 기능의 강화 필요의 순서로 연결되어야 한다.

07
정답 ③

남성 합격자 수는 1,003명, 여성 합격자 수는 237명이고, $237 \times 5 = 1,185$이므로, 남성 합격자 수는 여성 합격자 수의 5배보다 적다.

08
정답 ①

㉠은 페로몬이 많은 쪽의 경로를 선택하여 이동하는 개미의 특징에 의해 개미 떼가 가장 짧은 경로를 이용해 먹이를 운반하는 것에서 개발된 알고리즘이다. 이는 '각 개체가 다수의 개체들이 선택하는 경로를 이용하여 자신의 이동 방향을 결정하는 특성'인 정렬성에 해당한다.
㉡은 각자의 진동수에 따라 빛을 발하던 반딧불이가 상대방의 반짝임에 맞춰 결국에는 하나의 반딧불이처럼 반짝이는 현상에서 착안한 알고리즘으로 이는 '각 개체가 주변 개체들과 동일한 행동을 하는 특성'인 결합성에 해당한다.

09
정답 ②

L사의 가습기 B와 H의 경우 모두 표시지 정보와 시험 결과에서 아파트 적용 바닥면적이 주택 적용 바닥면적보다 넓다.

오답분석

① W사의 G가습기 소음은 33.5dB(A)로, C사의 C가습기와 E가습기보다 소음이 더 크다.
③ D가습기와 G가습기의 실제 가습능력은 표시지 정보보다 더 나음을 알 수 있다.
④ W사의 D가습기는 표시지 정보와 시험 결과보다 미생물 오염도가 덜함을 알 수 있다.
⑤ L사의 H가습기는 표시지 정보와 시험 결과보다 소비전력의 전력 소모가 덜함을 알 수 있다.

10
정답 ①

기술이 내적인 발전 경로를 가지고 있다는 통념을 비판하기 위해 다양한 사례 연구를 논거로 인용하고 있다. 따라서 인용하고 있는 연구 결과를 반박할 수 있는 자료가 있다면 글쓴이의 주장은 설득력을 잃게 된다.

11
정답 ④

제시된 자료의 원자력 소비량 수치를 보면 증감을 거듭하고 있는 것을 확인할 수 있다.

오답분석

① 2012년 석유 소비량을 제외한 나머지 에너지 소비량의 합을 구하면 $54.8 + 30.4 + 36.7 + 5.3 = 127.2$백만 TOE이다. 즉, 석유 소비량이 101.5백만 TOE보다 크다. 2013 ~ 2021년의 석유 소비량을 제외한 나머지 에너지 소비량을 구해 석유 소비량과 비교하면, 석유 소비량이 나머지 에너지 소비량의 합보다 적음을 알 수 있다.
② 석탄 소비량은 2012 ~ 2018년까지 지속적으로 상승하다가 2019년에 감소한 뒤 2020년부터 다시 상승세를 보이고 있다.
③ 제시된 자료를 보면 기타 에너지 소비량은 지속적으로 증가하고 있다.
⑤ 2021년 LNG 소비량은 2020년보다 감소했으므로 옳지 않다.

12
정답 ①

오답분석

② 아프리카, 중동, 호주, 중국을 말하고 있다.
③ 지구 온난화, 과도한 경작, 무분별한 벌목으로 인한 삼림 파괴 등에 의해 일어날 수 있다고 말하고 있다.
④ 사막화란 건조 지대에서 일어나는 토지 황폐화 현상이다.
⑤ 사막화가 계속 진행된다면 결국 식량 생산의 감소와 식수 부족으로 이어진다는 내용을 말하고 있다.

13

연도별 최소 인구인 도시의 인구수 대비 최대 인구인 도시의 인구수 비는 지속적으로 감소해 2011년에 약 3.56배까지 감소했으나 2021년 약 3.85배로 다시 증가하였다.

오답분석

① 2011년을 기점으로 서울과 베이징의 인구 순위가 뒤바뀐다.
② 서울의 경우 2001년 이후 지속적으로 인구가 줄고 있다.
③ 베이징은 해당기간 동안 약 38%, 54%, 59%의 인구 성장률을 보이며, 세 도시 중 가장 큰 성장률을 기록했다.
⑤ 최대 인구와 최소 인구의 차는 1991년 24,287명에서 2021년 28,141명으로 지속적으로 증가했다.

14
정답 ①

두 번째 문단은 첫 번째 문단의 부연 설명이고, 제시문의 전개 방식은 다음과 같다.
- 대전제 : 전 세계를 상대로 진리를 탐구하는 것만이 진정한 학자이다.
- 소전제 : 남의 학문을 전파하는 것은 진리 탐구와는 성질이 다른 것이다.
- 결론 : 남의 학문을 전파하는 사람은 진정한 학자가 아니다.
전체적으로 보면 연역법의 '정언 삼단논법' 형식을 취하고 있는데, 정언 삼단논법이란 세 개의 정언 명제로 구성된 간접추리 방식이다. 세 개의 명제 가운데 두 개의 명제는 전제이고, 나머지 한 개의 명제는 결론이 된다.

15
정답 ④

주어진 조건을 정리하면 다음과 같다.

구분	거주자	좋아하는 스포츠 종목	애완동물
7층	G		새
6층		축구	고양이
5층	D		새
4층		축구	고양이
3층	E	농구	새
2층	A	축구	고양이
1층	B		개

따라서 항상 옳은 것은 ④이다.

오답분석

① C와 E가 이웃하려면 C가 4층에 살아야 하는데 조건만으로는 정확히 알 수 없다.
② G는 7층에 살며 새를 키우지만 어떤 스포츠를 좋아하는지는 알 수 없다.
③ B는 유일하게 개를 키우고 개를 키우는 사람은 1층에 산다. 그러므로 홀수 층에 사는 사람이 모두 새를 키운다고 할 수는 없다.
⑤ F가 4층에 사는지 6층에 사는지 조건만으로는 정확히 알 수 없다.

16
정답 ③

확정기여형(DC) 퇴직연금유형은 근로자가 선택하는 운용 상품의 운용 수익률에 따라 퇴직 급여가 달라진다.

오답분석

① 확정급여형과 확정기여형은 운영방법의 차이로 인해 퇴직연금 수준이 달라질 수 있다.
② 확정급여형에서는 기업부담금이 산출기초율로 정해지며, 이는 자산운용 수익률과 퇴직률 변경 시 변동되는 사항이다.
④ 확정급여형은 직장이동 시 합산이 어렵기 때문에 직장이동이 잦은 근로자들은 확정기여형을 선호할 것이라고 유추할 수 있다.
⑤ 확정급여형은 IRA / IRP를 활용할 수 있으므로, 이에 대한 설명을 추가하는 것은 적절하다.

17
정답 ②

운용 현황에 관심이 많은 근로자는 확정기여형 퇴직연금유형에 적합하다.

18
정답 ②

제11조 (1)에 해당하는 내용이다.

오답분석

① 응급조치에 소요된 비용에 대해서는 주어진 지문에서 확인할 수 없다. 따라서 '갑'이 부담하는지 알 수 없다.
③ '을'이 미리 응급조치를 취할 수 있지만, 즉시 '갑'에게 통지해야 한다.
④ 설계상의 하자나 '갑'의 요구에 의한 작업으로 인한 재해에 대해서는 책임이 없다.
⑤ 제10조 (2)에 따르면 '갑'은 상세시공도면의 작성비용을 공사비에 반영해야 한다.

19
정답 ④

제시문의 핵심내용은 '기본 모델'에서는 증권시장에서 주식의 가격이 '기업의 내재적인 가치'라는 객관적인 기준에 근거하여 결정된다고 보지만 '자기참조 모델'에서는 주식의 가격이 증권시장에 참여한 사람들의 여론에 의해, 즉 인간의 주관성에 의해 결정된다고 본다는 것이다. 따라서 제시문은 주가 변화의 원리에 초점을 맞추어 다른 관점들을 대비하고 있다.

20
정답 ①

필자는 객관적인 기준을 중시하는 기본 모델은 주가 변화를 제대로 설명하지 못하지만, 인간의 주관성을 중시하는 자기참조 모델은 주가 변화를 제대로 설명하고 있다고 보고 있다. 따라서 증권시장의 객관적인 기준이 인간의 주관성보다 합리적임을 보여준다는 진술은 제시문의 내용과 다르다.

21

정답 ④

제시문은 과학을 통해 자연재해를 극복하고자 하는 인간의 노력을 옹호하고 있다. ④에서 인간의 자연 치유력을 감소시키더라도 인간의 능력(의학)으로 질병을 극복할 수 있다고 한 것도 같은 맥락이다.

22

정답 ②

최소 간호인력 수를 표로 정리하면 다음과 같다.

근무조 \ 시간대	2~6시	6~10시	10~14시	14~18시	18~22시	22~2시	소요
2시 시작조	5	5					5
6시 시작조		15	15				15
10시 시작조			15	15			15
14시 시작조				0	0		0
18시 시작조					50	50	50
22시 시작조	0					0	0
필요인력 수	5	20	30	15	50	10	85

따라서 최소 85명으로 간호인력 포트폴리오를 구성해야 한다.

23

정답 ②

2~6시 시간대의 필요 간호인력을 20명으로 확충한 후 최소 간호인력 수를 표로 정리하면 다음과 같다.

근무조 \ 시간대	2~6시	6~10시	10~14시	14~18시	18~22시	22~2시	소요
2시 시작조	20	20					20
6시 시작조		0	0				0
10시 시작조			30	30			30
14시 시작조				0	0		0
18시 시작조					50	50	50
22시 시작조	0					0	0
필요인력 수	20	20	30	15	50	10	100

따라서 최소 100명으로 간호인력 포트폴리오를 구성해야 한다.

24

정답 ④

10대의 인터넷 공유활동을 참여율이 큰 순서대로 나열하면 '커뮤니티 이용 → 퍼나르기 → 블로그 운영 → UCC게시 → 댓글달기'인 반면, 30대는 '커뮤니티 이용 → 퍼나르기 → 블로그 운영 → 댓글달기 → UCC게시'이다. 따라서 활동 순위가 서로 같지 않다.

오답분석

① 20대가 다른 연령에 비해 참여율이 비교적 높은 편임을 표에서 쉽게 확인할 수 있다.
② 남성이 여성보다 참여율이 대부분의 활동에서 높지만, 블로그 운영에서는 여성의 참여율이 높다.
③ 남녀 간의 참여율 격차가 가장 큰 영역은 13.8%p로 댓글달기이며, 그 반대로는 2.7%p로 커뮤니티 이용이다.
⑤ 40대는 다른 영역과 달리 댓글달기 활동에서는 다른 연령대보다 높은 참여율을 보이고 있다.

25

정답 ③

ㄴ. $115,155 \times 2 = 230,310 > 193,832$이므로 옳은 설명이다.

ㄷ. • 2018년 : $\frac{18.2}{53.3} \times 100 ≒ 34.1\%$

　• 2019년 : $\frac{18.6}{54.0} \times 100 ≒ 34.4\%$

　• 2020년 : $\frac{19.1}{51.9} \times 100 ≒ 36.8\%$

따라서 2018~2020년 동안 석유제품 소비량 대비 전력 소비량의 비율은 매년 증가한다.

오답분석

ㄱ. 비율은 매년 증가하지만, 전체 최종에너지 소비량 추이를 알 수 없으므로 절대적인 소비량까지 증가하는지는 알 수 없다.

ㄹ. • 산업부문 : $\frac{4,750}{15,317} \times 100 ≒ 31.01\%$

　• 가정·상업부문 : $\frac{901}{4,636} \times 100 ≒ 19.43\%$

따라서 산업부문의 유연탄 소비량 대비 무연탄 소비량의 비율은 25% 이상이다.

26

정답 ③

2021년에는 전년 대비 29,227명이 증가했으나, 2020년에는 전년 대비 46,911명이 증가했다.

오답분석

①·④ 표를 통해 쉽게 확인할 수 있다.
② 모든 나이에서 두 어린이집 모두 각 나이별 영유아 수가 증가하고 있다.
⑤ 민간 어린이집, 국·공립 어린이집, 법인 어린이집이 이에 해당한다.

27 정답 ④

• 2018년 어린이집 전체 영유아 수의 합
: 501,838+422,092+211,521=1,135,451명
• 2021년 어린이집 전체 영유아 수의 합
: 739,332+455,033+154,364=1,348,729명
따라서 2018년과 2021년 어린이집 전체 영유아 수의 차는
1,348,729-1,135,451=213,278명이다.

28 정답 ⑤

제시문은 위성영상지도 서비스인 구글어스로 건조지대에도 숲이
존재한다는 사실을 발견했다는 글이다. 첫 문장에서 '구글어스가
세계 환경의 보안관 역할을 톡톡히 하고 있다.'고 하였으므로 ⑤가
적절하다.

29 정답 ③

2016년부터 공정자산총액과 부채총액의 차를 순서대로 나열하면
952, 1,067, 1,383, 1,127, 1,864, 1,908억 원이다.

오답분석

① 2019년에는 자본총액이 전년 대비 감소했다.
② 직전 해에 비해 당기순이익이 가장 많이 증가한 해는 2020년
이다.
④ 총액 규모가 가장 큰 것은 공정자산총액이다.
⑤ 2016 ~ 2019년의 자본총액 중 자본금의 비율을 구하면 다음
과 같다.

• 2016년 : $\frac{434}{952} \times 100 = 45.6\%$

• 2017년 : $\frac{481}{1,067} \times 100 = 45.1\%$

• 2018년 : $\frac{660}{1,383} \times 100 = 47.7\%$

• 2019년 : $\frac{700}{1,127} \times 100 = 62.1\%$

따라서 2017년에는 자본금의 비중이 감소했다.

30 정답 ④

돌이는 이미 한 주에 세 번 상담받기로 예약되어 있고, 철이와 순
이는 그 다음날인 금요일에 예약이 있다. 따라서 목요일 13 ~ 14
시에 상담을 받을 수 있는 사람은 영이이다.

31 정답 ③

자기계발 과목에 따라 해당되는 지원 금액과 신청 인원은 다음과
같다.

구분	영어회화	컴퓨터 활용	세무회계
지원 금액	70,000원×0.5 =35,000원	50,000원×0.4 =20,000원	60,000원×0.8 =48,000원
신청 인원	3명	3명	3명

각 교육프로그램마다 3명씩 지원했으므로, 총 지원비는 (35,000
+20,000+48,000)×3=309,000원이다.

32 정답 ②

마지막 문단에서 '그리고 병원균이나 곤충, 선충에 기생하는 종들
을 사용한 생물 농약은 유해 병원균이나 해충을 직접 공격하기도
한다.'라고 하였으므로 직접 공격하지 못한다고 한 ②는 내용과
일치하지 않는다.

33 정답 ③

매월 각 프로젝트에 필요한 인원은 다음과 같다.
• 2월 : A・B프로젝트 → 46+42=88명
• 3 ~ 4월 : B・C프로젝트 → 42+24=66명
• 5월 : B・D프로젝트 → 42+50=92명
• 6월 : D프로젝트 → 50명
• 7월 : D・E프로젝트 → 50+15=65명
• 8 ~ 9월 : E프로젝트 → 15명
따라서 5월에 가장 많은 92명이 필요하므로 모든 프로젝트를 완료
하기 위해서는 최소 92명이 필요하다.

34 정답 ①

주어진 1인당 인건비는 프로젝트가 끝날 때까지의 1인당 총 인건
비이므로 소요기간은 고려하지 않아도 된다.
프로젝트별 총 인건비를 계산하면 다음과 같다.

구분	총 인건비
A프로젝트	46×130=5,980만 원
B프로젝트	42×550=23,100만 원
C프로젝트	24×290=6,960만 원
D프로젝트	50×430=21,500만 원
E프로젝트	15×400=6,000만 원

따라서 A ~ E프로젝트를 인건비가 가장 적게 드는 것부터 나열하
면 A-E-C-D-B 순서이다.

35 정답 ③

총 인건비와 진행비를 합한 각 프로젝트에 들어가는 총 비용을 구하면 다음과 같다.

구분	총 인건비	진행비	(프로젝트 총 비용) =(총 인건비)+(진행비)
A프로젝트	5,980만 원	20,000만 원	25,980만 원
B프로젝트	23,100만 원	3,000만 원	26,100만 원
C프로젝트	6,960만 원	15,000만 원	21,960만 원
D프로젝트	21,500만 원	2,800만 원	24,300만 원
E프로젝트	6,000만 원	16,200만 원	22,200만 원

따라서 C프로젝트가 21,960만 원으로 총 비용이 가장 적게 드는 프로젝트이다.

36 정답 ①

2021년도에 F학점을 받은 학생의 비율을 a라 하면

성적	A	B	C	D	F	합계
2021년도 학생 수의 비율	15	$4a$	$10a$	10	a	100

• A학점을 받은 학생 수의 비율은 D학점을 받은 학생 비율의 1.5배이므로 $10 \times 1.5 = 15\%$
• B학점을 받은 학생 수의 비율은 F학점을 받은 학생 비율의 4배이므로 $a \times 4 = 4a$
• C학점을 받은 학생 수의 비율은 B학점과 F학점을 받은 학생 비율의 합의 2배이므로
$(4a+a) \times 2 = 10a \rightarrow 15 + 4a + 10a + 10 + a = 100$
$\therefore a = 5$

따라서 F학점을 받은 학생 수의 비율이 5%이므로, 2020년도에 F학점을 받은 학생 수는 $120 \times \dfrac{5}{100} = 6$명이다.

37 정답 ③

어느 지점까지의 거리를 $x$km라고 하면 왕복하는 데 걸리는 시간은 $\dfrac{x}{3} + \dfrac{x}{4} = \dfrac{7}{12}x$시간이다.

2시간에서 3시간 사이에 왕복할 수 있어야 하므로
$2 \leq \dfrac{7}{12}x \leq 3 \rightarrow 24 \leq 7x \leq 36 \rightarrow \dfrac{24}{7} \leq x \leq \dfrac{36}{7}$

$\dfrac{24}{7} \fallingdotseq 3.4$이고, $\dfrac{36}{7} \fallingdotseq 5.1$이므로 2시간에서 3시간 사이에 왕복할 수 있는 코스는 Q지점과 R지점이다.

38 정답 ③

존속성 기술을 개발하는 업체의 총수는 24개, 와해성 기술을 개발하는 업체의 총수는 23개로 올바른 판단이다.

오답분석

① 시장견인과 기술추동을 합하여 비율을 계산하면 벤처기업이 $\dfrac{12}{20}$, 대기업이 $\dfrac{11}{27}$이므로 올바르지 않은 판단이다.
② 존속성 기술은 12개, 와해성 기술은 8개로 틀린 판단이다.
④ 10 : 10으로 동일한 비율이므로 올바르지 않은 판단이다.
⑤ 17 : 10으로 시장견인전략을 취하는 비율이 월등히 높다.

39 정답 ③

각 평가항목이 동일한 가중치를 가진다고 가정한다면, B주임이 받은 점수를 각 평가항목별 만점으로 나누어 표준화하면 된다.

• 응대 서비스 : $\dfrac{28}{35} = 0.8$
• 업무처리 : $\dfrac{21}{25} = 0.84$
• 상담능력 : $\dfrac{27}{30} = 0.9$
• 기본 환경 : $\dfrac{10}{10} = 1$

따라서 B주임은 응대 서비스보다 상담능력에서 상대적으로 더 높은 평가를 받았다.

오답분석

① 평균 : $\dfrac{79 + 86 + 94 + 86}{4} = 86.25$점
② A사원의 응대 서비스는 35점으로 가장 높은 점수를 받았다.
④ 고객의 니즈 파악 및 적절한 상품 권유 등의 능력은 상담능력인데, C과장은 상담능력에 30점으로 만점을 받았으므로 탁월하다고 판단할 수 있다.
⑤ A사원은 응대 서비스에서, B주임은 기본 환경에서, C과장은 업무처리 및 상담능력에서 만점을 받았으나, D대리는 만점을 받은 평가항목이 없다.

40 정답 ⑤

영업원 및 판매 관련직의 취업률은 $(733 \div 3,083) \times 100 \fallingdotseq 23.8\%$이다.

오답분석

① 구직 대비 취업률은 기계 관련직이 $(345 \div 1,110) \times 100 \fallingdotseq 31.1\%$로 가장 높다.
② 법률·경찰·소방·교도 관련직과 미용·숙박·여행·오락·스포츠 관련직이 해당한다.
③ 금융보험 관련직이 해당한다.
④ 자료를 통해 확인할 수 있다.

41

제시된 자료를 통해 초혼연령이 증가하는 이유에 대해서는 알 수 없다.

42

정답 ②

ⓒ 2017년 성장률이 가장 높은 지역은 경기지역으로, 이때의 성장률은 11%이다.

ⓔ 2019년 성장률은 인천지역이 7.4%로 가장 높지만 인천지역과 경기지역의 전년 대비 총생산 증가량을 각각 비교해보면 인천은 47,780−43,311=4,469, 경기는 193,658−180,852=12,806으로 경기지역이 더 많다.

43

정답 ④

서비스 품질 5가지 항목의 점수와 서비스 쇼핑 체험 점수를 비교해보면, 모든 대형마트에서 서비스 쇼핑 체험 점수가 가장 낮다는 것을 확인할 수 있다. 따라서 서비스 쇼핑 체험 부문의 만족도는 서비스 품질 부문들보다 낮다고 이해할 수 있다. 서비스 쇼핑 체험 점수의 평균은 $\frac{3.48+3.37+3.45+3.33}{4} ≒ 3.41$이다.

오답분석

① 주어진 자료에서 단위를 살펴보면 5점 만점으로 조사되었음을 알 수 있으며, 종합만족도의 평균은

$\frac{3.72+3.53+3.64+3.56}{4} ≒ 3.61$이다.

업체별로는 A마트 → C마트 → D마트 → B마트 순서로 종합만족도가 낮아짐을 알 수 있다.

② 대형마트 인터넷 / 모바일쇼핑 소비자 만족도 자료에서 마트별 인터넷 / 모바일쇼핑 만족도의 차를 구해보면 A마트 0.07점, B마트·C마트 0.03점, D마트 0.05점으로 A마트가 가장 크다.

③ 평균적으로 고객접점직원 서비스보다는 고객관리 서비스가 더 낮게 평가되었다.

⑤ 모바일쇼핑 만족도는 평균 3.845이며, 인터넷쇼핑은 평균 3.80이다. 따라서 모바일쇼핑이 평균 0.045점 높게 평가되었다고 이해하는 것이 올바르다.

44

정답 ②

공사 시행업체 선정방식에 따라 가중치를 반영하여 업체들의 점수를 종합하면 다음과 같다.

평가항목 \ 업체	A	B	C	D	E
적합성점수	22	24	23	20	26
실적점수	12	18	14	16	14
입찰점수	10	4	2	8	6
평가점수	44	46	39	44	46

평가점수가 가장 높은 업체는 B, E이다. 이 중 실적점수가 더 높은 업체는 B이므로 최종 선정될 업체는 B업체이다.

45

정답 ⑤

문제에서 주어진 팀장의 요구조건에 부합하는 결과를 주어진 표에서 정보를 찾아 도출하면 된다. 요구조건은 영유아 인구가 많은 곳, 향후 5년간 지속적인 수요발생 두 가지이며, 두 조건을 모두 충족하는 지역을 선정하면 된다.

주어진 표에서 영유아 인구수를 구하면 다음과 같다.

※ (영유아 인구수)=(총 인구수)×(영유아 비중)
   • A지역 : 3,460,000명×3%=103,800명
   • B지역 : 2,470,000명×5%=123,500명
   • C지역 : 2,710,000명×4%=108,400명
   • D지역 : 1,090,000명×11%=119,900명

   따라서 B−D−C−A 순서로 영유아 인구 수가 많은 것을 알 수 있다.

ii) 향후 5년간 영유아 변동률을 보았을 때 A지역은 1년 차와 3년 차에 감소하였고, B지역은 3∼5년 차 동안 감소하는 것을 확인할 수 있다. 따라서 지속적으로 수요가 증가하는 지역은 C지역, D지역이다.

   특히, C지역의 5년간 성장률은 5%이며, D지역의 5년간 성장률은 6.4%이므로 D지역이 상대적으로 우선한다.

따라서 위 ⅰ), ⅱ) 조건을 모두 고려하였을 때, D지역이 유아용품 판매직영점을 설치하는 데 가장 적절한 지역이 된다.

오답분석

① 총 인구수로 판단하는 것은 주어진 조건과 무관하므로 적절하지 않다.

② 단순히 영유아 비율이 높다고 하여 영유아 인구수가 많은 것이 아니므로 조건에 부합하지 않는다.

③ 영유아 인구수는 B지역이 가장 많은 것은 맞으나, 향후 5년 동안 변동률이 감소하는 추세를 보이므로 적절하지 않다.

④ 향후 5년간 영유아 인구 증가율이 가장 높은 곳은 D지역이다.

| 01 | 사무(조직이해능력)

46
정답 ③

전략목표를 먼저 설정하고 환경을 분석해야 한다.

47
정답 ③

㉮를 통해 도입할 소프트웨어는 사원 데이터 파일을 일원화시키고, 이를 활용하는 모든 응용 프로그램이 유기적으로 데이터를 관리하도록 하는 프로그램이다. 이를 통해 응용 프로그램 간 독립성이 향상되며, 데이터를 일원화하여 일관성을 높이는 효과를 볼 수 있다.

48
정답 ③

A씨의 행동을 살펴보면, 무계획적인 업무처리로 인하여 일이 늦어지거나 누락되는 경우가 많다는 것을 알 수 있다. 이러한 행동에 대해서 적절한 피드백으로는 업무를 계획적으로 진행하라는 맥락인 ③이 적절하다.

49
정답 ④

- 최 주임 : 경영은 조직의 목적달성을 위한 전략, 관리, 운영활동으로서 기업뿐만 아니라 모든 조직이 경영의 대상에 해당된다.
- 박 대리 : 경영은 크게 경영목적, 자금, 인적자원, 경영전략 4가지로 구성되어 있다고 볼 수 있다.
- 정 주임 : 기업환경이 급변하는 만큼, 환경에 적응하기 위한 경영전략의 중요성이 커지고 있다.

오답분석
- 김 사원 : 현대 사회에서는 기업의 대외환경이 기업경영에 미치는 영향력이 커지고 있는 만큼 실질적으로 경영은 관리에 전략적 의사결정을 더하여 보다 큰 의미가 되고 있다.

50
정답 ①

집단의사결정은 다수가 참여하기 때문에 결정이 느리고, 타협을 통해 결정되기 때문에 가장 적절한 방안을 채택하기 힘들고 특정 구성원들의 의견이 잘 반영되기가 어렵다. 또한, 집단사고(Group Thinking)에 영향을 받아 잘못된 판단을 할 수 있으며, 특정 구성원에 의해 의사결정이 독점될 가능성이 있다.

| 02 | 기술(기술능력)

46
정답 ③

연구개발에 참가한 연구원과 엔지니어들이 그 기업을 떠나는 경우 기술과 지식의 손실이 크게 발생하는 점을 볼 때, 기술혁신은 새로운 지식과 경험의 축적으로 나타나는 지식 집약적인 활동으로 볼 수 있다.

기술혁신의 특성
- 기술혁신은 그 과정 자체가 매우 불확실하고 장기간의 시간을 필요로 한다.
- 기술혁신은 지식 집약적인 활동이다.
- 기술혁신 과정의 불확실성과 모호함은 기업 내에서 많은 논쟁과 갈등을 유발할 수 있다.
- 기술혁신은 조직의 경계를 넘나든다.

47
정답 ③

제시문은 기술의 S곡선에 대한 설명이다. 기술이 등장하고 처음에는 완만히 향상되다가 일정 수준이 되면 급격히 향상되고, 한계가 오면서 다시 완만해지다가 이후 다시 발전할 수 없는 상태가 되는 모양이 S모양과 닮았다.

오답분석
① 바그너 법칙 : 경제가 성장할수록 국민총생산(GNP)에서 공공지출의 비중이 높아진다는 법칙
② 빅3 법칙 : 분야별 빅3 기업들이 시장의 70 ~ 90%를 장악한다는 경험 법칙
④ 생산비의 법칙 : 완전경쟁 하에서 가격 · 한계비용 · 평균비용이 일치함으로써 균형상태에 도달한다는 법칙
⑤ 기술경영 : 과학 기술과 경영 원리를 결합하여 실무 능력을 갖춘 전문 인력을 양성하는 프로그램

48
정답 ③

임펠러 날개깃이 피로 현상으로 인해 결함을 일으킬 수 있다고 하였기 때문에 기술적 원인에 해당된다. 기술적 원인에는 기계 설계 불량, 재료의 부적합, 생산 공정의 부적당, 정비 · 보존 불량 등이 해당된다.

오답분석
① 작업 관리상 원인 : 안전 관리 조직의 결함, 안전 수칙 미제정, 작업 준비 불충분, 인원 배치 및 작업 지시 부적당 등
② 교육적 원인 : 안전 지식의 불충분, 안전 수칙의 오해, 경험이나 훈련의 불충분과 작업관리자의 작업 방법의 교육 불충분, 유해 위험 작업 교육 불충분 등

49

정답 ④

벤치마킹은 비교대상에 따라 내부·경쟁적·비경쟁적·글로벌 벤치마킹으로 분류되며, 네스프레소는 뛰어난 비경쟁 기업의 유사 분야를 대상으로 벤치마킹하는 비경쟁적 벤치마킹을 하고 있다. 비경쟁적 벤치마킹은 아이디어 창출 가능성은 높으나 가공하지 않고 사용하면 실패할 가능성이 높다.

오답분석

① 내부 벤치마킹
②·③ 글로벌 벤치마킹
⑤ 경쟁적 벤치마킹

50

정답 ①

OJT(On the Job Training)는 조직 안에서 피교육자인 종업원이 직무에 종사하면서 받게 되는 교육 훈련 방법이다. 집합교육으로는 기본적·일반적 사항밖에 훈련시킬 수 없다는 것을 바꾸기 위해 나온 방법으로 피교육자인 종업원이 '업무수행이 중단되는 일 없이 업무수행에 필요한 지식·기술·능력·태도를 교육훈련 받는 것'을 말하며, 직장훈련·직장지도·직무상 지도 등이라고도 한다.

| 03 | ICT(정보능력)

46

정답 ③

특정 값의 변화에 따른 결괏값의 변화를 알아보는 경우는 '시나리오'와 '데이터 표'가 있다. 2가지 중 표 형태로 표시해 주는 것은 '데이터 표'에 해당한다. 비슷한 형식의 여러 데이터 결과를 요약해 주는 경우는 '부분합'과 '통합'이 있다. 2가지 중 통합하여 요약해 주는 것은 '통합'에 해당한다. 참고로 '부분합'은 하나로 통합하지 않고 그룹끼리 모아서 계산한다.

47

정답 ③

오답분석

① 마진(Margin)이 아닌 색인(Index)에 대한 설명이다.
② 각주는 해당 페이지의 하단에 표시된다.
④ 미주는 문서의 맨 마지막에 표시된다.
⑤ 소트(Sort)가 아닌 마진(Margin)에 대한 설명이다. 소트(Sort)는 작성되어 있는 문서의 내용을 일정한 기준으로 재배열하고자 할 때 사용하는 기능이다.

48

정답 ③

PROPER 함수는 단어 앞의 첫 글자만 대문자로 나타내고 나머지는 소문자로 나타내주는 함수이다. 따라서 'Republic Of Korea'로 나와야 한다.

49

정답 ④

Windows 바탕화면에서 왼쪽 아래에 위치하고 있는 '시작 단추 → 모든 프로그램'을 누르면 다양한 아이콘이 보인다. 그중에서 보조프로그램 폴더에 가면 그림판이 있다. 여기서 보이는 그림판은 '바로가기'라는 단축아이콘이므로 삭제되었다고 하더라도 응용프로그램 전체가 삭제되는 것은 아니다. 따라서 그림판 응용프로그램이 설치된 위치에 가면 실행파일을 다시 찾을 수 있다. 이는 다른 조치방법과 비교했을 때 가장 간편한 방법으로 볼 수 있다.

50

정답 ①

오답분석

② 한 번 복사하거나 잘라낸 내용은 다른 것을 복사하거나 잘라내기 전까지 계속 붙이기를 할 수 있다.
③ 복사와 잘라내기한 내용은 클립보드(Clipboard)에 보관된다.
④ 복사는 문서의 분량에 변화를 주지 않지만, 잘라내기는 문서의 분량을 줄인다.
⑤ [Ctrl]+[X]는 잘라내기, [Ctrl]+[C]는 복사하기의 단축키이다.

51
정답 ④

양수발전이란 전력수요가 적은 심야의 저렴한 전력을 이용하여 하부댐의 물을 상부댐에 저장하였다가 전력수요가 증가할 때 상부댐의 물을 하부댐으로 낙하시켜 전력을 생산하는 수력발전이다. 양수발전은 자연유량, 강수량에 크게 구애받지 않는다.
또한 전력계통상의 전력 수요량의 일부를 담당하여 전체적인 발전 효율을 향상함은 물론, 경제적인 전력계통의 운용효율을 높인다.

52
정답 ④

고리원전 1호기는 1978년 4월에 상업운전을 시행한 우리나라 최초의 상업용 원자로이다. 2015년 6월 영구 정지가 결정돼 2017년 6월 가동이 정지되었다. 월성원전 1호기는 우리나라 두 번째 원전이자, 국내 첫 번째 중수로원전이라는 점에서 의미가 있다.

53
정답 ③

농지개혁법은 농지개혁 전에 지주들이 토지를 임의 처분하여 개혁 대상 농지가 축소되었으며, 지주들이 받은 지가 증권의 현금화가 어려워 산업 자본 전환에 한계가 있었다.

54
정답 ④

일제가 독도를 불법적으로 시마네 현에 편입시킨 것은 러일전쟁 중인 1905년의 일이다.

오답분석

② 고려사 1권에 따르면 태조 13년(930) 우릉도(芋陵島, 울릉도)가 백길과 토두를 보내어 토산물을 바쳤다는 기록이 있다.

55
정답 ④

법흥왕은 병부를 설치하여 군사업무를 제도화하고 병권을 장악하였다(516).

오답분석

① 진흥왕, ② 내물왕, ③ 지증왕